상고사어신해 – 上古史語新解

정 소 문

서 문 당

일러두기

이책은 아래와 같이 부호를 사용했다.

1. ( ) : 음과 뜻이 같은 한자나 영문을 묶는다.
2. [ ] : 음은 다르나 뜻이 같은 한자나 영문을 묶는다.
3. 〔 〕 : 인용원문에 없는 부연문이나 괄호가 겹치는 경우 묶는다.
4. 〈 〉 : 보충문을 묶는다.
5. " " : 대화 및 큰 강조 부분을 묶는다.
6. ' ' : 인용문이나 작은 강조 부분을 묶는다.
7. 「 」 : 책이름을 묶는다.

머리말

 우리민족은 '선비(鮮卑:白)'에 뿌리를 두고 있습니다. 선비는 '흰빗→신비'의 사음(寫音)으로 '깨끗하고(희고) 정직한(밝은) 민족', 즉 하느님의 자손으로 하늘을 닮아 흰옷을 입고 밝은 것을 추구하는 '명명백백한 민족'이라는 뜻입니다. 그 정신이 지금도 우리를 지탱해주는 '선비(士)정신'입니다. 태양제 해모수(太陽帝解慕漱)가 부여(夫餘)의 시조인 것만 보아도 알 일입니다.
 지금은 우리가 '단군(檀君)의 자손'으로 인식되고 있습니다. 역사적 수난기 민족단합을 이끌어내기 위해 의식적으로 '단군'을 부각시킨 때문입니다. 정말 우리가 단군의 자손일까요.
 '단군'은 '텡그리'에 바탕을 두고 이루어진 말입니다. 알타이계 말을 쓰는 투르크(터키)나 몽골·헝가리·볼가강 중류 지대에서 소아시아, 크림반도 및 중앙아시아(키르기스스탄·우즈베키스탄·투르크메니스탄·카자흐스탄)와 시베리아의 부리야트·투바·야쿠트 등이 그래서 지금도 하늘을 '텡그리·텡게리·탕가라·팅기르·뎅기르·라고 하고 중국도 그것을 본받아 하늘을 '티엔', 또는 '텐'이라고 합니다.
 최초로 인류문명을 연 서아시아 수메르족의 말 '딩기르'에서 가지를 쳐 내려온 말이라고 합니다.
 또 여진(女眞)은 '아부하', 테벳은 '나무햐', 위구르 사람들은 '아스만'이라고 합니다. 우리만이 유일하게 하늘을 '하늘'이라고 말합니다. 그러나 정작 하늘을 왜 '하늘'이라고 말하는지는 모르고 있습니다.

땅거미가 질 녘 뒷산에라도 올라가 하늘을 보십시오. 자신을 중심으로 둥그렇고 흰(밝은) 하늘이 검은 대지를 바탕에 깔고 분명하게 떠오를 것입니다.

둥근 것이라고는 '알[卵]'밖에 없던 원시 시절, 사람들은 그것을 보고 어떻게 느꼈겠습니까. 거대한 알과 같다고 생각하지 않았겠습니까.

그래서 '환한 알[白卵]'이라는 뜻의 '환 알'이 곧 '한 알→하날→하널→하눌', '하날님→하늘님'이고 만상(萬象)의 시작과 으뜸을 의미하는 '하나'가 되었습니다. 우리 동이족(東夷族)의 위대한 조상들이 모두 '알'에서 태어나는 것이 그 때문입니다.

치우천황(蚩尤天皇)의 나라 구려(九黎:高離)의 뒤를 이어 부여를 세웠던 태양제 해모수(太陽帝解慕漱)가 그러하고 신라의 시조 박혁거세(朴赫居世)가 그러하고 고구려의 시조 주몽(朱蒙)이 그러하고 가락국(駕洛國:金官伽倻)의 김수로(金首露)가 그러하고 석탈해(昔脫解)·김알지(金閼智)가 그러합니다. 중국의 하(夏)왕조에 이어 동이(東夷)왕조를 세웠던 은(殷:商)의 시조 설(契)이 역시 그러하고 중국 황제[漢桓帝]가 "왕으로 봉하고 공주를 주겠다"고 간청했으나 끝내 거절했던 징기스칸(Genghis khan) 이전의 징기스칸이라 할 수 있는 선비(鮮卑:白)의 대찬우(大單于) 단석괴(檀石槐)가 역시 그러합니다.

머리말

　단군(壇君)처럼 천신(天神)이 직접 인간 세상으로 내려오는 예는 없습니다. 더 더욱 '텡그리'를 바탕에 깔고 이루어진 '단군(壇君)' 같은 이름은 본래부터 우리 예맥족(濊貊族:예삭족) 조상들의 입에서 만들어질 수 있는 이름이 아닙니다.
　그래서 「삼국유사」 기이(紀異)편의 단군 설화를 곱씹으며 그 실마리를 찾고자 우리 민족이 거쳐 왔다는 중국 서북쪽 끝에서 동북쪽 끝까지 발로 뛰며 눈과 귀로 더듬어 보았습니다.

　신석기시대 우리의 조상들은 자신들이 살던 땅을 왜 "조선(朝鮮)"이라고 했고 그 뜻은 무엇인지, 또 그들은 어디에서 이동해 왔기에 '예·맥'으로 불리고 무슨 까닭으로 '삼한'으로 규정되었는지, 고구려·백제·신라의 본디 말이 어떠했기에 선대들은 스스로 '하늘[해]의 자손'임을 의심치 않았는지 알고 싶었기 때문입니다.
　이 책은 그 과정에서 맞닥뜨린 물이름과 땅이름을 우리의 고어(古語)로 풀어보고 '단군신화'가 갖고 있는 지명(地名)과 물명(物名)을 '알타이(Altay)', '아리다이(Ağri Daği:Ararat)' 등과 견주어 '대백(大伯)'과 '태백(太伯:太白)'이 어떻게 다르고 '아사달(阿斯達)'과 '장당경(藏唐京)'이 어디 있으며 '은둔의 왕국 샴발라[Shangri-La]'가 우리의 원고향 '삼위(三危)'일 수 밖에 없는 단군신화의 실체를 밝히는 동시 잃어버린 고대사(古代史)를 되짚으며 우리나라와 연계되어 현대의 극동정세가 어떻게 변화해 왔는지 간접적으로 알아본 내용입니다. 현장에서 직접 찍지 못한 사진은 집에 있는 자료 등에서 복사해 썼고 지도는 직접 그렸습니다.

 2011년 3월 초판 발행이후 몇 곳의 오류가 발견되어 퇴고하거나 정정했으며 일부 내용을 삭제하고 상고사(上古史) 관련 4개 단락을 추가하여 다시 엮었습니다.

 언론계 선후배라는 지우지정(知遇之情)으로 어려운 여건에도 불구하고 이 책을 출판해 주신 서문당(瑞文堂)의 최석로(崔錫老) 사장님과 장정(裝幀)을 맡아 애써 준 야쏘(Yaso)의 여운장(呂雲長) 아우에게 거듭 감사드립니다.

 우리의 옛 역사를 연구하는 사람이나 앞으로 연구하게 될 젊은이들에게 이 중 한 가지라도 도움이 되었으면 더 바랄게 없겠습니다.

      2012년 겨울

             저자 고쳐 씀

머리말

차 례

단군(檀君)은 있는가, 어디 있는가

고조선(古朝鮮)은 유토피아 ──────────── 20
    기자 이전 '조선'이라면 도부 조산(陶符 鳥山)이 그 실마리

예맥(濊貊)은 발해만에 있었다 ──────────── 25
    하북과 요동에 있던 우리 조상, 중국을 능가하던 문명국

조선은 대릉하(大凌河)가의 조그만 나라 ──────── 29
    우하 언덕(牛河梁)에 있는 초기 국가유적, 그게 바로 조선

단군신화는 어떻게 끼여 들었는가 ──────────── 34
    「위서」 기록에 맞추려 평양이라 했다가 아사달로 바꿔

삼위대백(三危大伯)이 무엇인가 ──────────── 36
    '티벳 설산 위에서 인간만사를 주관하던 산신' 이라는 뜻

'삼위'는 은둔의 왕국(王國) '샴발라' ──────────── 38
    '샴붸, 샴웨'비슷한 옛 말이 三危(삼위)로 사음된 것

태백(太白)은 '티벳'도 되고 ──────────── 41
    대(大)·태(太)는 산(山), 버(Bē)·배(Bæ)·백(白)은 신(神)

장당경(藏唐京)은 '창탕캉리' ──────────── 43
    창탕(羌塘)의 봉우리가 아니면 티벳의 서울이라는 뜻

아사달(阿斯達)은 '아시들'이 아니다 ──────────── 44
    아사달은 수도(首都)라는 뜻, 신강성에만 2~3개 있어

차 례

단군(壇君)은 큰 무당(巫堂) ------------------ 46
 '텡그리감'이 단군왕검(壇君王儉), 천군(天君)도 같은 말

웅녀(熊女)가 먹었다는 마늘은 없었다 ---------- 52
 마늘은 BC 2세기 장건(張騫)이 이란서 들여와 퍼뜨려

단군신화 고려조작설(高麗造作說) -------------- 55
 몽고에 항쟁하려면 민족단합이 필요해 신화로 만든 것

단군을 이은 나라가 왜 없는가 ---------------- 56
 동이 나라 중 단군에 이어 대며 정통성 주장한 나라 없어

백두산(白頭山)은 민족의 영산(靈山) 아니다

환웅(桓雄)이 내려온 곳은 기록상 묘향산(妙香山) ----- 64
 「삼국유사(三國遺事)」기이(紀異)편 주가 명확하게 밝혀

고구려·발해 이후 역대 국가의 국경지대 ---------- 65
 금(金)·원(元)거쳐 여진 땅 되고 명(明)·청(淸)과 국경 맞대

20세기 초까지 우리는 백두산이 있는 줄도 몰랐다 ----- 67
 정유재란 때 처음 실록에 등재, 대산(大山)으로만 기록

장백산(長白山) 기슭 부족(部族)들이 모시던 산 ------- 68
 읍루·말갈이 도태산(徒太山:大白)이라 부르며 용변도 안 해

'태백산'이란 이름은 중국 당(唐) 때 얻은 것 --------- 70
 환웅이 내려온 태백산(太伯山)이 태백산(太白山)일수 없어

말갈(靺鞨)이 최초로 백산(白山)이라 불렀고 -------- 71
　　금(金)때 장백산, 원(元)때 자비령(慈悲嶺), 명 때 다시 장백

일제 강점기 단군과 결부시켜 '백두산 붐' 일으켜 ------ 72
　　청의 금봉책 무시하고 월경 잦자 강희의 제의로 국경 그어

중국을 능가하던 예맥문화와 태양제는 간곳없고 ------ 73
　　단군을 역사 위에 덧씌워 홍산과 부여 문화는 사라져

'예맥(濊貊)'이 무슨 말인가

'한(韓)족'은 원래 '환(桓·白·明)족' --------------- 76
　　창시조의 성이 태양을 뜻하는 '해'씨. 크다는 '한'이 아니다

뫽리(Mökli)는 맥이(貊耳)로 구려(句驪)라는 말 -------- 78
　　뵈클리(Bökli)는 투울골강 북쪽에 살던 투르크(鐵勒)의 한 부족

맥(貊)은 '삭', 산림족(山林族)을 뜻하는 말 ---------- 82
　　'사우르, 사우리'의 표기. 아직도 솔롱고스(索倫人)라 불리고

조선(朝鮮)은 "예맥족의 땅"이라는 뜻 -------------- 84
　　신석기시대 조산(早山)이란 도기부호가 바로 조선(朝鮮)

'삼한(三韓)'은 진수(陳壽)가 만들어 낸 '허깨비' ------- 86
　　마한(貊汗)을 마한(馬韓)이라 하여 예맥족의 이름까지 바뀌고

산융(山戎)과 오환(烏桓)도 '삼한'이고 -------------- 89
　　삼한(三韓)은 심양과 길림지구. 세 임금(三汗)의 땅이란 뜻

고구려는 천손(天孫)들의 땅인 '괵구르(Gök-gur)' ----- 93
　　체언과 관형사로 나눌 수 없어. 하구려(下句驪)는 멸칭일 뿐.

오녀산성(五女山城)·환도성(丸都城)은 '어라하성' ----- 95
　　동구하(洞溝河)는 '달구내'를 사음하여 '통구→동구'가 된 것

민족이동과 '아리물(阿利水)'

동으로 동으로 오다 한반도에 갇히고 -------------- 98
　　큰 산과 강은 저들과 우리를 가르는 장벽과 ㄱ름이 되고

한강은 대수(帶水)가 될 수 없다 ---------------- 99
　　대방현(帶方縣)은 조선·패수현 등과 함께 중국 하북에 있어

아리물은 알타이에 뿌리를 두고 퍼져 ------------- 100
　　천신(天神)이 사는 산에서 내려오는 성스러운 물이라는 뜻

아리·어리·오리 등은 우리 선민(先民)의 말 ------- 101
　　예국(濊國) 수도자리 옆을 흐르는 호타하가 '어지내(惡池水)'

해모수와 주몽이 건넌 물도 '오리물'이고 ---------- 103
　　'아르내·아르큰내·사리큰내'가 오논, 아르구나, 실리카 되어

지리산(智異山)은 '박달산'이라는 이두식 표기 ------- 106
　　두류산·두루봉은 모나지 않고 둥글둥글하다는 뜻으로 붙어

아무르는 고마무르가 되었다 가므내가 되고 -------- 107
　　금강(錦江)은 감물·금물·감천·웅천·개마·고마와 같은 말

'곰 들'이라는 뜻의 구드레가 일본으로 가 '구다라' 돼 --- 108
　　구룡평야(九龍平野)의 龍(용)은 '드레박우물'을 의미하는 글자

수양제 30만 대군과 조선원병 죽은 곳이 싸리물 ----- 110
　　한반도 이남은 역사와 문화적으로 북쪽보다 뒤졌던 땅

괴산 싸리내에는 중국 팔아 양민 수탈하던 원부가 ---- 110
　　'세살매'는 삼년산성(三年山城)으로 둔갑했다 '보은'이 되어

낙동강은 나각산, 섬진강은 섶다리나루서 온 이름 ---- 112
　　서울의 백호등인 낙산은 '너럭산'이란 이름이 줄어 된 것

우리는 수도를 왜 '서울'이라 하는가

'서울'에는 민족의 단초(端初)가 들어 있어 --------- 116
　　태양제 해모수(解慕漱)의 나라에 뿌리를 박고 발전한 말

'부여(夫餘)'는 부러(部落:나라)의 의미 ----------- 117
　　작은 부족취락이 점점 커지며 수도와 나라이름이 되고

한강(漢江) 이남은 신천지(新天地) ------------ 118
　　백제·신라 등이 선진문물 갖고 멋대로 침입, 정복왕조 세워

'새 부여·새 평양'이 '서볼→서울'이 되어---------- 119
　　최초 기록은 「용비어천가」, 이제는 잃어버린 역사 되찾아야

부이르누르, 정말 부여호(夫餘湖)인가

흘승골성(紇升骨城)이 몽고말로는 '할힌골성' —————— 124
비류수(沸流水)가 부이르누르(貝爾湖)로 흘러든다는데

금장한(金帳汗) 초원의 '머르걸'은 '물골'이고 ———————— 128
대백산 밑에는 곰내(金河·根河)와 고려(古里·古利牙)도 있어

아르산(阿爾山) 밑에는 '박달산'과 '평양'도 있어 —————— 130
선비·부여·거란·몽골의 옛말이 우리말과 유사한 까닭인가

고려강·고려성자·고려군영 자리는 지도서 사라져 ——— 132
산동(山東)에 이어 내몽고에도 고구려와 연계된 지명 많아

호태왕이 '광개토(廣開土)대왕'이라고 불린 까닭—————— 135
산해관–북경–풍녕–내몽고 고려성–백성 등이 정복된 강토

고조선과 부여(夫餘)가 남긴 땅, 그리고 대륙백제

역사너머 유토피아 ——————————————————— 139
단군조선은 전설속의 나라, 아무데도 없는 가공의 공간

고조선의 강역(疆域) ————————————————— 140
고조선 예맥(濊貊)은 대릉하 서쪽 북경지방에 걸쳐 있어

장성(長城)의 기점은 갈석(碣石)이 아니다 ——————— 145
역대 북방족 침입루트인 철수성, 무수(武遂)가 그 시작점

상고사어신해-上古史語新解

발해만(渤海灣) 일대가 예국(濊國) ―――――――― 148
    천진(天津)과 창주(滄州) 등 옛 황하(黃河) 연변이 그 곳

우리 시조는 태양제 해모수(解慕漱) ―――――――― 151
    해모수는 해머슴, 햇볕 같은 해부루(解夫婁)가 아들이고

동명성왕(東明聖王)은 주몽(朱蒙)이 아니다 ―――――― 156
    해가 떠야 동쪽이 밝아지는 것, 활 잘 쏜다고 안 밝아져

'하르빈'은 '검은 강가'라는 말――――――――――― 159
    '오리·오루'로 불리던 송화강 가, 검다고 '햐르'가 되고

두막루(豆莫婁)는 다물(多勿)로 '다시 세운 나라' ――― 162
    부여의 백금보문화와 한서문화 및 망해둔문화가 꽃핀 곳

동북아 철기(鐵器)시대는 부여(夫餘)가 열어 ―――――― 167
    동아시아 어느 부족보다 먼저 첩강(貼鋼)법까지 터득

대 부여(大夫餘)의 흑토지대(黑土地帶)――――――― 170
    부여가 고구려에 망한 뒤 물길(勿吉)에 쫓겨 와 살던 곳

곰내[甘河]와 아리무르[阿里河] ―――――――――― 173
    까막골 윗골 소리재 얼고내 이무르 물돌이 긴 내도 있고

흥안령(興安嶺)은 이상향(理想鄕)――――――――― 178
    '검고 맑고 기름져 온갖 생물이 번성해 살기 좋은 곳'이란 뜻

동이족은 '환 알[白卵]→하늘'의 자손 ―――――――― 181
    청조(淸朝) 초부터 찾던 알선동 수수께끼 끝내 풀리고

차 례

단군(壇君)은 몽골에서나 생겨날 이름 ---------- 183
    예맥(濊貊)족의 위대한 조상은 모두 '알'에서 태어난다

부여(夫餘)의 북쪽 국경은 약수(弱水) ---------- 185
    크다는 뜻의 '어리물'이 '아리무르' 되었다가 '아무르' 되고

웃고 있는 청동좌룡(靑銅坐龍) ---------------- 188
    홍산 옥룡 이어받아 작호도(鵲虎圖) 호랑이에게 맥 전해

금태조(金太祖)는 고려 사람 ------------------ 191
    제손으로 부수고 태워버린 궁터는 말 그대로 백성(白城)

미투나는 동경(銅鏡)에도 -------------------- 194
    남녀사(男女事)에서는 누구나 떳떳할 수 없는 게 사내들

목단강[牡丹江]은 '물안이' ------------------- 196
    팔녀투강(八女投江)비는 사내들이 저만 살겠다고 도망친 증거

발해(渤海) 궁터는 조작되었는가 -------------- 198
    동호족의 궁전은 대부분 동향, 새로 쌓은 남향기단 의심가고

진국(震國)을 버린 수수께끼 ------------------ 201
    대조영은 발해군왕(郡王) 자리를 왜 넙죽 받아들였는가

동모산(東牟山)은 어느 산인가 ---------------- 204
    오동성(敖東城)이라더니 성산자산(城山子山)이라고 해

장춘(長春)은 '긴배미' ---------------------- 207
    전설 짓기 좋아하는 중국사람 들을 곤혹스럽게 만든 까닭

상고사어신해-上古史語新解

지르미→길음이가 '길림(吉林)' ------------- 211
　　건융제는 '지린[鷄林]'으로 보아 신라가 이곳에 있었나 의심

용담산성(龍潭山城)이 부여왕성(夫餘王城) -------- 213
　　옥의 나라 700년 도읍지라면 옥관인(玉官印) 하나는 나와야

고구려는 '고르(高爾:고이)'가 되고 ------------- 222
　　고구려 신성(新城)은 고르산성, 개모성은 노동공원 돼

원수림(元帥林)은 고구려 병마원수의 군영(軍營) ----- 225
　　동북왕이 된 마적단 두목이 차지하고 묻힐 자리 만들어

조선 원병도 피흘린 살수대전(薩水大戰) 옛터 ------- 228
　　철배성, 남소성, 계번성 있던 곳, 강홍립은 여기서 투항했고

되놈이 '되놈'이라 욕하고 ------------------- 231
　　형제의 의를 맺었던 여진을 배척만 하다가 어육이 되었고

할머니방 같은 심양궁(瀋陽宮) 내전(內殿) --------- 234
　　청의 후비는 모두 몽고족 벌치키트씨로 친고모나 친자매

나쁜일 안했다는 마적단 두목 ---------------- 236
　　만주로 떠난 동포들의 이불짐까지 빼앗아 황제처럼 살아

유조호(柳條湖)에는 호수가 없다 --------------- 238
　　일제는 장개석의 이이제이(以夷制夷)전략 탓에 승승장구

서탑가는 홍등가(紅燈街)가 되고 --------------- 240
　　국밥장사로 남편 독립운동 돕던 곳, 서울의 유흥가를 닮아

- 16 -

옛사람이 갔던 길 따라 ──────────── 244
    홍대용, 이정구가 찾아갔던 곳, 왕이열의 시가 문간서 맞고

고구려 철장(鐵匠)들이 비지땀 흘리던 곳 ───────── 249
    안산은 고구려 철의 고장, 지금도 용광로는 계속 끓어

안시성은 금단의 땅, 여순 가면 불법침입자 ──────── 250
    외국인 출입금지구라 체포될 수 있다며 받을 돈 다 받아

러·일전쟁[露日戰爭]의 격전지 ─────────── 253
    중국 땅 서로 뺏겠다고 벌인 전쟁, 우리에게도 큰 영향 줘

요동(遼東) 벌은 대유전(大油田) ──────────── 255
    위만이 세웠던 조선의 왕검성 터가 바로 신개하에 있고

이여송(李如松)이 살던 마을 ───────────── 258
    누르하치의 거병(擧兵)마저 눈감은 중국의 귀화 조선인들

한강(漢江)은 여기에 있었다 ──────────── 262
    약수·유수·한수(汗水, 漢水)로 불리다가 대릉하가 되었는데

신라 봉수병(鳳首甁)의 유입경로 ─────────── 265
    지중해 지방서 만들어진 오이노코에는 메르프를 거쳐 동으로

황하문명 앞서는 '붉달문화[紅山文化]' ────────── 267
    예맥문화의 우수성 증명되자 '황하문명'이란 말마저 사라져

'돼지'라고 했다가 '곰'이라고 하는 사연 ─────────── 269
    자라 설화를 곰 설화로 조작한 것이 동북공정의 시작점

기자조선 (箕子朝鮮)이 있었던 곳 ━━━━━━━━━━━ 271
　　평방자향의 백랑(白狼)은 평양의 사음이고, 백랑수는 패수

예맥(濊貊)의 땅 중심에 서다 ━━━━━━━━━━ 274
　　뼈자루돌칼은 실크로드를 따라 아무다리아 강을 건너가고

'동호(東胡)'라는 딱지와 국외자(局外者) ━━━━━━━ 277
　　호화찬란한 회도와 청동기들은 한반도가 권외임을 증명해

그래도 요동(遼東)은 정신적 고향 ━━━━━━━━━ 279
　　계문란 벽서에 동병상련하며 쫓겨온 조상들의 땅 생각하고

한 옛날 국경 갈석산(碣石山)에 오르다 ━━━━━━━ 281
　　일본 학생들의 동아리활동 보며 우리 대학생이기를 바라

곁가지 도막들

청맹과니와 한글전용 ━━━━━━━━━━━━━━ 286
　　장님에 '단청(丹靑)구경'시키며 제 자랑만 하는 한글학자들

동박나무와 하늘다람쥐 ━━━━━━━━━━━━━ 296
　　동박나무를 '생강나무'로 고치는 바람에 '국어사전'도 헤매고

황성(荒城) 옛터 ━━━━━━━━━━━━━━━━ 306
　　북통만한 산중에 나라 세운 후 3천년 동안 종살이 대물림 해

上古史語新解

단군은 있는가, 어디 있는가

정 소 문

단군(檀君)은 있는가, 어디 있는가

고조선(古朝鮮)은 유토피아

대다수의 한국인이 그렇겠지만 나도 어머님의 품안에서 '단군 할아버지' 이야기를 들은 이후 한 번도 단군을 잊은 적이 없다.

많은 세월 온갖 자료를 모으고 뒤적이며 그 실마리를 찾으려 했고, 인류학자들이 말하는 우리 민족의 추정이동경로를 따라 국내외 여러 지방을 여행하면서까지 좀 더 가까이 다가가 보려 노력했다. 그러나 가까이 가면 갈수록 더욱 깊어지는 것은 황당한 공허 뿐 손에 잡히는 것은 아무것도 없었다.

그리스 신화의 괴수들처럼 살을 붙이고 이야기를 꾸며갈 수 있게 하는 고생대 생물의 화석 같은 것도 찾을 수 없었다. 가당찮은 위서(僞書)들의 소설적 주장들이 가랑잎처럼 굴러다닐 뿐이었다.

고조선(古朝鮮)으로 통칭되는 단군조선(檀君朝鮮)이니 기자조선(箕子朝鮮)이니 위만조선(衛滿朝鮮)이니 하는 것과 삼한(三韓)이니 예맥(濊貊:예삭)이니 하는 것이 애초부터 한반도에 있었던 것이 아니기 때문이다.

한반도에 '조선'이란 이름이 붙은 것은 1392년 이성계(李成桂)가 쿠데타에 성공하여 '조선왕조(朝鮮王朝)'를 세운 다음의 일이다.

초기철기시대 이후 우리의 역사를 '원삼국시대(原三國時代)'라고 정의하고 있는 것만 보아도 알 일이다. 요동지역에서 발흥한 삼한과 예맥의 유민이 한반도로 흘러들며 형성된 역사이전 단계(AD 1~300)의 문화라는 뜻이다.

고조선(古朝鮮)은 유토피아

서양인들이 찾고 찾고 찾아도 찾지 못하는 아틀란티스 대륙(大陸)처럼, 우리도 찾을 수 없는 대지(大地) '고조선(古朝鮮)'이 그래서 존재한다. 우리 조상이 태어나고 우리나라가 시작되어 우리를 '역사 깊은 문화 민족'으로 콧대를 세우며 자부할 수 있게 만들어 주는 그 뿌리의 땅이 오늘날 중국 동북쪽에 잊혀진 채 널브러져 있기 때문이다.

원시사회부터 각 부족에는 족장으로서의 당골(무당)이 있었고 그 족장은 인근 부족을 관할하는 '큰 무당', 즉 '텡그리 감(텐군→단군)'으로 커서 각 지역을 통할했을 터이니, 우리의 단군도 그 단군들 중의 한 명임은 분명한 사실일 것이다.

다만 4300여 년 전(BC 2333) 그 단군이 한반도 평양(平壤)에 왕조를 세웠다는 기록을 「삼국유사」기이편(紀異篇) 밖에 정사(正史) 어디서고 찾을 수 없다는 것이 문제이다.

우리의 정사(正史:三國史記)는 고사하고 우리 정사의 저본(底本)으로 이용되고 있는 중국의 이십오사(二十五史)와 온갖 전적(典籍)을 다 뒤져도 4300여 년 전에 조선(朝鮮:단군조선)이라는 나라가 중국 땅이나 한반도에 존재했다는 기록은 어디에도 없다.

삼국(三國:高句麗·新羅·百濟)이전 구려(九黎·九夷·高夷)·고죽(孤竹)·숙신(肅愼·息愼·稷愼·大目)·귀방(鬼方)·산융(山戎)·도하(屠何)·예(濊)·맥(貊:삭)·발(發·渤-番·弁)·고리(槀離·高離·高禮·槀離·索離·駒麗·句驪)·부여(夫餘·扶黎·符婁·肥如·鳧臾)·진(辰·眞)·물길(勿吉)·옥저(沃沮) 등이 나타날 뿐이다.

"단군조선(檀君朝鮮)이 과연 있었느냐"하는 의문은 그래서 생겨났다. "단군조선"을 이야기 하는 것이 꼭 오늘날 어느 나라 어느 매체(책·신문·잡지)에도 나타나지 않은 이름의 나라를 2~3천년 뒤에 "그런 나라가 있었다"

고 우기는 것과 조금도 다를 바 없이 되어 있기 때문이다.

　오직 한(漢)나라 때인 BC 97년에 사마천(司馬遷)이 쓴 역사책「사기(史記:宋微子世家)」에 뜬금없이 단 한 줄 "이에 무왕(周:BC 1160 무렵)은 기자를 조선에 봉하고 신하로 대하지 않았다(於是武王乃封箕子於朝鮮而不臣也.)"는 기록이 있는데, 조선전(朝鮮傳)을 펼쳐 보면 "연(燕)나라에서 망명한 위만(衛滿)이 〔조선왕 준(準)을 내쫓고〕 왕험성(王險城)에 도읍했다"고 딴전을 피우고 있다. 단군조선이나 기자조선, 조선왕 준에 대한 설명은 단 한 구설도 없이 엉뚱하게 BC 194년에 세운 위만조선(衛滿朝鮮)을 말하고 있는 것이다.

　〈조선(朝鮮)'이라는 뜻도 "조(朝)의 음은 조(潮), 선(鮮)의 음은 선(仙)인데 조수(潮水)와 선수(汕水)가 있어 조선이라고 한다"고 풀고 있다. 그러나 유의해야할 것은 1957년 산동 태산지역(山東省莒縣陵陽河大汶口文化遺址)에서 출토된 신석기시대 토기다. 그곳에는 "산 위로 해가 떠오르는" 상형부호가 선각되어 있는데, 한자(漢字)의 조상으로 널리 알려진 도상(圖像)이다. 그 의미를 두고 다양한 설이 제기되고 있으나, '태양〔환알〕의 자손인 산림족', 즉 '예맥족'을 나타내는 부호이거나, 그들이 살던 지역 이름을 표시한 것으로, "조선(朝鮮)"의 원음으로 보이는 "조산(旱山)"을 사음한 것으로 보인다. '뜨는 해'는 이른 '아침'을 상징하므로 이 부호는 갑골문(甲骨文) 및 대전(大篆) 등을 거쳐 해서화(楷書化)하는 과정에 "조산(朝山)→조산(潮汕)" 등으로 소리와 형태가 변전되다가 조선(朝鮮)으로 굳어졌다고 보이기 때문이다. 그러므로 '조선'은 신석기시대부터 예맥족, 또는 예맥족의 땅을 이르던 말로 오늘날 산동지역 및 발해만 북서부의 범칭이 아니었을까 싶다. 우리가 흔히 말하는 '선비〔士〕'도 우리의 본 갈래인 '선비(鮮白)'에서 온 말인데, 중국 기록에는 '선비'가 "선비산 자락에 살았기 때문에 '선비'라고 한다"고 적혀 있다. 그러나 '선비'는 '헌빈→신비'의 전음으로 '깨끗하고(희고) 정직한(밝은) 민족' 즉, 하느님의 자손으로 하늘을 닮아 흰옷을 입고 밝은 것을 추구하는 '명명백백한 민

고조선(古朝鮮)은 유토피아

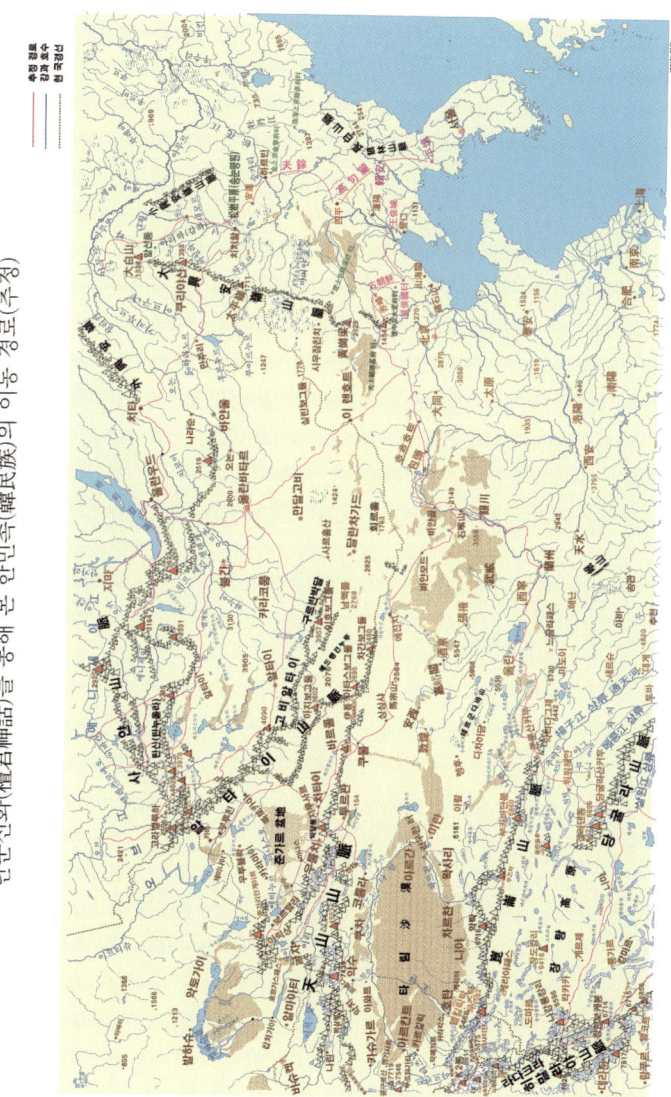

단군신화(檀君神話)를 통해 본 한민족(韓民族)의 이동 경로(추정)

족'이라는 뜻이다. 이 말이 '시베'로 변해 시베족의 땅이 '시베리아'가 되었음은 잘 알려진 사실이다. 지금은 본 갈래인 '선비'가 중국 소수민족의 하나인 '시보(錫白)족'이 되어 있다.〉

"기자를 조선에 봉했다"했으니 기자 당시 조선이라 불리던 지역이 있었던 것은 분명하지만 사마천도 당시 조선(朝鮮)에 대해 상고할만한 전거(典據)가 없었기 때문에 기자에 대해 전해지는 기록을 본기(本紀)가 아닌 세가(世家)에 그냥 따라 적어 놓은 것에 불과하다는 견해가 그래서 제시됐다.

〈조선왕 준(準)은 기자(箕子)의 후손이라고 삼국(三國) 때 어환(魚豢)이 쓴「위략(魏略)」에 기록되어 있다. 기자의 기후국(箕侯國)은 오늘날 대릉하(大凌河) 연변(中國河北省과 遼寧省 경계지점 凌源과 建昌사이) 평방자향(平房子鄉北洞村)에 있었다는 것이 그곳에서 출토된 청동기(方鼎)의 명문(銘文) 등으로 명확히 밝혀졌다. "기자를 조선에 봉했다.(封箕子于朝鮮)"는「사기」의 기록이 사실이라면 바로 그 일대가 '조선(朝鮮)'이었다는 말이다.〉

▲ 청동기의 '기후명'

「산해경」해내경(海內經)에 "동해 안쪽 북쪽 모서리에 조선과 천독이라는 나라가 있는데 그곳 사람들은 물을 의지해 살며 사람을 사랑한다(東海之內北海之隅,有國.名曰朝鮮天毒.其人水居,偎人愛人)."는 기록 등이 보이지만 조선에 대한 모든 기록은 기자(箕子)가 조선으로 들어왔다는 BC 1122년 이후의 것만 보일 뿐 그 이전의 기록은 보이지 않는다.

이러한 틈새를 이용하여 단군조선은 끼어들 자리를 얻고 사실인양 역사 앞에 덧씌워져 우리 앞에 나타나 있는 것이다.

그러나 역사의 기록이란 어느 한 두 사람이 써 놓았다 하여 인정받는 것은 아니다. 그것을 뒷받침할만한 방증이 있어야 한다.

맥국(貊國:삭국) 등이 그 좋은 본보기이다.

예(濊)·맥(貊)은 한반도에 없었다

 단군이 조선을 세웠다는 요순(堯舜)시대, 중국 동북쪽에서 중국을 능가하는 조세제도(租稅制度)를 운영하고 있던 나라는 맥국밖에 없었다. 맹자(孟子:BC 372~289)도 그래서 "요순보다 덜 받으려는 것은 맥국을 따르려는 작은 맥국이다(欲輕之於堯舜之道者,大貊小貊也)."라고 했다. 그 주(注)에 "맥국은 동북쪽에 있는데 삼한(三韓) 족속이 모두 맥족이다."라고 해석하고 있다. 〔貊(맥)자의 원래 음은 '삭'이다. "예맥(濊貊)이 무슨 말인가" 항목에 자세히 설명되어 있다.〕

 또 예국(濊國)에 대해서는 "예국의 임금 남려(南閭) 등 28만 명이 항복(AD 128)하여 그곳에 창해군(滄海郡:蒼海郡)을 설치했다"고 「한서(漢書)」가 적고 있고, 발조선(發朝鮮)에 대해서는 전국시대(戰國時代) 제환공(齊桓公)과 관중(管仲)의 대화중에 "제후들의 공물첩(貢物帖) 일곱 중 하나가 발조선의 문피(文皮:범가죽)"라는 기록으로 나타나는 것 등이 그것이다.

 〈중국 최고(最古) 지리서인 「산해경(山海經:海內 西經)」에는 "맥국은 한수(漢水:大凌河) 동북쪽에 있다."고 했는데 그 주에 따르면 "맥국은 지금의 부여국으로 바로 예맥의 옛 땅이다(貊國今夫餘國,卽濊貊故地)."라고 해설하고 있다. "대릉하(大凌河) 북동쪽에 있는 부여(夫餘)가 바로 옛날 예맥국의 땅"이라는 말이다. 우리나라 역대 학자들은 이 한수(漢水:汗水, 大水)를 우리의 한강(漢江)으로 잘못 이해하고 한강 동북쪽 강원도에 '예·맥국'이 있었다고 기술했다. 예(濊)는 부여(夫餘)의 별칭으로 원래 오늘날 천진(天津) 남쪽 창주(滄州)에 있던 나라고 맥(貊)은 구리(句驪)의 별칭으로 원래 오늘날 진황도 서쪽 노룡(盧龍)에 있던 나라(孤竹:高麗之地本孤竹國·唐.裵矩)다. 그 나라들을 강원도 춘천과 강릉에 있었다고 기록한 것이다. 우리의 고대사는 이런 기사들로 전신불수(全身不隨)가 되고 말았다. 그러나 「한서」식화지(食貨志)에 "팽오가 예맥과 조선으로 뚫고 들어가 창해군을 설치했다(彭吳穿穢貊朝鮮置滄海郡)"는 BC 128년의 기록으로 보아 예맥과 조선은 원래 교려(交黎), 또는 창려(昌黎), 발한[發干], 발해(勃海)라고 부른, 오늘날 천진 지방을 비롯해 그 북동쪽 적봉(赤峰), 영성(寧城), 조양(朝陽) 지역(대릉하 서쪽)을 중심으로 뻗쳐 있었으나 동진하는 중국 세력에 밀려 북동쪽으로 본거지를 옮김으로써 "맥국은 한수 동북쪽에 있다."는 기록(AD 초)이 나오게 된 것으로 보인다.〉

단군이 요(堯)와 같은 시기에 조선이라는 나라를 세운 것이 사실이라면 숙신(肅愼)이나 고죽(孤竹)·구려(九黎)와 부여(夫餘) 이전에 '朝鮮(조선)'이라는 나라 이름이 꼭 비쳐야 하는데 그 방대한 중국의 문헌들 속에 다른 이름은 다 있어도 기자 이전에 조선이란 명칭은 어디에도 없다.

「위서(魏書)」에 있었다는 단군신화도 현재 전해지고 있는「위서」에는 보이지 않는다. 부여(夫餘)·고구려(高句麗)·백제(百濟)·물길(勿吉)·고막해(庫莫奚)·거란(契丹) 등이 간단히 서술되고 있을

▲ 단군신화 설을 낳은 중국 지닝의 무씨(武氏)사당 각석

뿐, 단군 어쩌고 하는 내용은 들어있지 않다. 선비족(鮮白[卑]族:우리와 같은 東胡족)인 북위(北魏)가 동진(東晉)·전진(前秦)·후연(後燕)·북량(北涼)등 13국을 정복하고 송(宋:劉宋)을 양자강(揚子江) 이남으로 밀어내며 남북조(南北朝) 시대를 열었던, 165년(AD 386~550)간의 기록이 있을 뿐이다.「삼국지 위서(三國志魏書)」에도 물론 없다.

단군(壇君:檀君)에 대한 기록이 애초부터 없었는지 중간에 빼버렸는지 상고할 길은 없지만 일연(一然)이 책이름도 밝히지 않은 채 "옛 기록에 이르기를…[古記云…]"하고 써내려간 것마저 '정말 우리에게 그런 기록이 있

었는지' 의심하게 만드는 대목이다. 그 '고기'가 전해지지 않고 있을 뿐 아니라, 같은 시대(1287:충렬왕 13), 2년을 사이에 두고 쓰여진 이승휴(李承休)의 「제왕운기(帝王韻紀)」와 내용도 서로 다르고 단군의 건국연대도 맞지 않는가 하면 단군이 통치했다는 햇수는 책마다 다르기 때문이다.

하기야 "단군이 조선(朝鮮)이라는 나라를 열었다"는 'BC 2333년의 이야기'를 '3천6백18년이나 지난 뒤에 쓴 것'이니 애당초 그 기록을 놓고 왈가왈부하는 자체가 우스운 노릇일지 모른다. 그러나 건국 신화나 설화는 어느 나라에나 있는 것이고 또한 그것이 역사적 사실이 아니라 하더라도 내포하고 있는 역사성은 중시되어야 하기 때문에 어떠한 맥락에서든 그 의미는 풀려야 한다.

그래서 일부 사학계는 단군신화가 담고 있는 역사의 시대를 고고학 자료와 결부시켜 환인(桓因)시대는 1만 년 이전의 구석기시대와 중석기시대(무리사회 단계), 환웅(桓雄)시대는 1만 년 전후부터 6300년 전까지의 전기신석기시대(부락사회 단계), 환웅과 웅녀(熊女)의 결혼시대는 6300~4300여 년 전(BC 2300경)의 후기신석기시대(부락연맹체사회), 고조선 시대는 BC 2300년경부터 BC 2세기말까지(국가사회 단계)로 보아 신화의 내용 대부분을 역사적 사실로 받아들이려고까지 하는 것이다.

어떤 이들은 중국 문헌에 단군조선에 관한 기록이 없는 것은 쐐기문자(蝌蚪文字)로 되어있던 옛날 기록[尙書:書經]을 한자(漢字)로 번역하는 과정에서 제외된 때문일 것이라고 의문을 제기 한다.

《사기》나 「한서」가 쐐기문자(蝌蚪文字)로 되어 있던 옛날 기록을 한자(漢字)로 번역한 책에 바탕을 두고 쓰였다는 것은 잘 알려진 사실이다. 중국문화의 뿌리라 할 수 있는 노자(老子)·공자(孔子)·회남자(淮南子)·관자(管子)·맹자(孟子)·장자(莊子)·묵자(墨子)·순자(荀子)·한비자(韓非子)등 춘추 전국시대(春秋戰國時代:BC 770~BC 221)의 기록은 모두 '쐐기문자'로 쓰여 있었다. 바로 메소포타미아에서 생겨나 BC 3000년대 말부터 BC 1세기경까지 많은 언어를 기록하는데 사용된 글자로 끝이 경사진 갈대 줄기로 말랑말랑한 점토판에 눌러 썼기 때문에 글자 모양이 쐐기 같았다. 이 글자를 들여온 중국은 목필(木筆)에 옻(漆)을 묻혀 죽간(竹簡)이나 목간(木簡)에 가로 세로 긋다보니 머리는 크고 꼬리는 빨라 꼭 금방 알을 깨고 나온 올챙이 같았을 뿐 아니라 남의 나라 글자였기 때문에 그 글자를 버리면서 '과두문자(올챙이 글자)'라고 천한 이름을 붙였다. "창힐(蒼頡:史官)이 새발자국을 보고 처음 글자를 만들었다"는 것이 과두문자가 쐐기문자였다는 사실을 증명하고 있다. "이사(李斯)는 창힐이 지은 28자를 보고 단지 8자만을 알았다"고 전해지는 것도 과두문자가 표음문자였음을 말해준다. 요즘 중국이 과두문자라고 내놓는 우비(禹碑:구루비) 등은 조작된 것으로 보아야한다. 한자(漢字)는 신석기시대부터 생기기 시작하여 은(殷:BC 1751~BC 1111)때 미완성의 갑골문(甲骨文)으로 발전했으나 한(漢)때 지금 쓰는 한자와 거의 같은 한자가 상용문자로 정비된 다음에야 대중화되었다. 그래서 한나라 초기 쐐기문자로 되어 있던 진(秦)나라 이전의 모든 문헌을 한자로 번역하기 시작했는데, 진시황(秦始皇)의 분서갱유(焚書坑儒)와 일반인의 장서(藏書) 금지로 많은 책이 남아 있지 않아 외우는 것을 베껴 쓴 것도 있었다. 그것이 중국 상고(上古)의 역사 기록인 서경(書經)이다. 이러한 번역작업은 1백여 년에 걸쳐 진행되었다. 쐐기문자로 된 서경은 한무제(漢武帝) 때 공자(孔子)의 옛집을 허물다가 벽속에서 발견된 것이 전부였는데 당시 무고(巫蠱)를 당하여 없어졌고 그 후 진(晋)나라 초 매색(梅賾)등이 다시 쐐기문자로 되어 있는 서경을 발견하여 한자로 번역했다는 책이 현재 우리나라에서 읽히고 있는 '서경'인데 총 58편 중 25편이 위작(僞作)으로 밝혀져 중국에서는 그 부분을 제외하고 있다.〉

그러나 BC 2700년께 천하를 통일하고 중국 최초의 제국을 건설했다는 황제(黃帝)가 구려(九黎:동이)의 천자 "치우(蚩尤)와 싸워 여러 번 패했다"는 기록이 「사기」 첫머리에 나오는 것을 비롯해 「서경」과 「전국책(戰國策)」·「한서(漢書)」·「장자(莊子)」·「산해경(山海經)」·「한비자(韓非子)」 등등 여러 전적에 고루 나타나고 있는가 하면 「관자(管子;揆度)」에 '발조선(發朝鮮)'이라는 국명이 나오고 BC 약 300년대인 전국시대(戰國時代)의 기록 「맹자(孟子)」에 '맥(貉[貊]:삭)'이란 나라이름이 나오며 BC 170년대 기록인 「회남

- 28 -

자(淮南子)」에 '조선(朝鮮)'이라는 국명이 나오는데 그 전문(全文)은 "동쪽 끝 갈석산(碣石山)에서부터 조선을 지나고 대인국을 지나 동쪽 해 뜨는 곳 부상의 땅에 이르면 수목이 우거

▲ 우뚝서서 위용을 자랑하는 조양남탑(朝陽南塔). 북탑(北塔)과 마주보고 있다.

진 푸른 대지가 1만 2천리나 된다.(東方之極, 自碣石山, 過朝鮮, 貫大人之國, 東至日出之次, 榑木之地, 青土樹木之野…萬二千里.)"라고 적고 있는 것 등으로 보아 제외되었을 가능성은 거의 없다고 보인다.

조선은 대릉하(大凌河) 가의 조그만 나라

조선의 통치세력에 대한 명확한 기록이 없는 것은 청동기 시대였던 당시에도 '조선과 그 동쪽의 땅'에는 수많은 부족이 흩어져 취락(聚落)을 이루며 살고 있었을 뿐 통일된 정체(政體)가 없었기 때문에 회남자도 '대인국(大人國)'이라고 쓰고 있다고 보이기 때문이다.

〈숙신(肅愼)에는 전체를 통할하는 군장(君長)은 없었고 마을[邑落]마다 대인(大人)이 있었는데 사람들은 부여(夫餘)사람 비슷했으나 말이 부여나 고구려(高句麗)와 달랐다고 기록되어 있다.「三國志」「後漢書」〉

'대인(大人)'은 바로 '웃어른'이란 뜻으로 우리 조상들이 부족장(部族長)을 일컫던 말이다. 그러므로 대인국은 '부족장들이 다스리는 나라'라는 말이고 부족장은 바로 단군이었다고 해석할 수도 있다.

그러니까 "2천 년 전에 단군왕검이 아사달에 도읍하여 나라를 세우고 조선이라고 했다."는 「위서」의 기록이 사실이라 하더라도 그것은 '한 천손(天孫) 사상을 가졌던 부족이 오늘날 중국 요녕성(遼寧省)의 조양(朝陽)인근 대릉하(大凌河) 서쪽으로 이동해 와서 정주(定住)하고 새로운 부족장을 받들며 조선이라고 했다'는 것을 좀 과장되게 표현한 것으로 보아야 한다.

「산해경」에도 한(漢)나라 이전 동쪽 황무지(大荒)에 있었다는 15개국(大人國·小人國·有薦國·中容國·君子國·司幽國·白民國·靑邱國·維嬴土國·黑齒國·夏州國·元股國·困民國·燻民國·女和月母國)의 이름이 나오는데 여기에 전한(前漢) 때까지의 기록에 나타나는 수많은 나라(東胡·烏桓·鮮卑·肅愼·東長·九黎·九夷·朝鮮·貊·濊貊·番·番汗·潘國·眞·辰·周饒·鬼方·孤竹·屠何·山戎·伊盧·穢發·高夷·馯·滿潘汗·發·發干·夫餘·北發·高句麗·沃沮)들을 합치면 어디에 무슨 나라가 얼마나 있었는지 갈피마저 잡기 힘들어진다.

개중에는 같은 나라가 다르게 표기된 것도 있겠지만 일부의 주장처럼 이들 모두를 '조선'이라고 본다는 것은 큰 무리가 아닐 수 없다.

「사기」 화식열전(貨殖列傳)에 "연(燕)의 동북쪽에는 호족(胡族)이 산다. 북쪽으로 오환(烏丸)·부여(夫餘)와 인접해 있고 동쪽으로는 예맥(濊貊)·조선(朝鮮)·진번(眞番)과 국익(國益)이 얽혀 있다."는 기록 등으로 보아 조선도 여러 나라 중의 하나였고 조금씩 다른 말을 쓰는 동호계(東胡系)의 많은 부족이 힘 갈이를 거듭하면서 고대 요동(遼東) 천지를 풍미했다고 보는 것이 옳을 것이다.

'숙신(肅愼)'과 '조선(朝鮮)'은 동이족의 옛말 '시읏신→슈신' 또는 '쥬신(州愼·주신(珠申:滿洲源流考)'→'여진(女眞)'으로 사음된 여러 형태 중 하나라는 주장도 기자(箕子) 이전의 조선이라는 정체(政體)를 찾다 못해 같은 시대에 등장하는 '숙신(肅愼)'이 '조선(朝鮮)'과 같은 사음이 아닐까 의심하면서 「산해경(山海經)」의 사유국(司幽國), 「사기」의 동장국(東長國)·대인국(大人國) 등과 엮어 대흥안령산맥의 '동쪽(시)'을 통할하는 어른(웃)의 나라 신(辰:眞)'을 가리키는 것이라고까지 확대해석하게 된 것이 아닌가 싶다.

그러나 오늘날 송화강(松花江:숭아리)과 흑룡강(黑龍江:아무르)을 따라 연해주 쪽에 포진하고 있던 숙신(肅愼)이 BC 2000년대에 대흥안령(선비산) 동쪽 자락과 한반도를 아우른 통일국가를 이루고 있었다고 보는 해석이 과연 '옳은가'에 대해서는 구태여 말할 필요가 없을 것같다.

오죽하면 "진시황의 무덤만 바라본다"는 말까지 들리겠는가.

전국의 책이란 책은 모두 거둬들여 불태우고 공리공론(空理空論)만 일삼는다고 유학자(儒學者)들을 생매장한 그였지만 진(秦)나라 궁정에는 없는 책이 없다 했으니 그의 무덤에도 많은 책이 따라 묻혔을 것으로 보고 그 책들 속에는 단군조선에 대한 기록이 있지 않을까 하는 기대 때문에 발굴될 날만 기다린다는 뜻이다.

그러나 구리국(九黎國:句驪)의 천자였던 '치우(蚩尤)'가 바로 단군이었다'면 또 모를까 BC 2300년대에 통일된 정체를 이루었던 단군은 존재할 수 없다는 것이 대다수 학자들의 공통된 견해이다.

비록 진시황의 무덤이 발굴되고 또 이세민(李世民)의 무덤(昭陵:이세민의 유언에 따라 많은 책이 묻혔다.)이 발굴되어 많은 백서(帛書)와 죽간(竹簡), 전적들이 쏟아져 나온다 해도 큰 기대를 걸만한 가치가 없다는 뜻이다.

〈백서(帛書)는 비단에 쓴 기록물이고 죽간(竹簡)은 30㎝ 안팎의 좁고 긴 나무쪽을 말하는 것인데 옛날에는 종이가 없어 나무쪽을 만들어 엮어놓고 그곳에 글을 썼기 때문에 책(冊)이라고 했다.〉

그래서 세종실록지리지(世宗實錄地理志)는 삼국유사(三國遺事)의 단군왕검(檀君王儉)이 "평양성(平壤城)에 도읍하고" 조선(朝鮮)이라고 했다는 것이 오해의 소지가 있다고 생각했는지 "평양성에 도읍하고"라는 말을 빼고 "단군은 조선(朝鮮) 땅을 차지하고 왕이 되었다"고 적으면서 단군이 비서갑 하백(非西岬河伯)의 딸과 결혼하여 낳은 아들이 부루(夫婁:解扶婁, 해벌)이고 손자가 금와왕(金蛙王)이라고 부여(夫餘)를 단군의 직계로 끌어다 이어 붙이고 있다. 단군이 바로 해모수(解慕漱:太陽帝,해머슴)이고 북부여가 조선이라는 것이다. '금와'는 '고마(가마)'의 사음으로 '신성한 우두머리'라는 뜻이다.

〈이것은 「삼국유사」 기이(紀異)편 고구려조 주에 "「단군기(壇君記)」에 따르면 단군은 서하(西河) 하백의 딸을 가까이하여 낳은 아들이 있었는데 이름을 부루(夫婁)라 했다"는 기록에 근거한 것으로 보인다. 그러나 출처가 불분명한 「단군기」가 언제 어디서 누가 지은 것이고 단군신화에서 인용한 「고기(古記)」와는 또 어떻게 다른지 알 수가 없다. 다만 '하느님의 아들과 딸이 해님과 달님'이라는 설화처럼 '환인(桓因:하느님)'의 아들이 '해부루(解夫婁:빛나는 해)'라는 것은 다른 민족의 말 같은 '단군(檀君:탱그리감)'보다는 훨씬 친근감은 든다. 그러나 우리의 정사(正史)인 「삼국사기(三國史記)」에는 해모수(解慕漱)가 없다. 동명성왕 해모수(東明聖王解慕漱)의 설화가 주몽의 설화로 바뀌면서 해모수를 '어디서 흘러 들어온 지도 모르는 자칭 하느님의 아들(不知所從來自稱天帝子)'이라고까지 비하하고 있다. 「삼국사기」보다 700~870여 년 앞서 쓰인 중국 정사(三國志·後漢書)의 기록은 다르다. "부여국(夫餘國)은 현토(玄菟)에서 북쪽으로 1000리 쯤 떨어져 있다. 남쪽으로는 고구려, 동쪽으로는 읍루(挹婁), 서쪽으로는 선비(鮮卑)와 붙어 있고 북쪽에는 약수(弱水)가 있다. 지방이 2000리로 본래 예(濊)의 땅이다. 옛날 북쪽에 고리(高離:槀離)라는 나라가 있었는데 국왕의 시비(侍婢)가 임신을 했다. 왕이 죽이려 하자 시비는 '하늘에서 계란만 한 흰 기(氣)가 자신에게로 내려와 임신이 되었다'고 아뢰었다. 왕은 시비를 가두었다. 시비가 아들을 낳자 왕은 뒷간에 버리게 했다. 뒷간의 돼지가 입김을 불어 보호하자 왕은 마구간으로 가져다 놓게 했다. 말들도 밟지 않고 콧김을 불어 아이가 죽지 않았다. 왕은 하늘이 낸 아이가 아닌가 싶어 그 어머니에게 거두어 기르게 했다. 이름을 동명(東明)이라고 하고 말이나 기르도록 했다. 동명이 활을 잘 쏘자 왕은 나라를 빼앗길까봐 겁이나 죽이려고 했다. 동명은 남쪽으로 달아나다가 시엄수(施掩水: 엄시수의 오기로 보임) 가에 이르러 활로 물을 치자 물고기와 자라가 떠올라 다리가 되어 주었다. 동명이 건너자 물고기와 자라가 흩어져 추격병이 더 따라올 수 없었다. 동명은 부여 땅에 이르러 도읍하고 왕이 되었다"고 기록되어 있다.〉

이 말은 하백녀(河伯女) 유화(柳花)를 꾀어 사통(私通)하고 떠난 후 돌아오지 않았던 사람이 바로 단군이고 그의 아들이 고구려를 세운 주몽(朱蒙)이라는 뜻도 된다.

단군을 민족의 공동시조로 옹립하고 조선을 만주 전체를 아우르는 나라로 본 점은 대견하다 하겠지만 단군개국(BC 2333)과 부여 건국(BC 1200년대:추정) 사이에 존재하는 1천 2백여 년이란 긴 세월을 무엇으로 메우고 소리와 뜻이 완전히 다른 '해모수(해 머스마, 태양제)'와 '단군(텡그리감, 天君)'을 무슨 근거로 같은 사람으로 해석했는지 아무런 설명이 없다.

부여가 "조선이다"는 기록이 어디에 있다면야 수 천 년 막혀온 가슴이 뻥 뚫릴 일이지만 그런 기록은 공인될만한 문헌(文獻) 어디에도 없다. 다만 '부여'는 '빛[光]'이나 벌(平野), 부족사회를 의미하는 '부러(部落)'에서 발전한 말로 발(發·勃)·번(番)·반(潘)·부리(不而)·부여(不與)·부유(鳧臾)·비루(肥如)·버라(白狼)·부여(夫餘)·부루(符婁)·웨리(慰禮)·벼(百) 등등으로 기록되고 있을 뿐이다.

「관자(管子)」에 나오는 '발조선(發朝鮮)'이라도 '부여조선'이라고 볼 수 있다면 그러한 해석이 가능하겠지만 '발조선'은 '번조선(番朝鮮)→발간(發干)→번한(番汗)'으로 표기되는 나라이름으로 요하(遼河) 서쪽에 있던 삼한(三汗)의 하나인 '번한'을 말하는 것이 분명하여 그럴 수도 없다.

더욱이 단군이 북한 평양성에 도읍하고 아들을 만주 중북부로 올려 보내 부여를 세우게 했다면 우리는 북방에 서 온 기마족이 아니라, 남쪽

단군은 있는가, 어디 있는가

▲ 산시성(山西省) 운강석굴(雲岡石窟)에 있는 불상

에서 올라온 해양족이라고 해야 말이 되는데 우리가 북쪽을 '앞'이라고 안하고 '뒤'라고 할 뿐 아니라, 우리의 얼굴이 아이누나 남방 족과는 달리 낙양(洛陽)의 용문(龍門)석굴이나 대동(大同)의 운강(雲岡)석굴에서 볼 수 있는 것처럼 전형적인 선비족(鮮卑[白]族)의 모습을 하고 있는 것만 보아도 단군의 '한반도 평양입도설(韓半島平壤立都說)'은 지나친 비약이라고 아니할 수 없다.

〈우리말은 알타이어족이라 하지만, 알타이어의 대표언어인 몽골어나 터키어와는 많이 다르고, 동남아시아의 미얀마어와 인도의 드라비다어가 오히려 가깝다며 우리의 말에는 메소포타미아의 문명을 열어놓고 동방으로 사라졌다는 수메르인들의 말처럼 세계적으로 드물다는 주격조사가 있고 어순과 문법에 같은 점이 많다는 점을 들어 실제로 어떤 이들은 해양족설을 주장하기도 한다.〉

그러니 잃어버린 땅에서도 단군조선은 찾을 수 없는 유토피아가 되고 있는 것이다.

단군신화(檀君神話)는 개작 되었는가

여기서 다시 한 번 단군신화(檀君神話)를 살펴보자.

단군신화(檀君神話)는 개작 되었는가

①"「위서(魏書)」에 이르기를, '2천 년 전에 단군왕검(壇君王儉)이 아사달(阿斯達)에 도읍하여 나라를 열고 조선(朝鮮)이라고 했다.' 요(堯)와 같은 때이다."

②"옛기록(古記)에 이르기를, '옛날 하늘나라(桓國)의 서자(庶子) 환웅(桓雄:환울님)이 인간 세상으로 내려가 사람들을 구제하고 싶어 했다. 아버지가 아들의 뜻을 알고 삼위대백(三危大伯)을 내려다보니 크게 인간을 이롭게 할 것[弘益人間]같아 천부인(天符印) 세 개를 주며 내려가 다스리라고 보냈다. 환웅은 무리 3천을 거느리고 태백(太伯) 산마루 신단수(神壇樹) 밑으로 내려와 신시(神市)라고 했다.' 이분이 환웅천왕(桓雄天王)이시다."

▷ 이때 곰 한 마리와 범 한 마리가 같은 굴에 살면서 늘 신(神:환웅)에게 '사람이 되게 해 달라'고 빌었다. 신은 쑥 한 자루[炷]와 마늘 20개[枚]를 주며 '너희들이 먹고 백일 동안 햇빛을 보지 않으면 사람이 될 것'이라고 했다. 곰과 범은 그것을 받아먹었다. 삼칠일(21일) 동안 몸과 마음을 정갈히 가지며 조심[忌]하자 곰은 여자가 되었고 범은 그렇게 하지 못하여 사람이 되지 못했다.

▷ 사람이 된 웅녀(熊女)는 결혼해줄 상대가 없었기 때문에 늘 신단 나무[壇樹] 밑에서 '임신하게 해 달라'고 빌었다. 환웅은 잠시 사람의 모습으로 나타나 웅녀와 결혼했다. 임신하여 아들을 낳으니 단군왕검(壇君王儉)이라고 불렀다.

▷ 요(堯)임금이 즉위한지 50년 되는 해인 경인년(庚寅年)에 평양성(平壤城)에 도읍하고 조선(朝鮮)이라고 처음 일컬었다. 다시 백악산 아사달(白岳山阿斯達)로 도읍을 옮겼는데 궁홀산(弓忽山), 또는 금미달(今彌達)

이라고도 한다. 1천 5백년간 나라를 다스리다가 주무왕(周武王)이 즉위한 기묘년(己卯年)에 기자(箕子)를 조선에 봉하자 단군은 장당경(藏唐京)으로 옮겨갔다가 뒤에 돌아와 아사달에 숨어 산신(山神)이 되었다. 나이 1천 9백 8세였다."

여기서 단군의 즉위 연대가 요(堯)의 즉위 25년인 임진(壬辰:BC 2333)년이 아니라 50년인 경인년(庚寅年)이라고 종잡을 수 없이 기록해 놓는가 하면, '처음 평양(平壤)성에 도읍하고 조선이라고 했다'는 등 후대에 개작(改作) 것이 분명해 보이는 부분 등은 우선 젖혀 두자. 꼭 기억하고 넘어가야 할 것은 삼위대백(三危大伯)이나 아사달(阿斯達)·장당경(藏唐京) 같은 지명이다. '삼위대백'부터 살펴보자.

〈요 즉위 50년은 경인년이 아니라 정사년(丁巳年:BC 2358)이다. 경인년은 요 즉위 23년으로 BC 2331년에 해당한다.〉

삼위대백(三危大伯)이 무엇인가

「삼국유사(三國遺事)」는 '삼위대백(三危大伯)'은 "바로 태백산(太伯山)으로 오늘의 묘향산(妙香山)이다."고 해설하고 있다. 그러나 어째서 '삼위대백'이 '태백산'이고 묘향산인지에 대해서는 아무런 기록이 없다. 더욱이 '삼위(三危)'라는 두 글자를 왜 빼었는지에 대해서도 언급이 없다.

단군신화를 다루고 있는 「삼국유사(三國遺事)」의 기록 자체가 환웅의 아버지(환인)가 내려다본 곳과 환웅이 내려온 곳의 표기가 '삼위대백'과 '태백산'으로 다르기 때문에 삼위대백을 태백산의 잘못으로 여기고 삼위를 군말로 처리했다고 보이기도 한다.

여기서 잠시 '대백(大伯)'과 '태백(太伯)'이라는 말이 어떻게 발전해왔는

삼위대백(三危大伯)이 무엇인가

▲ 터키와 아르메니아 국경지방에 있는 아리다이(아라랏산). 아르메니아의 성산이다

지부터 살펴보자. 대백은 '대박'에 뿌리를 둔 말로 대머리·대나무·대공의 예에서 보듯 '검불 하나 없이 반드럽고 깨끗하며 밝은 산', 즉 설산(雪山)을 뜻하는 것이라고 볼 수 있고, 태백은 '타박'에 뿌리를 둔 말로 타박솔(끝이 거의 닳은 솔)·타박나룻(덥수룩하게 난 짧은 수염) 등의 예에서 보듯 '풀이나 나무가 자라는 높은 산'이라는 뜻을 갖는다고 볼 수 있다.

그러니 '삼위대백'이 '태백산'으로 바뀌고 그것이 다시 '묘향산'으로 이해되게 된 것은 오랜 옛날 형성된 단군신화가 조상족의 이동에 따라 다소 모습이 바뀌고 정주지(定住地)에 적응하면서 나타난 현상이라고 해석될 수도 있다.

그러나 '대백'이나 '태백'의 원뜻은 그런 것이 아니었다. 오늘날 '알타이(Altay)'나 '아리다이(Ağri Daği:Ararat)'의 예에서 보듯 우리 원말의 '알(얼)→아르'는 모든 것을 '환히 아는 하느님(神)'을 뜻했고 '다이→대'나 '타이→태'는 높은 산(山)을 뜻했다. '환히 안다'는 것은 '밝다'는 뜻이고 밝은 것은 희기 때문에 그 말은 다시 '버(Bē)·배(Bæ)→백(Bö)'으로 발전하여 '대백'과 '태백'이 되는데, 바로 '백산(白山:흰산)'이라는 말로 '신산(神山)', 즉 '천신이 내려와 계시는 산'이라는 뜻이다. 그 신을 지칭했던 '버(Bē·Bæ·

Bö)'가 지금은 '무당', 또는 '모르는 것이 없는 이'라는 뜻을 가진 말로 바뀌어 몽골 등 일부 지방에 전해지고 있고 우리에게는 존칭인 '버·배'로 바뀌어 '할버·할배·아버·아배' 등에 붙여 쓰이다가 지금은 '빠'로 바뀌어 쓰이고 있다.(태백산이라고 하면 겹말이 된다.)

'삼위대백(三危大伯)'은 그러니까 '삼위의 신산'이라는 말인데, 한반도에는 그런 이름을 가진 산도 없고 그런 지역이 있었다는 기록도 없다. 중국쪽 기록을 살펴보았다. 『서경(書經:尙書)』에 처음으로 '三危(삼위)'라는 지명이 나타나는데(舜典;竄三苗于三危), 「산해경(山海經)」은 "삼위는 돈황 남쪽에 민산(岷山)과 붙어 있다. 흑수(黑水)가 남쪽기슭을 돌아 흐른다(三危在敦煌南與岷山相接山南帶黑水)."고 했고, 우공(禹貢:書經)은 "흑수를 삼위로 이끌어 남해로 들어가게 했다(導黑水至于三危入于南海)."고 해설하고 있다.

중국 서북쪽 옛 실크로드의 중요 거점 중 하나인 돈황(敦煌)의 삼위산(三危山)이 바로 그곳이라는 설이 그로인해 대두되었다.

〈『서경』은 상고시대의 기록(上古書)이라는 뜻으로 「상서(尙書)」라고도 한다. 중국 최초의 역사를 담고 있는 책이다. 「산해경」은 사마천(史馬遷)의 「사기(史記)」에 처음 이름이 나타난다. 유흠(劉歆)이 서한말(西漢末:AD 1~15) 전해져 오던 기존의 내용에 덧붙여 엮은 중국 최초의 지리서(地理書)이다.〉

'삼위'는 은둔의 왕국(王國) '샴발라'

우리의 조상족인 호족(東胡:鮮卑·契丹·吐谷渾·柔然)이 거쳐 왔고 또 근연(近緣)관계에 있던 흉노(匈奴)·돌궐(突闕) 등이 유사 이래 수천 년 동안 경영하고 거쳐 간 지역이다.

돈황(敦煌)의 막고굴(莫古窟)을 다녀온 사람이면 누구나 보았겠지만 물

기마저 말라버린 당하(黨河) 건너편에 솟아 있는 모래 빛깔의 풀 한 포기 없는 민둥산이 바로 '삼위산'이다. 〔그 삼위산 때문에 돈황(敦煌)이 우리의 원고향이라고 주장되기도 한다.〕

그 산이 '삼위'가 맞다면 「산해경」의 기록대로 흑수(黑水), 즉 '차갑고 깨끗한 눈 녹은 물'이 남쪽 기슭을 감싸고 돌아야 하는데 돈황에는 그런 물도 없고 삼위산 곁을 흘러 '남해로 흘러드는 물길'도 없다. '삼위'를 '산 이름'으로 가정하고 찾은 것이 잘못이었다. 산해경의 해설에 따르면 돈황의 삼위산은 애초부터 '삼위'가 될 수 없는 위치에 있었다. 그렇다면 '중국 서쪽 변두리[西裔]'의 어느 곳을 '삼위(三危)'라고 한 것일까.

"삼위는 티베트를 가리키는 말이다.", "서북쪽의 융(戎:기마족)은 세 봉우리가 솟아 있는 산이면 모두 삼위라고 한다"는 등의 많은 주장이 쏟아져 나왔다. 어느 것이 옳다고 할 수 없게 되자 "그 산은 서쪽 변경에 있는 것이 분명하지만 어디 있는지는 알 수 없다(其山必有西裔,未知山之所在)."고 지난 시절 중국 학계는 얼버무려 결론짓고 말았다.
그러나 "삼위는 티베트를 지칭하는 말"이라는 주장과 "서북쪽의 융(戎)은 세 봉우리가 솟아 있는 산이면 모두 삼위라고 한다"는 주장이 큰 주목을 받고 지지를 받았다.

'삼위'는 바로 은둔의 왕국 '샴발라(香巴拉)'의 고음(古音)으로 '샴붜→샴웨' 비슷한 'Samye(桑耶)'라는 소리를 '三危(샨웨이)'로 사음(寫音)하는 바람에 '삼위'가 된 것이기 때문이다.

〈삼위는 서방 탐험가들이 처음 티베트를 다녀오자 많은 사람들이 떠도는 소문을 확인하려 했다는 바로 그 '샴발라'의 사음이다. 샴발라는 '은둔의 왕국'이라는 뜻으로 성자(聖者)같은 사람들이 살고 있는 나라, 또는 인류의 운명을 인도하는 곳으로 소문나 있었다. 1933년 J.힐튼(J.Hilton)은 「잃어버린 지평선」이란 소설

▲ 몽골 · 중국 · 카자흐스탄 3국 국경지대에 있는 알타이산의 우의봉(友誼峰:Khüiten Peak,)

에서 샴발라를 '샹그리라(Shangri-La)'로 묘사했는데 그로인해 지상낙원을 뜻하는 영어 단어 하나가 더 생기기도 했다.〕

뿐만 아니다. 많은 봉우리들이 5700m 이상 높이 솟아 있고 바수단봉(Basudan)은 고도가 6096m에 이르러 만년설로 덮여 있으며 산맥의 동쪽 끝과 남동쪽 경사면에서는 메콩강의 상류인 란창강(瀾滄江)과 살원강의 상류인 누강(怒江)이 발원하여 베트남 남쪽 바다와 미얀마의 안다만해협으로 흘러들고 있어 "삼위는 돈황 남쪽에 민산(岷山)과 붙어 있다. 흑수가 남쪽기슭을 돌아 남해로 들어간다"는 「산해경」의 기록과 딱 맞아 떨어지고 있다. 또 오늘날 티벳을 포함한 중국 서북쪽은 원래 융(戎)의 땅이었으니까 '티벳'과 '융'은 같은 곳을 가리키는 말이었음을 알 수 있다. 〔양쯔강(揚子江)의 상류인 통천하(通天河) 역시 이 산 북사면에 근원(源流)하고 있다.〕

그래서 지금은 '三危(삼위)'가 '티벳의 옛 이름'으로 정설화 되어 제자리를 찾고 모든 기록이 그에 따라 이뤄지고 있다.

'삼위 대백'이 바로 '티벳 설산 위에서 인간만사를 주재하던 산신(山神)'을 가리키는 말이었다는 뜻이다. 그렇게 본다면, 한울님(桓雄)이 내려온 '삼위 대백'은 당구라산(唐古拉山:Tangula)일수도 있고 바수단봉일 수도 있다.

태백(太白)은 '티벳'도 되고

티벳에 관한 기록을 살펴보았다.

"서장(西藏:티벳)은 바로 옛날의 삼위(三危)이다. 한나라 때는 강(羌)과 융(戎)의 땅이었고 당나라 때는 토번(土蕃), 원나라와 명나라 때는 오사장(烏斯藏)이라고 했다. 장인(藏人·羌人:탕구트-唐古特=Tangut족·티벳인)들은 자신들이 사는 곳을 '바티얄(泊特也爾:신들의 땅)', '탕구터(唐古特:하느님의 땅)', '투바터(圖伯特:산과 신들의 땅)', '투배터(土白特:산과 신들의 땅)'라고 했다."고 적고 있다. (羌과 藏은 옛 음이 비슷했거나 같았던 것으로 보인다.)

그렇다면 '대백(大伯)→태백(太白)'은 그 옛날 한자(漢字)로 사음(寫音)된 '티벳'이라는 말이 잘못 발음되다가 우리나라로까지 전해져 '태백'으로 고착되며 '산(山)'자까지 덧붙어 '신산(神山)', 또는 '산신이 사는 산'으로 인식되게 된 것으로 볼 수 있다.

훨씬 후대의 명칭이지만 중국 서북부 위구르족의 '쿠물(Qomul)' 왕국을 '哈密(합밀)'이라고 적고 '카물→햐밀'이라고 읽었으나 지금은 한자(漢字)음이 바뀌어 '하미'라고 발음하는 것 등이 좋은 예이다. (우리는 한자음대로 '합밀'이라고 읽는다.)

더욱이 우리가 흔히 쓰는 "우리 남편"이나 "우리 마누라"라는 말이 티벳처럼 여러 형제가 한 아내를 공유하고 여러 자매가 한 남편을 공유했던 풍속에서 생겨난 말이라고 본다면 '산과 신들의 땅' 티벳이 우리의 원 고향이었다 한들 무엇이 잘못이랴 싶기도 하다.

〈우리말의 '바둑'은 티벳말 '바드'에서 유래했을 뿐 아니라 삼국이래 두어왔던 우리의 '순장바둑' 역시 그 기원이 티벳이라고 하는가 하면, 몽골·한국·일본에만 분포해 있는 것으로 알려지고 있는 '흥부와 놀부'설화가 티벳에도 분포되어 있는데, 오코너(W.F. O'Connor)가 1906년 런던에서 출판한 민간 설화에 의하면 티벳 걍쩨에서 들었다며 중국과 인도의 영향을 받지 않은 것이라고 소개한 민간 설화 중에는 우리의 '흥부 놀부'와 똑같은 이야기가 실려 있다. "옛날 어느 마을에 부자(체린)와 가난뱅이(참바)가 살았다. 참바는 상처받은 제비를 고쳐 주었다. 씨앗을 물어다 주어서 심었다. 한두 달 후 열매가 맺혔는데 보석이 주렁주렁 달렸다. 큰 부자가 되었다. 욕심쟁이 체린이 일부러 제비를 상처나게 하여 고쳐주었다. 제비가 가져다 준 씨앗을 심고 기다렸다. 열매를 거두려 하자 악마가 나타나 재산을 빼앗고 참비의 종이 되게 했다.":는 내용이다.〉

그곳에서 번성한 우리의 조상족은 그 동쪽인 청해성(靑海省)과 서북쪽인 신강성(新疆省) 일대로 퍼지고 다시 난주(蘭州)→은천(銀川)지역을 거쳐 몽고와 중국 북부를 따라 요동(遼東)으로 동진(東進)했나하면 한 무리는 사천성(四川省)과 운남성(雲南省)을 거쳐 미얀마 등지로 남하(南下)했기 때문에 그곳의 말이나 말 자취가 우리와 유사한 것이 아닐까 싶다.

〈중국 역사의 고장이라고 할 수 있는 '한중(漢中)'의 한수(漢水)가 서울 상계동의 '마들평야'를 가르는 '한내(漢川)'와 같이 불렸을 뿐 아니라 그 인근에는 '달내(達川)'도 있고 '불함산(不狼山)'도 있고 '맑아하(麻爾柯河)'도 있고 '얄개(若爾蓋)'도 있고 '아롱강(雅礱江)'도 있으며 중국 사람들이 '물귀신(河神)'이나 '서쪽 귀신의 이름(西方神名)' 쯤으로 대단찮게 여기는 태백산(太白山)까지 지고 있다. 뿐만 아니다. 운남성의 라후족(拉祜族)은 양한(兩漢)시대 얼하이(洱海) 지구에 살던 곤명이(昆明夷)의 한 지파로 8세기 남조(南詔:운남성 서쪽의 옛 타이족 왕국)에게 쫓겨 란창강(瀾滄江) 서쪽 기슭의 쓰마오(思茅)·린창(臨滄) 지구에 분포하게 되었다. 티베트 미얀마어군에 속하는 말을 쓰는데 우리처럼 '나'를 '나', '너'를 '너'라고 하며 '나래 까이요'하면 '나는 가요'라는 뜻이라 하여 한때 우리의 신문들이 떠들썩했다. 고선지(高仙芝)장군을 끌어들이고 고구려가 멸망할 때 당(唐)나라로 끌려간 유민들의 후예일 것이라고 넘겨짚기까지 했다. 우리 민족의 발상지와 이동경로를 잘못 이해하여 빚어진 해석이 아닐까 싶다.〉

장당경(藏唐京)은 '창탕캉리'

▲ 중국 신강위구르 자치구 우루무치에 있는 천산(天山)의 박달봉(博格達峰)

장당경(藏唐京)은 '창탕캉리'

 "동아시아의 이족(夷族)은 본시 중국 천산(天山:알라타우)과 곤륜산(崑崙山)을 무대로 발생하여 이동해 왔는데 우리는 삼위에 뿌리를 두고 있다"고 한 일부 학자의 말이 주목받아야 할 당위가 여기에 있다. 더욱이 '한국인과 일본인의 DNA 구조가 티벳인과 가장 가깝다'는 연구결과도 있었다.
 당구라(탕굴라)산은 하늘을 뜻하는 '텡그리(Tengri)'와 산을 뜻하는 '울라(Ula)'가 붙어 이루어진 이름으로 바로 천산(天山)이라는 뜻이고 최고봉 바수단(Basudan)은 '밧단→박달', 또는 영산(靈山)이라는 의미로 '모든 일을 환하게 아는 신(天神)들이 사는 곳'이라는 뜻이다. 그러므로 당구라(천산)는 환웅이 내려온 산일 수 있고 바수단(박달)은 단군이 태어난 곳일 수도 있다.
 더욱이 단군이 기자(箕子)에게 조선왕 자리를 내어주고 피해갔다던 장당경(藏唐京)이 '창탕(羌塘:티벳)의 서울'을 뜻하는 창탕킹(羌塘京)이거나 티벳 고원의 북부평원 '창탕(藏唐:북쪽 空地)에 있는 봉우리', 즉 '창탕캉리'를 그렇게 표기한 것이 아닐까 싶다. 우리가 동쪽으로 이동해 오기 전 '머리를 박고 살아오던 땅 삼위'가 바로 티벳이거나 그 인근이고 단군신화가 그곳에서 최초로 생성되었다'는 것을 시사하는 이름들이라 아니할 수 없다. 그래서 비슷한 이름은 이동하는 사람들을 따라 펴져 나갔고 자리를 잡은 것으로 보인다.

신강 위구르지치구의 성도 우루므치(Ürümqı:烏魯木齊)를 발밑에 깔고 있는 천산(天山)의 한 주봉(主峰) '박달봉(博格達峰:5445m)'도 그렇게 되어 생긴 이름이다. '박달'은 바로 '백산(白山)'이라는 우리 옛말로 '밝은 산'이라는 뜻인데 그것이 '단(檀)'자로 표기된 것이다.

일연이 「삼국유사」에서 '伯山(백산)'이라고 적은 것도 바로 그러한 뜻이다. '博(박)'은 '伯(백)'과 옛 음(音)이 같아 통용되던 글자로 '박달(博山)'이란 말을 그렇게 표기한 것이다.

이 '박달 나무 밑[白山樹下←檀樹下]' 어디에 신시(神市)가 있었을지도 모른다는 생각이 그래서 들었다. 이 산의 원래 이름이 백산(白山)이고 '나라터(那拉特)'까지 거느리고 있으며 천제(天帝)라는 뜻의 한텡그리봉(汗騰格里峰:6995)까지 있어, 한울님(桓雄)이 내려왔다는 '박달 나무 밑'은 '백산(밝은 산)의 나무 밑'을 뜻하는 것으로 해석되기 때문이다.

아사달(阿斯達)은 '아시들'이 아니다

또 있다. 투르판(Turpan:吐魯番)의 고창고성(高昌古城)과 교하고성(交河古城) 사이에는 '아스타나(阿斯塔娜) 벌판'이 널브러져 있다. 바로 우리의 '아사달(阿斯達:아스다)'과 같은 지명이다. 카자흐스탄의 새 수도가 '아스타나'이듯 '수도(首都)'라는 뜻인데, 쿠물(哈密)과 푸류국(蒲類國:巴里)자리

아사달(阿斯達)은 '아시들'이 아니다

등 그밖에도 신강 쪽에는 몇 군데 더 있다. 아사벌[阿史不來:하늘처럼 넓은 곳]도 그중 하나다.

위서(魏書)에 왜 단군왕검이 '평양성(平壤城)에 도읍했다'는 말이 없이 "아사달에 도읍하여 나라를 세우고 조선이라고 했다(乃往二千載有壇君王儉立都阿斯達開國號朝鮮)."고만 기록하고 있는지 그 까닭이 여기에 있지 않을까 싶다.

▲ 투르판(吐魯番)에 있는 고창고성(高昌古城). 뒤로 멀리 화염산(火焰山)이 보인다

이 수도라는 뜻의 '아사달'을 두고 개화기 우리의 신학자(新學者)들은 새벽 들판을 이르는 '아시들'이라고 해석하여 많은 사람을 잘못 이끌며 혼란을 빚어왔다. 고조선사(古朝鮮史)를 한반도에 국한시켜 맞지 않는 것을 억지로 구겨 넣어 맞추려고 '아사달'이 황해남도 배천에 있는 '백악산(白岳山)'이다, 개성 동쪽에 있는 '백악궁(白岳宮)이다'라고 한 조선조 사학자들과 똑같은 소견이라 아니할 수 없다.

그렇다면 '박달'은 어디에 뿌리를 두고 있어 우리에게 친숙하게 느껴지는 것일까. 우리 조상족의 무리가 오랫동안 머물렀다는 시베리아 지방으로 거슬러 올라가보자. 알타이 주봉에서 동쪽의 바이칼호를 향해 러시아 중동부와 몽골의 국경을 따라 내리 뻗는 날가지에 '사얀(Sayan)'이란 이름의 산이 있다. 예니세이강 유역의 크라스노야르스크(Krasnoyarsk)지구와 이르쿠츠크(Irkutsk)주의 남쪽, 투바(Tuva)공화국의 북쪽, 부리야티야 (Buryatiya)공화국 서쪽 등에 걸쳐 있는 큰 산이다. 3491m에 이르는 봉우리 등 몇 개의 빙하도 있다.

'사얀'이란 바로 그 산의 '眦얀' 빛깔을 뜻하는 '하얀산', 즉 백산(白山:太伯)이라는 말인데 그것이 '밝다'는 뜻까지 갖게 되면서 바수단(Basudan)이나 박달봉(博格達峰)처럼 '박달(博達:伯山,밝은 산)'로 발전하여 알타이 산 남동쪽 끝 고비알타이의 아기박달(Aj Bogul)-아탓박달(Atas Bogdul)-자근박달(Tsagan Bogdul)-이흐박달(Ih Bogdul)로 이어지며 오늘날 몽골과 중국의 국경을 이루게 된 것이다.

지금도 사람들은 산이 높을수록 거룩하게 여기고 그 산이 만년설이라도 이고 범접할 수 없는 위엄으로 서 있으면 경건한 마음으로 대하며 '신산'이라고 한다.

'흰 산'이라는 의미이지만 '흰'이 '현'이 되고 '신'으로 바뀌어 흰 산이 곧 '모든 것을 환히 아는 신령(神靈)'으로 이미지화한 것이다.

그러나 박달의 의미가 여기서 끝나는 것은 아니다. '한울님이 이곳으로 내려왔다'는 믿음이 더해지며 천산(天山:톈산)이라는 뜻으로 '텡그리'가 되는데, 그것이 탕굴라(Tanggula:당구라)도 되고 탄누올라(Tannuola)도 되고 한텡그리(Khan Tengri)도 되고 탄산(彈山)도 되고 탄산(炭山)도 되고 단산(檀山)도 되고 기련산(祁連山)도 된다. 모두가 천산이고 백산(白山:밝달, 밝은 산)이란 뜻으로 그 산자락에 살다 이동해간 사람들을 따라 사방으로 흩어지며 생겨난 이름들이다. 우리의 단군(壇君)이라는 명칭도 그에 따라 생겨났다.

단군(壇君)은 큰 무당(巫堂)

지금은 '檀君(단군)'이라고 적고 있지만 최초의 기록은 '壇君'으로 되어

단군(壇君)은 큰 무당(巫堂)

있다.

고대사회에서는 '모든 형상물(形象物)에는 영이 있고 그 영혼은 죽지않는다(萬物有靈 靈魂不滅)'고 믿었다. 그래서 온갖 신을 섬기는 행위가 생활의 중심이었다. 산도 섬기고 물도 섬기고 나무도 섬기고 돌도 섬기고 자신들이 살고 있는 집도 섬겼는데 대문은 대문이라고 섬기고 부엌은 부엌이라고 섬기고 방은 방이라 섬기고 뒷간은 뒷간이라 해서 섬겼다.

〈그 풍속은 지금도 남아 있어 온갖 우상에 제 돈을 갖다 바치며 잘되기를 빌다 못해 돼지우리 앞에서 꾸벅거리고 돈 잘 벌게 해 달라고 자동차에 대고 절을 하기도 한다.〉

부족이나 나라의 안녕과 풍년을 비는 등의 큰 제사는 그 집단의 우두머리가 주재하여 거행하였는데, 집단의 우두머리는 앞일을 알아내고(점을 쳐서) 병자를 고치고 저세상과의 의사소통 능력이 있어 죽은 자의 영혼을 좋은 길로 인도할 줄 알아야 정치적 중심[族長]이 되고 제사장(司祭)이 될 수 있었다.

통구스 만주어계에서 '아는 사람'이라는 뜻으로 지칭되는 '샤만(Shaman)'이 바로 그런 사람들이다. '왕 중의 왕'처럼 샤만 중의 우두머리 샤만을 '감→검'이라고 불렀는데 한자로 번역하면 '왕검(王儉:우두머리 검)'이 된다.

'왕검(단군)'은 '흰(붉은) 하늘'과 '검은 땅'의 교합으로 태어난 인간인 동시 '인간의 지도자'로서 인간들을 위한 하늘과 땅의 중계자였다. '대백(大伯)'이 바로 하늘의 상징이고 '곰'이 바로 땅의 상징으로 우리의 단군신화도 이러한 믿음 속에 태어났다.

지금도 몽골과 접경을 이루고 있는 시베리아 남부의 투바(Tuva)나 부리야티아(Buryatia)공화국 등지에서는 샤만이 막강한 영향력을 행사하고 있지만 사제권과 정치권이 분리되지 않았던 고대 사회는 어느 민족사회나 제정일치(祭政一致)의 사회로서 무당(巫堂)의 권한이 절대적이었다.

단군은 있는가, 어디 있는가

▲ 아무르 지방 무당의 무복(巫服)

아무르강 연안에 살던 샤만들이 의식을 거행할 때 입었던 복식을 보면 우리를 더욱 놀라게 한다. 꼭 누가 단군신화를 격하(格下)하기 위해 만들어 놓은 것처럼 하늘과 태양과 신목(神木:생명의 나무)과 곰과 범을 주제로 한 그림이 빼곡하게 그려져 있다.

「삼국지(三國志:魏書東夷傳)」나「후한서(後漢書:東夷列傳)」에도 "부여·고구려·예에서는 매년 10월 영고(迎鼓)·동맹(東盟)·무천(舞天)이라고 하는 제천(祭天) 의식을 거행했는데 각국 도성에서는 천신(天神)에 대한 제사를 주재할 한 사람을 뽑았으며 그를 '천군(天君)'이라고 불렀다"고 기록하고 있다.

'단군→당골(巫堂)'설은 그래서 입증되었다.

'天君(천군)'은 옛 소리가 '뎬군'으로 '단군'과 비슷할 뿐 아니라 곰을 숭배하던 고아시아족의 최고 샤만을 지칭하는 '텡그리감(天君)'이라는 호칭을 한자로 번역하면 '단군왕검(壇君王儉)'이 되기 때문이다.

그래서 한울님이 내려오고 단군이 태어났다는 '신단수'를 일연(一然)은 「삼국유사」에서 '神壇樹(신단수)'라고 쓰고 이승휴(李承休)는 「제왕운기」에서 '神檀樹(신단수)'라고 썼다. '단'자를 다르게 쓴 것이다.

神檀樹(신단수)는 '신령스러운 박달[白山]의 나무'라는 뜻이지만 神壇樹(신단수)는 '신단의 나무'라는 뜻으로, 하늘에 공동체의 안녕과 풍년을 빌던 제단에 세웠던 솟대(생명의 나무)라고 볼 수도 있고, 고개 마루 돌더미 신단 위에 서 있는 서낭나무(神木)라고 볼 수도 있다.

단군(壇君)은 큰 무당(巫堂)

　지금도 서낭나무에 헝겊을 매어 놓고 병이 낫게 해달라고 기원하거나, 돌더미 위에 돌 3개와 솔개비를 얹어 놓고 침을 뱉으며 앞길의 안전을 빌던 풍속 등으로 볼 때 제정일치(祭政一致) 시대 한울님(환웅)이 타고 내려온 나무는 '신령스런 박달의 나무'가 아니라 산마루 '신단의 나무'로 보는 것이 타당하다는 견해가 설득력을 갖는다.

　〈서낭나무에 헝겊을 매다는 것은 티벳 설산 마루 신단에 소원을 적은 오색 헝겊 '타루초'와 '룽다'를 매어 놓는 풍속이 몽고를 거쳐 우리나라로 들어오면서 변한 것으로 보인다. 중동 일부 지방과 코카서스 등지에서는 손수건을 나뭇가지에 매어 놓고 소원을 빈다.〉

▲ 그루지야 동굴요새 길옆 나무에 걸린 기원 손수건

　고려말 신유학(新儒學)이 들어오면서 무속(巫俗)에 대한 배격운동이 강하게 일어나 무당을 징벌한(安珦·權和) 것 등으로 볼 때 "무당들을 도성 밖으로 쫓아내라"고 주장했던 이승휴 역시 유가(儒家)의 입장에서 의식적으로 '壇(단)'자를 '檀(단)'자로 바꿔 썼을 개연성이 없다고 볼 수 없다는 견해에 따른 것이다.

　그로 인해 단군은 壇君(단군)과 檀君(단군)으로 갈리어 '큰 무당:텡그리검'도 되고 '하느님이 내린 임금'도 되었다. 우리가 지금 단군을 檀君(단군)으로 통일하여 적는 이유가 거기에 있다. '무당'이 아니라 '환알님(한알님-한울님-하느님)이 내린 임금'이라는 뜻이다.

　신라의 왕 김알지(金閼智)가 흉노(匈奴) 휴도왕(休屠王)의 태자(太子)인 김일제(金日磾)였다고 알려져 있듯 흉노는 우리 조상족인 동호(東胡)와

- 49 -

정치권력이 어느 쪽으로 이동하느냐에 따라 동호도 되고 흉노도 되는 불가분의 관계를 유지했던 종족이다.

〈흉노는 형이나 동생이 죽었을 때 형수나 제수를 아내로 삼는 수혼(嫂婚)제도를 갖고 있었다. 그래서 우리처럼 '우리남편' 이나 '우리마누라'라는 뜻의 말이 쓰였을 것으로 짐작된다. 뿐만 아니다. 지금도 중국 서북부 지방에 살고 있는 카자흐족에게는 가족혼 제도가 나타나는데 남편이 유목을 위해 밖으로 나가면 아내는 집에서 남아 있는 남편의 형제들과 잠자리를 같이 한다. 출산을 히게 되면 출산 직전 양을 잡아 온기가 가시지 않은 양껍질로 나오는 아이를 받는다. (아이의 체온과 양껍질의 온도가 같게 한다.) 출산한 아이들은 모두 남편의 아들이 되는데 평생 비밀을 지키다가 죽을 때나 각자의 친아버지가 누구인지 알려준다고 한다.〉

그들은 자기들의 지도자를 '찬우(單于)'라고 불렀다. 찬우는 '텡그리고두찬우(撐犁孤塗單于)'의 준말로 텡그리는 '하늘', 고두는 '아들', 찬우는 '광대무변한 땅의 주인'이라는 뜻으로 '땅의 주인인 하느님의 아들(天子)'이라는 호칭이다.

중국의 시조 황제(黃帝)와 지금의 북경(北京) 서북쪽 인근에 있는 탁록(涿鹿) 들판에서 천하의 패권을 다투었던 구려(九黎:東夷)의 임금이 치우(蚩尤:天子)였음을 볼 때 '치우'와 '찬우'는 천자(天子), 즉 '대지(大地)의 주인인 하느님의 아들'이라는 말로, 글자는 다르지만 같은 소리를 표기하고 있다고 보여 더욱 그러하다.

이 '텡그리고두찬우'를 한자로 축약해 음역하면 '撐君(탱군)→壇君(단군)·檀君(단군)'이 된다. 우리의 '단군'도 이런 호칭을 한자로 축약해 적어 단군이 된 것이면 무엇을 더 바라겠는가.

그렇게 본다면 '단군'은 소리를 따 적은 것에 지나지 않으니 壇君(단군)이라 적든, 檀君(단군)이라 쓰든 달라질 것이 없을 것이다.

우리의 단군과는 시대가 많이 떨어져 있지만 동호계의 위인들 중에는

단군(壇君)은 큰 무당(巫堂)

'단(檀)'자가 붙은 경우가 많다. 단(檀)·단석괴(檀石槐)·대단(大檀)·녹단(傉檀) 등이 그들이다. 그들 명칭에 '단(檀)'자가 붙은 이유를 설명하고 있는 기록은 없지만 그들 역시 '대지의 주인인 하늘의 아들'이라는 뜻에서 붙은 이름이라면 그들의 일생이 단군신화 성립과 변성(變成)에 아무런 작용도 한 것이 없었을까 궁금해진다.

〈**단(檀)**은 오늘날 외몽고와 내몽고 서쪽과 영하회족자치구 감숙성 및 신강지방을 틀어쥐고 중국을 괴롭히던 남흉노 찬우를 부르던 호칭이고, **단석괴(檀石槐)**는 오늘날 파미르고원에서 타지키스탄, 키르기스스탄의 이시쿨과 우즈베키스탄의 안디잔, 카자흐스탄의 발하슈쿨을 거쳐 바이칼호 밑으로 이어지고 동으로는 만주 전체와 연해주 요동반도에서부터 오늘날 북경지방을 지나 대동(大同)·포두(包頭)·은천(銀川)·무위(武威)·장액(張掖)·주천(酒泉)·돈황(敦煌)·신강(新疆)으로 이어지는 광대한 지역을 통일하여 중국보다 훨씬 큰 나라를 이루었던 선비의 대인(大人)을 이르던 호칭이다. 중국 황제(漢桓帝)가 얼마나 겁이 났으면 그에게 잘 보이고자 인수(印綬)를 싸들고 그를 찾아가서 "왕으로 봉하고 공주를 주겠다"며 받아주기를 간청하게 했겠는가. 단석괴는 끝내 거절하고 받지 않았다. 아마 "너희 황제가 직접 와서 내 앞에 무릎을 꿇는다면 내가 그를 왕으로 봉하고 공주를 아내로 주며 화친하여 너희들을 보호해 주겠다."고 하지 않을까 싶다. 징기스칸(Genghis Khan) 이전의 제 1 대 징기스칸으로 비견될 만하다.

대단(大檀)은 동호계가 세운 유연(柔然)의 지도자로 모한흘승개칸(牟汗紇升蓋可汗)을 이르는 호칭이다. 그는 오늘날 내몽고와 외몽고, 신강의 쿠물(哈密)과 치타이(奇台)·크라마이를 거쳐 카자흐스탄의 발하슈쿨 끝에 이르고 거기서 다시 원을 그리며 시베리아로 들어서 바이칼호 위쪽을 지나 동으로 가다 대흥안령 산맥을 따라 꺾어지고 시우짐친치에서 이렌호트·달란차가드를 거쳐 쿠물에 이르는 거칠고 너른 땅을 다스리던 영웅이고,

녹단(傉檀)은 두 형과 함께 남량(南涼:397~456)을 세웠던 선비족 왕의 호칭인데 남량은 오늘날 난주(蘭州)와 서녕(西寧)·무위(武威)를 통할했다.〉

웅녀(熊女)가 먹었다는 마늘은 없었다

「제왕운기」는 "단웅천왕(檀雄天王)은 …손녀(孫女)에게 약을 먹여 사람이 되게 하고 단수신(檀樹神)과 혼인시켜 사내아이를 낳으니 단군(檀君)이라 이름했다."고 적고 있어 사람과 신이 결혼하여 사람을 낳을 수 없다는 사실을 간과하고 있고, 「삼국유사」는 "환웅(환울님)은 곰과 범에게 쑥[艾]과 마늘[蒜]을 주어 웅녀(熊女)가 그것을 먹고 사람이 되자 잠시 사람의 모습으로 나타나 그와 결혼해 아들을 낳으니 단군왕검(壇君王儉)이라 했다"고 쓰고 있다.

여기서 말하는 곰과 범은 실제의 곰과 범을 뜻하는 것이 아니라 고대사회 대지(大地)를 형상화한 곰[熊]을 시조로 모시는 종족과 범을 시조로 모시는 종족을 상징하는 것으로서 짐승처럼 살고 행동하던 미개인들을 환웅이 감싸 안아 교화(敎化)하여 사람다운 사람으로 만드는 과정을 설명한 것이라고 본다.

어머니의 자궁 속에서 새로운 아기가 태어나듯 곰과 범은 자궁을 상징하는 동굴로 들어가 환웅이 시키는 대로 쉽지 않은 어려움을 이겨내고 사람으로 태어나는데, 여기서 '절대적'이라 할 수 있는 '환울님의 말씀(100일)'이 여지없이 짓밟히며 삼칠일(三七日:21일)만에 웅녀가 사람이 되어 나타난다. 삼신사상(三神思想)이 끼어들며 원래의 줄거리가 변한 것으로 보아야 할 대목이다.

또 먹으라고 주었다는 '쑥[靈艾]'은 뒤에 붙은 양사(量詞) '주(炷)'로 볼 때 먹으라고 준 것이 아니라, 불을 피우라고 '쑥대 한 자루'를 준 것으로 보아야겠다. 쑥대는 쑥을 동아줄 굵기로 이어 붙이며 짚으로 돌돌 말아 두 세 발 되게 만들어 말려 두었다 쓰는 것인데 6·25 이전까지도 논일을 할 때 부시 치기가 번거로웠던 농부들이 흔히 방천 위에 뻗쳐 놓고 참참이 곰방대에 불을 붙이는 등의 용도로 이용했다.

문제는 '마늘 [蒜:garlic-Allium sativum for. pekinense]'이다.「본초강목(本草綱目)」에 따르면 "마늘[蒜]은 족지[茆蒜:卵蒜]인데 중국에는 원래 이것밖에 없었다. 그 후 서역(西域)에서 알이 굵은 호(葫)가 들어오자 이것을 '대산(大蒜)'이라 부르고 전부터 있던 것을 '소산(小蒜)'이라 하였다'고 했는데「동의보감(東醫寶鑑)」은 대산을 '마늘', 소산을 '족지'라고 구분하고 있다.

〈본초강목(本草綱目)」은 명대(明代:1518~93) 이시진(李時珍)이 전해져 내려오던 약학서에 덧붙여 편찬한 일종의 식물학 사전이다. 산(蒜)의 우리 명칭인 '마늘'은 한자말 '맹랄(猛辣)'이 '마랄→마늘'로 변한 것이라고 주장되기도 했는데 근거가 제시되지는 않았다.〉

마늘은 중앙아시아 지방에 야생(野生)하는 알리움 롱기쿠스피스(Allium longicuspis)에 기원을 둔 식물로 고대 아시아 서부에서 재배되던 것인데 중국을 거쳐 한국 각지로 퍼졌다.

중국에 전파된 것은 BC 2세기 장건(張騫)에 의해 지금의 이란으로부터 도입되었다고 한다. 우리나라로 전파된 시기는 확실치 않으나 고려(高麗) 이전부터 재배되었을 것으로 보고 있다.

우리가 마늘을 '마늘'이라고 부르는 것은 "맵고 아리다"는 중국말 '마날(麻辣:마랄)이, 잘못 전해져 이름이 된 것으로 보인다.

한 옛날 우리와 근연관계에 있던 투르크 제족은 지금도 마늘을 '사름삭·사름삭·삼삭·니오리(그루지야)·슥흐토르(Skhtor:아르메니아)'등으로 부른다.

몽골에서는 마늘을 '만기르(Manggir)'라고 하는데, 어떤 이는 이 말이 우리나라로 들어와 '마니르(manir:gg가 탈락)'로 불리다가 '마늘'로 굳어졌다고 주장한다. 그 말이 맞다면 마늘은 고려 후기 몽고군(元)을 따라 우리나라로 들어왔다는 말이 된다.

그렇다면 단군치세 1천 5백년은 고사하고 그 후 7백 여 년이 지나서야 (단기 2200년대) 겨우 중국에 들어온 마늘이 어떻게 '단군신화'에 등장할 수 있었을까. 그것이 사실에 바탕을 두고 이루어진 설화라면 단군신화는 우리 조상족이 서아시아(메소포타미아)를 떠나 북동진(北東進)하기 이전에 이미 생성되었거나 BC 2세기 이후에 만들어진 것이라는 말이 된다.

〈우리에게도 '산마늘'이 있으니 그것을 말하는 것이라고 보는 이도 있을 것이다. 그러나 그것은 '산부추(Allium thunbergii)'를 이르는 것으로 구근이 생기지 않는다. 그래서 서아시아를 여행하는 길에 야생 마늘을 찾아보았다. 쉽게 찾아지지 않던 것이 눈앞에 지천으로 널려 있었다. 터키 동쪽 끝자락 반호수 속 악다마르 섬에서였다. 쿠르드족 여인들이 길쭉한 풀잎을 한 자루 씩 채취한 것을 보고 한 잎 가져다 냄새를 맡아 보았다. 진한 마늘 내가 났다. "이것을 뭐라고 하느냐"고 물었다. 여인들은 '짐발리흐수'라고 했다. 땅에서 한 포기 뽑아 보았다. 재배종 마늘과 흡사했다.

▲ 중앙아시아 지방의 야생 마늘 짐발리흐수

뿌리를 까보았다. 파뿌리처럼 까도 까도 껍질 뿐 알은 없었다. 씹어 보았다. 연하디 연하면서 들큰했는데 파뿌리만큼도 맛이 없었다. 그래서인지 "뿌리는 안 먹고 잎만 먹는다"고 한다. 이것이 개량되어 오늘날 맵고 자극적인 마늘이 된 것인지는 알 수 없다.〉

그래서 수메르(메소포타미아) 라가시(Lagash)왕 석판 앞에 서서 한 때 나는 우리 집에 있던 단군의 화상을 떠올린 적이 있었다. BC 3500년 이전에 살았던 라가시왕이 입고 있는 '깃털 치마'가 단군상의 '새파란 박달나무 잎 저고리'와 너무도 인상이 흡사했기 때문이다.

단군신화 고려조작설(高麗造作說)

▲ 메소포타미아(수메르)의 라가시왕 석판

〈어렸을 적 나는 이웃의 청으로 우리 집에 있던 단군화상을 모사해 주기도 했는데 그 때마다 진초록의 박달나무 잎 저고리가 나를 매우 곤혹스럽게 했다. 가지를 꺾어 놓으면 오뉴월 뙤약볕에 채 한나절도 안 되어 바짝 말라 바스라지는 것이 박달나무 잎인데 그것으로 어떻게 저고리를 지어 새파란 빛깔을 유지할 수 있다는 것인지 통 이해가 되지 않았기 때문이다.〉

그러나 아직도 라가시왕 석판과 함께 출토되었다는 5만 여 점의 쐐기문자 점토판(粘土板)에 단군이 어쩌고 하는 기록이 있었다는 소리를 들어본 적이 없다. 앞으로도 영원히 들어볼 기회가 없을 것이다.

〈라가시(Lagash)왕의 석판은 프랑스 루브르 박물관에 있다. 라가시는 고대 수메르의 주요 도시를 말하는 것인데 지금의 이라크 남부 나시리야주 텔로이다. 1877~1933년 프랑스가 이곳에서 적어도 5만 개의 쐐기문자 자료를 발굴하여 BC 3000년대 수메르에 대한 중요한 사실들을 알아냈다. 이 도시는 선사시대인 우바이드기(BC 5200~3500년경)에 건설되어, 파르티아시대(BC 247~AD 224)까지 사람이 살았던 것으로 밝혀졌다.〉

단군신화 고려조작설(高麗造作說)

'단군신화 고려 조작설(高麗造作說)'이 그래서 나왔다. 애초부터 없었던 것인데 몽골(蒙古:元)에 대한 항쟁(抗爭)의 필요성 등 민족의 단합이 요구되던 시대를 맞아 한 부류의 설화이던 것이 민족의 신화로 승화되어 국조(國祖)로 떠받들리게 되었다는 견해이다.

김일성이 민심 다잡기 용으로 평양에 가짜 단군릉(檀君陵)을 거대하게 조성하고 민족감정을 자극하고자 남한의 지식인을 대거 초청했던 것도 다 그러한 이유에서가 아니겠는가.

그 대열에 끼여 갔던 남한의 한 유명 시인이라는 자는 그것을 보고 너무나 감격하여 눈물까지 글썽이며 '영광스러운 배알'을 했다고 한다. 꼭 고려 숙종 6년(1102) 누구의 무덤인지도 모르는 평양 변두리의 한 무덤을 '기자(箕子)의 무덤'이라고 정하고 기자사(箕子祠)까지 세우며 대견한 듯 껍죽거리던 모화분자(慕華分子)들을 오늘날 다시 보는 느낌이다. 기자묘(箕子墓)는 오늘날 중국 상구(商丘)에 있다는 것이 중국의 기록이다.

그러나 단군 신화는 '조작(造作)되었다'기보다 '개작(改作)되었다'고 보는 것이 온당할 듯싶다. 왜냐하면 일연과 이승휴가 고기(古記:옛 기록)를 빙자하여 장황하게 늘어놓고 있는 내용이 「위서(魏書)」에 있었다는 "2천 년 전에 단군왕검(壇君王儉)이 아사달에 도읍하여 나라를 세우고 조선이라고 했다"는 내용을 부연하여 "평양성(平壤城)에 도읍하고 처음 조선(朝鮮)이라고 했다"고 고치는가 하면「위서」와 기록을 맞추기 위해 다시 도성을 아사달(阿斯達)로 옮겼다고 적고 그곳이 바로 배천[白川]에 있는 백악산(白岳山:無葉山)이고 신천(信川)에 있는 궁홀산(弓忽山:九月山), 일명 금미달(今彌達:蓋馬山)이라고 황해도 산들의 이름을 늘어놓고 있는 것이 그것이다. 기자묘(箕子墓)를 조성한 것과 똑같이 고조선사(古朝鮮史)를 한반도에서 생성된 역사인 것처럼 고착시키려 한 의도가 분명해 보인다.

단군(檀君)을 이은 나라가 왜 없는가

사람은 누구나 자신을 돋보이게 하기 위해 없는 사실도 꾸며내어 조상을 미화해 왔고 또 그렇게 하는 것이 각 왕조(王朝)의 속성이었는데 그처럼 '한울님을 아버지로 둔 뚜렷한 조상(檀君)'이 있었다면 어찌 부여나 고구려·백제·가야·신라 등등 그 많았던 동이족(東夷族)의 나라 중 어느 한 나라도 할아버지와 할머니를 단군에 이어대며 자신이 정통(正統)을 이은 유일한 왕이고 '하늘의 아들[天子]'이라고 주장하는 나라가 없었겠는가.

고려 이전, 단군 신화가 없었거나 있었다 해도 크게 알려질 성질의 것이 못되었기 때문에 그 맥을 이은 왕조가 없었고 각자 건국신화를 갖게 되었다고 보는 것이 타당할 것이다. 오죽하면 고구려가 정통성을 강조하기 위해 동명설화(東明說話)를 강취해다 붙였겠는가를 생각하면 쉽게 짐작할 수 있는 일이다.

▲ 홍산문화의 옥저룡(玉猪龍)

"단군은 있었지만 오늘날 우리가 흔히 말하는 '단군(檀君)'은 없었다"는 결론이 그래서 도출된다.

단군 신화는 앞에서 말한 대로 티벳이나 알타이 산기슭, 천산 주변에 머무르며 서아시아에서 전해지던 선진문명을 갖게 된 예맥(濊貊:東胡)족이 초기청동기시대(夏商時期)에 몽골 남부를 거쳐 요동으로 진출하여 적봉(赤峰)과 능원(凌源)을 중심으로 번성기에 접어들었고 조선(朝鮮)이란 국가형태를 이루며 용(龍)숭배와 옥기(玉器) 숭상 등으로 집약될 수 있는 붉달(붉달-빋달-박달)문화, 즉 홍산문화(紅山文化)를 일으켰는데, 그들의 건국신화가 「위서」에 적히게 되었고 그것이 다시 일연과 이승휴의 손을 거치며 한반도에 맞게 각색되어 나타난 것이 오늘의 단군신화가 아닌가 싶다.

오늘날 중국을 상징하는 용(龍) 숭배사상이 요동 벌에 꽃피었던 붉달문화에서 비롯된 것이고 황하문명(黃河文明)의 꽃이라 할 수 있는 옥(玉) 조각 기술이 우리 조상들에게 배워간 것이라는 사실을 신석기시대(BC 3500~4000) 동호(東胡:東夷)의 땅 홍산(紅山:赤峰)에서 출토된 '옥룡(玉龍)' 등은 극명하게 보여 주고 있다.

용의 순수한 우리말은 '미르'인데 '무르', 즉 '물'을 숭배하던 우리 조상족(요동평야 농경민)이 만들어낸 말로 차차 의인화(擬人化) 되고 영물화(靈物化)하며 작게는 개인의 소망을 이루어주는 존재로, 크게는 비[雨]

▲ '동호청동예기(東胡靑銅禮器)'라는 딱지가 붙은 그릇

를 깃고 만백성을 기르는 설대적인 존재로 승화하여 천자(天子)의 상징물로 쓰이기에 이르렀다. 그래서 용왕(龍王)은 바다에도 있고 강에도 있고 샘에도 있고 부엌에도 있다고 믿어지며 정화수(井華水) 한 그릇을 떠다 놓고 온 정성을 다해 소원을 비는 풍속까지 생겨났다.

콧대 높은 중국학자들의 눈앞에 황하문명(黃河文明)권의 용상형물(龍象形物)보다 훨씬 시대가 앞서는 옥으로 조각된 용상형물이 옛 동호족의 땅에서 무더기로 쏟아져 나왔으니 얼마나 당황했겠는가. 어쩔 수 없이 "황하문명보다 홍산문명(紅山文明)이 앞섰다"고 무릎을 꿇었지만 생각할수록 배알이 뒤틀렸다.

〈중국인들은 지금도 옥(玉)을, 온갖 악기(惡氣:귀신)를 몰아내는 만병통치의 영물(靈物)로 여겨 금(金)보다 높게 평가한다. 그러한 믿음은 옥룡으로부터 시작되어 전체 옥기(玉器)로 번져간 것으로 보아야 한다. 그래서 나라를 물려주는 전국새(傳國璽)도 옥으로 만든 옥새(玉璽)였을 뿐 아니라 역대 조정이 옥이라 하면 사족을 못 써 역사책에까지 꼼꼼히 기록하며 약탈의 기회만 노렸다. "부여(夫餘)에서는 왕을 장사지낼 때 옥갑(玉匣)을 사용한다." "붉은 옥(赤玉)과 아름다운 구슬이 생산되는데 크기가 대추(酸棗)만 하다." "창고 안에는 옥으로 만든 벽(璧)·규(珪)·찬(瓚)등 수대에 걸쳐 내려오는 보물들이 있다."는 등의 기록(三國志魏書)이 그것이다. 이로보아 중국의 국보로 자랑이 대단한 금루옥의(金縷玉衣)나 은루옥의(銀縷玉衣)·사루옥의(絲縷玉衣) 등은 부여에서 수탈해간 옥갑(玉匣)으로 보아야 옳겠다.〉

단군(檀君)을 이은 나라가 왜 없는가

중국 학자들은 1861년에 간행된 김정호(金正浩)의 대동여지도(大東輿地圖)설명까지 근거로 대며 이곳 연산(燕山)이 바로 옛 곤륜산(崑崙山)이고 옛 '곤륜문화'가 바로 '홍산문화(紅山文化)'라는 논리를 펴며 이곳이 바로 하화족(夏華族:漢族)의 시조 황제(黃帝)가 도읍했던 뿌리의 땅이고 중화문명이 태동한 고장이라고 가당찮은 주장을 하고 나섰다. 중국의 우리 역사 수탈작업[東北工程]은 여기서부터 시작된다.

〈대동여지도 발문(大東輿地圖跋文)은 "…곤륜산(崑崙山)의 한 줄기가 큰 사막(大漠:고비사막)의 동남쪽으로 뻗어 나와 의무려산(醫巫閭山)이 되고 여기서 산줄기는 크게 끊어져 요동평야(遼東之野)가 되었는데 물 마른 들판은 다시 솟구쳐 백두산이 되고 조선 산맥의 할아비가 되었다"고 되어 있다.〉

▲ 우하량(牛河梁)에서 출토된 옥봉(玉鳳)

지금도 선양(瀋陽)의 요녕성박물관(遼寧省博物館)이나 내몽고자치구 동쪽, 조양(朝陽)인근에 있는 적봉박물관(赤峰博物館)으로 가면 파형동검(琵形銅劍) 등과 함께 본이름을 잃은 채 '동호(東胡)'라는 딱지를 붙이고 있는 그 유물들을 만날 수 있다.

〈파형동검(琵形銅劍)은 거친무늬거울(多鈕粗文鏡)과 함께 우리 조상족의 청동기문화를 대표하는 유물이다. 그것이 세형동검(細形銅劍) 및 잔무늬거울(多鈕細文鏡)로 발전하면서 청동기시대에서 초기철기시대에 이르는 동안 중국 요녕(遼寧)지방에서 한반도로 이동하며 퍼져 나갔다. 그래서 파형동검을 '요녕식동검(遼寧式銅劍)', 세형동검을 '한국식동검(韓國式銅劍)'이라고 하는데 일부 모양을 달리하는 세형동검은 요녕지방에서도 출토되었다.〉

그 후 인접세력이 강력하게 밀려들자 살던 땅을 내주고 점점 밀려 한반도 쪽으로 내려올 수밖에 없었던 것이 고구려(高句麗)고 백제(百濟)고 가야(伽倻)이고 신라(新羅)이다.
　그 이상의 역사를 한반도에서 찾는다면 신석기시대를 살아가던 선주민(先住民:아이누 등)의 역사밖에 안 나오는 이유가 거기에 있다.
　그러나 우리 조상족을 고리(高[橐]離:素離)를 거쳐 대흥안령(大興安嶺) 동쪽 송눈평원(松嫩平原)으로 나와 부여(夫餘)를 세웠던 부족으로 국한할 수는 없을 것 같다. 퉁구스(에벵키)족들처럼 오늘날 흑룡강성(黑龍江省) 동북부를 티고 내려와 합친 줄기도 있었을 것이고 알타이산 남쪽 천산(天山:알라타우)기슭에서 내몽고와 산서성(山西省) 북부를 거쳐 요녕(遼寧)지방으로 나와 합쳐진 줄기도 있었을 것이다. 단군신화에 나타나는 지명(地名)들을 보면 그렇게 밖에 해석할 수가 없다.
　중국 서북부 중국-카자흐스탄 국경지방에서부터 시작되는 '박달(博格達:博格多・博樂塔拉・白山)'과 '아사달(阿斯塔拉:阿斯塔娜・阿思打納)'등 우리의 옛말 줄기가 중국 신강(新疆)과 알타이지방을 거쳐 동북지방으로 이어지고 있는 것을 보면 단군(壇君・檀君)으로 기록되고 있는 단군 신화가 서아시아 지방에서 동천(東遷)해오던 우리 조상족이 시베리아 남쪽, 즉 중국 서북쪽에 이르러 머물던 시절 삼신사상(三神思想)을 기반으로 한 무속신앙(巫俗信仰)과 어울리며 생성되었을 가능성이 짙어 보인다.

　그렇지 않다면 티벳 밀교와 함께 몽골(元)에 묻어 고려(高麗)로 들어온 티벳 무속신화(巫俗神話)가 토착화하는 과정에 다소 모습이 바뀌고 일연과 이승휴의 손을 거치면서 줄거리까지 바뀌어 확대 재생산된 것으로 밖에 볼 수가 없다.
　청동기 시대에 이르러야 대체적으로 국가형태가 이루어지는 우리 역사의 흐름으로 볼 때 옛날도 아주 한 옛날 돌연장을 쓰던 신석기시대에 단군조선이란 획기적이고 통일된 정체가 있었고 또 쐐기문자를 빌어다 쓴 기록물이 있었다 한들 전거도 없는 기록을 무슨 수로 어디서 찾아내어 고증

하고 실제화 하여, 버리고 빼앗겨 남의 것이 된 지 오래인 수많은 역대 호족(胡族)들의 기록을 내 역사로 재정비해 내놓을 수 있겠는가.

중국의 동북공정(東北工程)을 역사의 침탈행위라고 성토할 것은 없다. 그들은 그들대로 우리는 우리대로 기록하고 해석하면 그뿐이다. 역사란 시대에 따라 그 주체들이 입맛대로 기술하는 것이기 때문에 같은 말도 해석이 다를 수 있다.

같은 단군설화도「제왕운기」와「삼국유사」가 다른 이유가 거기에 있다. 그러나 역사기록은 사실(事實)에 입각하여 보편성을 가져야 하고 크게 어그러짐이 없어야 한다. 그래서 중국의 역사학자 원등비(袁騰飛)는 동북공정 등 "현재 중국 역사 교과서에 기술된 내용 중 진실은 5%도 되지 않고 나머지는 완전한 허구"라고 비판하고 나섰다.

조선조 유학자들은 "북한 평양(平壤)이 삼조선(三朝鮮:檀君朝鮮·箕子朝鮮·衛滿朝鮮)의 도읍지"라

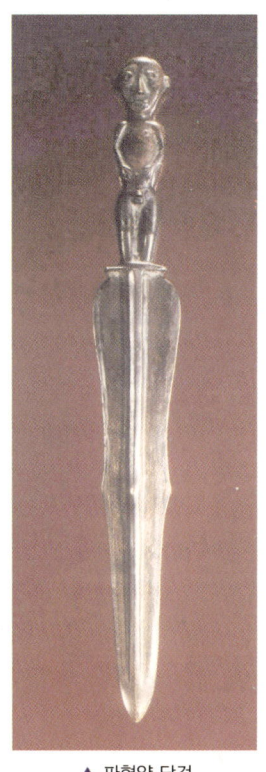

▲ 파형양 단검

며 '전조선→후조선→만조선'이 사이좋게 왕통을 계승한 듯 써 젖히는 바람에 첫 단추부터 잘못 끼워진 우리 역사는 가뜩이나 전신불수(全身不隨)를 못 면하고 있는 형편인데 거기에 다시 최남선(崔南善)처럼 "단군이 백두산(白頭山:太伯山)에 도읍했다"고 없던 일을 있었던 것처럼 날조해 끼워 넣는다면 우리의 후대들은 또 어떠한 역사적 미궁이 빠져들겠는가.

〈「고려사(高麗史地理)」에 "평양부(平壤府)는 본래 삼조선(三朝鮮)의 구도(舊都)이다. 요임금(唐堯) 무진년에 신인(神人)이 박달나무(檀木) 밑으로 내려오자 국민[國人]들이 임금으로 옹립하여 평양에 도읍하고 단군(檀君)이라고 했다. 이

단군은 있는가, 어디 있는가

것이 전조선(前朝鮮)이다. 주(周)나라 무왕(武王)이 상(商:殷)나라를 쳐 무너뜨리고 기자(箕子)를 조선에 봉했는데 이것이 후조선(後朝鮮)이다. 41대 손자 준(準) 때에 이르러 연(燕)나라 사람 위만(衛滿)이 망명(亡命)해 오더니 1천여 명의 무리를 이끌고 달려들어 준의 땅을 빼앗고 왕검성(王儉城)에 도읍했다. 이것이 위만조선(衛滿朝鮮)이다"고 기록되어 있다.〉

멀리 볼 것도 없다. 역사 유적지 탐사가 쉬워지면서 당장 우리의 아들·딸들이 현장과 너무 괴리(乖離)되어 있는, 풀 수 없는 우리 고대사(古代史)의 수수께끼에 빠져 허우적거리고 있는데도 우리의 관학파 학자들은 '낙랑군(樂浪郡)이 한반도 평양에 있었다'는 식민사관을 견지하면서 '단군의 백두산 개국설'을 통설로 인정하고 있다. 위에서 말한 것처럼 단군은 평양에 도읍한 적도 없고 기자와 위만은 압록강을 건넌 적도 없는데도 말이다.

〈낙랑군(樂浪郡)은 한반도에 있지 않았다. 원래 '낙랑'은 조선의 한 현으로 중국 천진만(天津灣) 이북에 있었고 한사군(漢四郡)이 설치되며 오늘의 심양(瀋陽)으로 옮겨져 설치되었다. 한반도에 있던 낙랑국(樂浪國:나라)은 최리(崔理)를 왕으로 모시던 나라로 백제(百濟)의 속국으로 보는 것이 타당할 듯싶다. 중국 문헌(梁職貢圖)에 '백제'와 '낙랑'을 같은 나라의 다른 이름[同國異名]으로 기록하고 있는데 따른 것이다. 낙랑국과 낙랑군은 이름이 비슷하여 사가(史家)들이 미처 분간하지 못하고 혼동하면서 심양에 있었던 낙랑군이 한반도 평양으로 옮겨진 것으로 보인다.〉

그런데도 백두산에 접목된 이 허황된 이야기는 김일성과 그 졸개들의 신격화 도구로 전락하여 소나무와 바위까지 충성경쟁 수단에 이용되며 '민족의 영산(靈山)'이라고 떠받들리고 있다. 이 얼마나 황당한 일인가.
더욱이 가관인 것은 왜 영산이라고 하는지 뜻도 모르는 이들이 유식한 체 "백두대간, 민족의 영산"어쩌고 하며 부끄러운 줄도 모른다. 차가운 얼음물 한 바가지라도 들이켜야겠다.

上古史語新解
백두산(白頭山)은 민족의 영산(靈山) 아니다

정 소 문

백두산(白頭山)은 민족의 영산(靈山) 아니다

환웅(桓雄)이 내려온 곳은 기록상 묘향산(妙香山)

시골 할머니들도 거의 다 가보았을 백두산(白頭山)을 나는 아직 가보지 못했다. 백두산의 문턱인 안도(安圖)까지 내려갔다가 끝내 올라가지 못하고 이도백하(二道白河:백두산 입구)를 바라보며 화전(樺甸)으로 올라올 수밖에 없었다.

"단군(檀君)이 백두산(白頭山)에서 태어났다"는 말만 들으면 마음이 불편해져서 '민족의 영산이니, 민족의 발상지니'하며 감격해 마지않는 많은 사람들 틈에 끼여 함께 허허거릴 용기가 나지 않았기 때문이다.

왜 그렇게 '영산이고 발상지'라는데 거부감을 나타내는지, 그 까닭부터 밝혀야겠다.

쉽게 말해 단군이 백두산에서 태어났다는 것은 하느님의 서자 환웅(桓雄)이 내려왔다는 '태백산(太伯山)'이 백두산의 옛 이름인 '태백산(太白山)'과 같다는데 근거하고 있다.

그러나 「삼국유사」 기이(紀異)편 고조선(古朝鮮:왕검조선)조 주(注)에 따르면 환웅이 내려왔다는 '태백산'은 백두산이 아니라 "바로 오늘의 묘향산(妙香山)이다"고 밝히고 있다. 뿐만 아니라. '아사달(阿斯達)'은 "무엽산(無葉山) 또는 백주(白州)에 있는 '백악(白岳)'이라고 했는데, 어떤 이는 개성 동쪽에 있는 '백악궁(白岳宮)'이 그것이다"라고 풀고 있다.

환웅(桓雄)이 내려온 곳은 기록상 묘향산(妙香山)

어디에도 단군신화(檀君神話)에 나오는 '삼위대백(三危大伯)'이나 '태백산'이 '백두산'이라고 해석한 부분은 없다.

'백두(白頭)'라는 이름은 「고려사」(成宗 10년 10월조:991)에 처음 나타나는데, 고려의 국경은 백두산에 다다른 적이 없고 조선 초에도 백두산이 영토 안에 포함되지 않았다. 육진(六鎭)이 개척되던 세종조에 이르러 백두산에 근접하게 되지만 15세기와 16세기에 작성된 조선지도에도 백두산은 우리영토 밖에 존재하는 것으로 표시되어 있다.

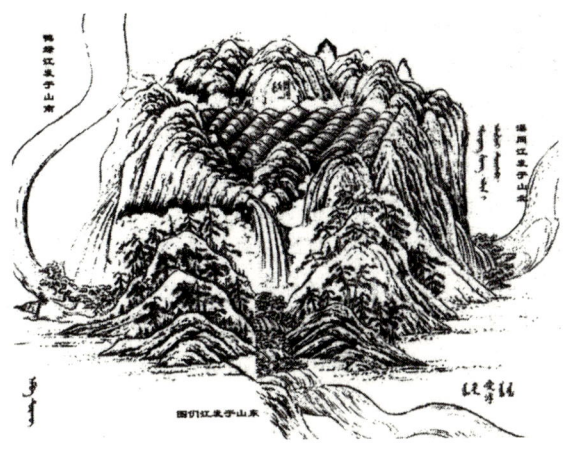

▲ 청황실이 태어났다는 청실록(淸實錄)의 '장백산 천지도'.

삼국(三國:고구려·신라·백제) 이래 오늘의 백두산을 국경 안에 두고 있던 나라는 고구려(高句麗)와 발해(渤海)뿐이었고 발해가 요(遼:契丹)에 멸망하던 해 대폭발을 일으켜 오늘의 모습이 된 것으로 알려지고 있다.

고구려·발해 이후 역대 국가의 국경지대

그 후 요(거란)와 금(金)·원(元:몽고)의 것이 되었다가 여진(女眞) 땅이 되었고 18세기 이후 조선왕조가 청(淸) 나라와 국경을 맞대고 나누어 지배했지만 (18세기 '조선지도'와 19세기 '대동여지도'에 비로소 백두산이 조선영토로 그려진다.) 고구려 때는 고사하고 조선왕조 5백년 내내 단 한 번도 중요시 된 적

백두산(白頭山)은 민족의 영산(靈山) 아니다

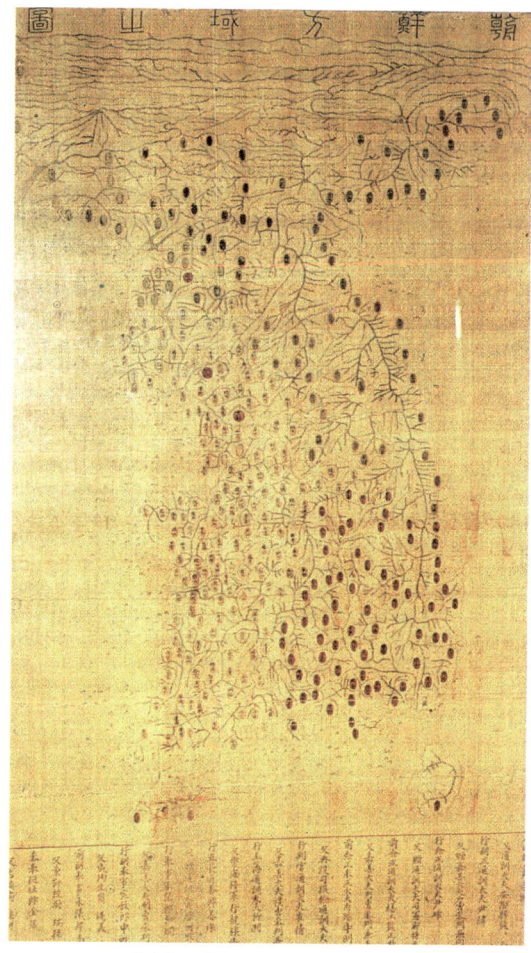
▲ 16세기에 그려진 국보 제248호 '조선방역지도'.

이 없는 산이 백두산이다. 따라서 성산(聖山)으로 여길 까닭도 없고, 민족과 연계하여 생각할 이유도 없다.

「조선왕조실록(朝鮮王朝實錄)」이 그것을 증명한다. 백두산의 폭발로 보이는 기록이 세군데 나타나지만, 당시에는 그것이 '화산폭발 때문'인 줄도 몰랐고 '백두산'이라는 산이 있는지조차 몰랐다. 다만 이름 없이 '큰산(大山)'이라고 기록된 산이 있었을 뿐이다.

우선 정유재란(丁酉再亂 : 재차의 倭亂)으로 온 나라가 전쟁판이었던 선조(宣祖) 30년 (1597) 10월의 기록부터 살펴보자.

"함경도 관찰사 송언신(宋言愼)이 서장을 올렸다. 지난 8월 26일 진시 삼수군(三水郡)에 지진(地震)이 일어나 잠시 후 그쳤고 27일 미시에 또 지진이 일어 성(城) 두 곳이 무너졌다. 군 건너편에 있는 시루바위[甑巖]도 반쪽이 무너져 내렸는데 시루바위 밑 삼수골[三水洞]의 냇물 빛이 희게 변했으며 28일에는 다시 누렇게 변했다. 인차외보(仁遮外堡:小城)에서 동쪽으로 5리 쯤 떨어진 곳에서는 적색(赤色)의 토수(土水)가 며칠 동안이나 솟아나다 그쳤다. 8월 26일 진시에 소농보(小農堡) 건너편, 사람이 발붙일 수 없는 북덕자이천절벽(北德者耳遷絕壁)에서 포를 쏘는 듯한 소리가 두 번 나 우러러 보니 연기가 하늘을 뒤덮으며 몇 아름 되는 큰 돌이 연기를 따라 솟구쳐 나와 큰 산[大山] 뒤로 날아갔는데 어디로 갔는지 알 수 없다. 27일 유시에 지진이 일어 같은 절벽이 다시 갈라지며 무너져 내렸고 같은 날 해시에도 지진이 일어났다."

20세기 초까지 우리는 백두산이 있는 줄도 몰랐다

이것이 백두산 화산폭발을 말한 것으로 유추되는 첫 번째 자세한 기록이고 "함경도 경성부(鏡城府)에 재(灰:화산 재)비가 내렸다. 부령(富寧)에도 같은 날 재비가 왔다."는 현종(顯宗) 9년(1668) 4월의 기록이 두 번째이다.

〈이 기록 밑에는 다음과 같은 기록도 있다. 임금이 대신들에게 말했다. "함경도에 재비가 내리는 변이 일어났다니 심히 경악스럽다. 박승후(朴承後)가 올린 글에 주천(周天) 20여 곳이 터져 갈라졌다고 했는데 좌상도 고향에 있을 때 소식 들었는가?" 허적(許積)이 대답했다. "그런 말이 있었나이다. 동쪽 하늘이 터지며 갈라졌는데 '화경(火鏡)처럼 빛났고 또한 붉은 말[赤馬]이 서로 싸우는 것 같았다고 하는데 전해지는 말이 심히 많사옵니다. 다음 날 북쪽에 붉은 기[赤氣]가 있었고 또 다음 날에는 흰기[白氣]의 이변(異變)이 있었다'고 하옵니다."〉

끝으로 숙종(肅宗) 28년(1702) 5월의 마지막 기록을 살펴보자.

백두산(白頭山)은 민족의 영산(靈山) 아니다

"함경도 부령부(富寧府)에서는 이달 14일 오시에 천지가 갑자기 어두워지며 누래졌다 붉어졌다 하고 연기와 불꽃이 일며 구린내가 방안 가득 차올라 홍로(洪爐:용광로) 속에 있는 것 같았다. 사람들은 찌는 열기를 견디기 힘들어했는데 사경이 넘어서야 사그라들었다. 아침에 보니 온 들판이 재비였는데 굴 껍질 태운 것과 흡사했다. 경성부(鏡城府)에도 같은 달 같은 날 약간 늦게 연무(烟霧)같은 기가 갑자기 서북쪽에서 밀려들며 천지가 캄캄해지고 노린내가 옷 속까지 파고들며 찌는 열기가 홍로 속에 있는 것 같았다. 사람들은 모두 옷을 벗었으나 땀이 흘러 흥건했다. 눈처럼 재가 날아오다 흩어져 떨어졌는데 거두어 보니 모두 나무껍질이 타고 남은 재 같았다. 강 가 여러 읍(邑)이 모두 그러했는데 어떤 곳은 특히 심한 곳도 있었다."

이상에서 볼 수 있는 것처럼 백두산 폭발을 시사하고 있는 기록들 중에 백두산이라는 이름은커녕 '백'자의 코빼기도 보이지 않는다. 그만큼 백두산 인근(남쪽)에는 당시 사람이 살지 않았다는 증거이고 우리가 관심을 가질만한 산이 아니었기 때문에 신경도 안 썼다는 뜻이다.

장백산(長白山) 기슭 부족(部族)들이 모시던 산

백두산은 역사 이래 각 나라의 국경지대에 자리했던 산으로 숙신(肅愼)·읍루(挹婁)·옥저(沃沮)·말갈(靺鞨:勿吉) 등 오늘날 중국 장백산(長白山) 기슭에서 발흥(發興)했던 부족들이 숭앙하던 산이었다. [우리와 같은 동호족(東胡族)이다.]

「북사(北史)」에 "물길국(勿吉國) 남쪽에 종태산(從太山:徒太山)이라는 산이 있다. 중국말로 태황(太皇:大白)이라는 뜻인데 일반적으로 사람들은 매우 무서워하며 받들어 모신다. 사람들은 '산 위에서 용변을 하여 더럽힐 수 없다'고 하며 산을 거쳐 다니는 사람들은 모두 배설물을 그릇에 담아 온다. 산에는 곰들[熊羆]과 표범·이리가 있는데 모두 사람을 해치지 않고 사람 역시 감히 죽이지 못한다."는 기록이 그러한 예를 보여준다.

〈「북사」의 기록은 그보다 먼저 쓰인 「위서(魏書)」의 내용을 부풀려 적은 것에 지나지 않는다. 「위서」에는 "나라 남쪽에 '도태산(徒太山)'이라는 산이 있는데 위나라 말로 '대백(大白)'이라는 뜻이다. 범과 표범, 큰곰과 이리가 있어 사람을 해친다. 사람들은 산 위에서 용변을 보아 더럽히면 안 된다고 하여 산을 거쳐 다니는 사람들은 모두 배설물을 담아 온다(國南有徒太山者,魏言大白,有虎豹羆狼害人,人不得山上溲汚,行經山者,皆以物盛.)"고 되어 있다. 그밖에도 물길(말갈)에는 독특한 풍습이 많았는데 「위서」는 다음과 같이 기록하고 있다. "물길국은 고구려 북쪽에 있다. 옛날 숙신국(肅愼國)이다. 크고 작은 마을에는 받드는 추장이 따로 있으며 연합하여 하나로 뭉치지 않는다. …그 땅은 낮고 습(濕)해서 성을 쌓듯 굴을 파고 사는데 집이 무덤 같으며 출입구를 위로 내어 사다리를 타고 오르내린다. …돼지를 많이 기르고 양은 키우지는 않는다. 쌀을 씹어 뱉어 술을 담그는데 많이 마시면 취한다. 여인들은 베[布]로 치마를 해 입고 남자들은 돼지가죽과 개가죽으로 바지를 해 입는다. 혼인[初婚]할 적에는 그날 저녁에 남자가 여자의 집으로 가서 여자의 유방을 잡으면 끝난다. 그것으로 혼인이 정해진 것으로 여기고 그대로 부부가 된다. …오줌으로 손을 닦고 얼굴을 씻으며 머리에 범이나 표범의 꼬리를 꽂는 풍속이 있다. …부모가 봄과 여름에 죽으면 즉시 매장하고 무덤 위위 지붕을 씌워 비에 젖지 않도록 하는데, 부모가 만일 가을이나 겨울에 죽으면 그 시체를 이용하여 담비[貂]를 잡는다. 담비가 시체를 먹기 때문에 많이 잡을 수 있다."〉

금(金)은 그래서 1172(大定 12년 12월)년 백두산의 산신을 흥국영응왕(興國靈應王)으로 봉했고 1193(明昌 4년 10월)년에는 개천홍성제(開天弘聖帝)로 책봉했으며, 후금(後金:淸)은 백두산 일대를 자신들의 발상지인 영경(靈境)이라고 하여 제사를 올리나 하면 청(淸)으로 나라이름을 바꾼 뒤에는 장백산신(長白山神)에 봉하고 출입과 거주를 제한하는 금봉책(禁封策)을 실시했다.

산해경(山海經)에 따르면 백두산의 원이름은 불함산(不咸山)으로, 코린 부리야트(khorin Buryat)족이 태어났다고 전해지는 바이칼호 알혼섬(Ol'khon) 후지르(Khuzhir)마을 옆에 있는 불햔(부르한:불칸)바위와 같은 이름이다. '샤먼의 고향'이라고 일컬리는 바위다.

그래서 최남선(崔南善)은 불함문화론(不咸文化論)에서 "'불함'은 '붉 은'으로 하느님인 신명(神明)을 뜻하고 샤먼[神巫]을 뜻하는 신산(神山)"이라고 해석하여 "동방문화의 중심은 단군시대의 무대인 백두산에서 나온 것"라고 가당찮은 주창을 펴며, 그 글을 일본말로 써서 발표하고 천평(天坪)을 신시(神市)에 비정하여 유물을 찾겠다고 생땅을 파는 등 바람직하지 못한 거조를 보여 민족의 역사를 왜곡하고 후인을 오도하는 결과를 빚어냈다.

〈불함문화론은 일선동조론(日鮮同祖論)을 바탕에 깔고 있는 일본 우파의 민족주의사상과 같은 이데올로기적 성격을 갖고 있어 이후 내선일체(內鮮一體), 즉 조선민족과 조선문화의 일본화 주장으로 이어졌다.〉

물론 '불함'은 '붉[白]'과 같은 말로 '신명↔하늘'을 뜻하는 말임에 틀림이 없다. 그래서 몽골 사람들은 '흰(밝은) 하늘(大白)'과 '검은 땅(곰)'이 교합하여 '텡그리 감[王儉]'을 낳는다고 믿는다.

'태백산'이란 이름은 중국 당(唐) 때 얻어

백두산이 태백산(太白山:太白山, 亦曰徒太山〈新唐書黑水靺鞨傳〉)이란 이름을 덧붙여 얻게 된 것은 중국 당(唐:618~907)나라 때이다. '환웅(桓雄)'이 아버지에게 천부인(天符印) 세 개를 얻어 내려왔다(BC 2333년 이전)'는 태백산(太伯山)이, 최남선이 주창하는 태백산(太白山:白頭山)일 수 없는 첫째 이유이다.

만일 삼국유사 기이편(고조선)에 환웅이 내려온 산 이름이 태백산이 아니라 최소한 한(漢:BC 201~AD 220)나라 전후의 백두산 이름인 불함산(不咸山)이나 단단대령(單單大嶺), 또는 개마대산(蓋馬大山)으로 기재되어 있었다면 일부 식민사관을 잇고 있는 관학파(官學派) 학자들과 그 제자들이 쓴 것처럼 '환웅이 내려온 산이 백두산이고 단군이 태어난 곳이 백두산'이라고 해석할 수도 있었을 것이다. 그러나 그렇게 할 수 있는 근거는 어디에도 보이지 않는다.

백두산은 지금처럼 산마루에 물이 괸 사화산(死火山)이 아니라 2~3백년 주기로 분출하는 활화산 또는 휴화산이었기 때문에 민족의 발상지라기보다는 인간이 접근도 할 수 없는 외경의 땅이었다고 보는 것이 타당할 것이다.

그래서 '단단대령'이란 뜻이 '광대(廣大)하게 솟아오른 큰 산'이라고 해석될 수도 있지만 '타고 타오르는 큰 산'이란 우리말 사음으로 볼 수도 있고 '곰', 또는 '고마[高句麗]'와 연계되는 '개마대산'은 '까마득하게 높고 큰 산'이라는 뜻으로 '큰 까막산'이라는 우리말 사음으로 볼 수도 있다.

⟨개마대산'을 '가마솥 같은 큰 산'이라는 뜻으로 해석되고도 있지만 백두산 폭발 연대를 감안하면 미심쩍은 부분이 없지 않다.⟩

말갈(靺鞨)이 최초로 백산(白山)이라 불렀고

처음 '백산(白山)'이라고 이름붙인 나라는 고구려와 국경을 맞대었던 물

백두산(白頭山)은 민족의 영산(靈山) 아니다

길(말갈)이고 금나라 때에 그 이름이 장백산(長白山)으로 바뀌었으며 원(몽고)나라 때는 자비령(慈悲嶺)으로 불리다가 명(明)나라 이후 다시 장백산으로 환원해 부르고 있다.

'장백'이란 초가을부터 이듬해 봄이 다할 때까지 산마루의 쌓인 눈이 다 녹지 않기 때문에 '장백(長白:길게 희다)'이라고 불리게 되었다고 해석되기도 하고 산마루가 눈이나 부석(浮石)으로 사철 희게 보이기 때문에 그렇게 불리게 되었다고도 한다.

〈만주[淸]어로는 '귀러민산예(果勒敏珊延)'라고 하는데 '귀러민'은 길다(長), '산예'는 희다(白)는 뜻이라 한다.〉

그러나 금나라 당시 그 산자락에 살던 부족(여진족)들의 변발한 머리, 즉 '장배기(장바구리)'에서 변전된 이름이 아닌가도 싶다. 이마에서 백호까지의 머리카락을 깨끗이 밀어내어 반들반들한 머리를 가리켜 우리는 '훤한 장배기'라고 했는데 산마루가 사람들의 장배기처럼 훤하게(허옇게) 번들거려 붙은 이름으로 볼 수도 있기 때문이다. 그러니까 한자로 뜻을 풀어 적은 것이 白頭山(백두산:꼭대기가 허연 산)이고 우리말로 쓴 것이 '장배기 산', 또는 '장백산'일 가능성을 배제할 수 없는 것이다. 오늘날 중국 사람들은 자기들의 음가대로 '창바이산'이라고 부른다.

일제강점기 단군과 결부시켜 '백두산 붐' 일으켜

장백산, 또는 백두산은 20세기 초 대한제국이 멸망할 때까지 대다수 우리 국민은 알지도 못하던 산이었다. 먹고 살 수 없었던 조선 백성들이 청나라의 금봉책(禁封策)을 무시하고 두만강(豆滿江)을 건너가 농사를 짓는 바람에 이따금 말썽이 일었지만 청나라 강희제(康熙帝)가 궁정내무대신을 백

중국을 능가하던 예맥문화와 태양제는 간곳없고

두산에 파견하여 실황을 조사하고(1677년:숙종 3) 청의 제의로 백두산에 정계비(定界碑)가 세워질 때까지(1712년:숙종 38) 우리는 백두산에 대해 관심도 없었다. 그저 도망쳐 건너간다고 해서 두만강을 '도망강'이라고 부른다는 소식이 전해질 따름이었다.

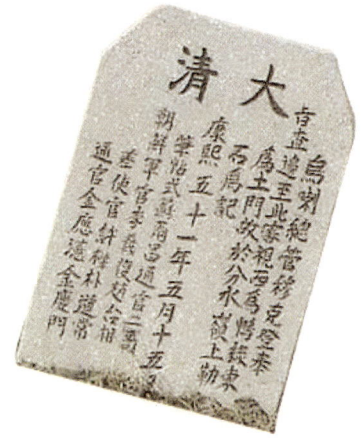
▲ 백두산 정계비(定界碑) 모각석

그러던 것이 일제 강점기 어용학자들이 내선일체(內鮮一體)를 주장하고자 비등하던 항일(抗日)욕구에 편승하여 민족정신이라도 고양하려는 듯 단군조선(檀君朝鮮)을 백두산과 결부시켜 신화로 끌어올리며 '백두산 붐'을 일으키고 광복 이후에도 식민사관[半島史觀]을 물려받은 학자들이 학계를 장악한 채 배운 대로 씨를 뿌리며 관학파를 형성하는 바람에 오늘날 우리의 역사는 본모습을 잃고 성한 곳이 없는 괴이한 모습으로 나타나 있는 것이다.

중국을 능가하던 예맥문화와 태양제는 간곳없고

중국인의 시조인 황제(黃帝)를 어린애 취급한 치우(蚩尤)와 중국보다 부유한 나라를 이루고 앞선 조세제도를 자랑하던 예맥(濊貊)의 문화, 누구보다 먼저 철기문화를 열었던 태양제 해모수(太陽帝解慕漱)의 나라는 그래서 간곳없고 명칭마저 남의 말 같은 '단군'만 부각되어 정통성 시비를 빚는가 하면 아직도 그 백두산 미몽(迷夢)에서 깨어나지 못하고 「조선 유람가」에 이어 「아! 백두산」을 외치며 김일성의 유리관에 매달려 무참히 도륙

백두산(白頭山)은 민족의 영산(靈山) 아니다

된 3백만 동족의 죽음을 "필요 불가피했다"고 정당화하는 자들까지 양산해 내기에 이르렀다.

〈「아! 백두산」이란 제목의 노래는 이러하다. "홍익인간 터 잡은 백두산 이지구의 정수

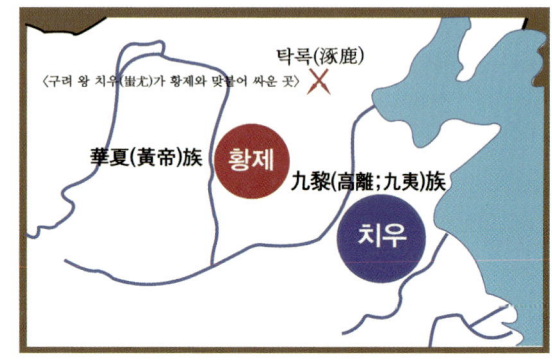

▲ 구려족은 평야와 바다를 끼고 있어 세금을 적게 받았다.

리/단군왕검 태나신 천지연 오색으로 넘치고/바위마다 새겨진 배달의 민족역사 드높다 아 아 민족의 성역 백두산에 모여서/남북의 아들딸아 민족의 정기를 높이자/…"〉

그들은 '백두산 바위마다 드높은 민족의 역사가 새겨져 있다'고 한다. 그 사설을 들어보면 '정일봉'이라 새겨진 돌벼리 밑 소위 '밀영'에서 투쟁하고 태어났다는 스탈린 앞잡이들의 정통적 정신을 계승하자는 '태백산맥 여얼(餘孼)'들의 넋두리에 지나지 않는다.

그런데도 많은 사람이 지금도 백두산의 실체를 잘못 알고, 민족의 성산(聖山)이고 영산(靈山)이라며 아이들까지 '백두대간' 어쩌고 하며 말참견을 한다.

이 겨울 백두산에라도 올라 칼데라호가 넘치고 병사봉이 잠기도록 오줌이라도 쏟아내는 꿈이라도 꾸어야겠다.

上古史語新解

예맥(濊貊)이 무슨 말인가

정 소 문

예맥(濊貊)이 무슨 말인가

예맥(濊貊)이 무슨 말인가

한(韓)족은 원래 환(桓:白·明)족

우리(한민족:조선족)는 스스로를 예맥(濊貊:貊)의 후예라고 한다. 그러나 '예맥'이 무슨 뜻의 말인지 아는 사람은 거의 없다.
한(韓)민족이라고 하는 '한'의 뜻도 제대로 이해하지 못하는 것이 현실이니, 당연한 일이다.

〈한민족의 '한'은 '크다'는 뜻의 '한'이 아니다. '환국(桓國:因)'이나 '환웅(桓雄)'에서 보듯 '하늘'에 뿌리를 두고 있는 '환민족'이라는 말이 '한민족'으로 변한 것이다.
"태양을 숭배하는 하느님의 자손으로 명명백백(明明白白)한 것을 추구하는 환한 민족"이라는 뜻이다. 그래서 백민국(白民國), 또는 백의민족(白衣民族)으로 불리기도 하고, 지도자의 성이 해(解:태양)씨였다.〉

잃어져 없어진 몇 천 년 전 말(이름)을, 전거(典據)를 찾아 추론한다는 것이 결코 쉬운 일은 아닌 때문이다.
그래서 정약용(丁若鏞)은 "맥(貊)은 종족 이름이고, 예(濊)는 지역 또는 강의 이름"이라고 했다. 중국의 역사·인류 학자(凌純聲)도 '예'는 예수(濊水)지역에 살던 '맥족'일 것이라고 했다.
예족이 사는 땅이기 때문에 '예수'라는 물 이름이 생긴 것이 아니라, 예수 가에 살았기 때문에 '예'라는 종족이 생겼다는 풀이다.
아마도 濊(예)자가 氵(물수)변의 글자이기 때문에 그런 해석이 나온 것

- 76 -

이 아닌가 싶다.
 그러나 '예'라는 글자는, 기록한 사람에 따라 穢(예)로 쓰기도 했고 薉(예)로 쓰기도 했다. 본의가 글자 뜻[字意]에 있는 것이 아니라 '소리[音]'에 있다는 증거이다.

 우선 '예'의 원음이 어떠했는지부터 알아보자. 18세기 초 우리의 「화동정운통석운고(華東正韻通釋韻考)」에는, '예(穢·濊·薉)'의 음이 '위·예·홰' 3가지로 나오고, 19세기 말 「교정옥편(校訂玉篇)」에는 '외·회·예·활' 4가지로 나타난다.
 이것은 중국 사서(辭書:廣韻·集韻·韻會·正韻)의 반절음(半切音:呼會切, 烏外切, 烏廢切, 烏胃切, 呼括切)에 바탕을 둔 것으로, '회·외·예·위·활'보다 오히려 '후에이·우아이·우에·우이·후어' 등에 더 가까운 소리였다.
 청(淸) 말의 학자 하추도(何秋濤:1821~18620)는 그래서 「왕회편전석(王會篇箋釋)」에서 '부루(符婁:夫餘)'를 전주하면서 " '예(濊)'는 바로 '부여'라는 두 음절의 합음(合音)이다(濊, 卽夫餘二字之合音.)"라고 해설했다. '푸위(夫餘:Fu'yu')'를 빨리 발음하면 '훼' 또는 '예'가 된다는 말이다.
 '예맥'을 각기 다른 종족으로 이해하면서 펴왔던 구구한 이론들이 빛을 보는 해석이었다. '맥'은 이미 "구려(句驪:고리)의 다른 이름(句驪一名, 貊[耳].)"이라고 「후한서(後漢書:東夷傳)」가 밝혔으니, '부여'가 변하여 '예'가 되고, '구려'의 다른 호칭이 '맥'이라는 것은 움직일 수 없는 사실로 굳어졌다.

 일부 학자가 서방 기록까지 끌어들이며 존재하지도 않았던 '맥구려(貊句麗)'라는 종족명까지 만들어 내는 것도 이 때문이 아닌가 싶다.
 제 2 돌궐제국 창시조의 아들인 "일릭카간(Ilig Qagan, Bumin, 伊利可汗)의 장례식 때 '동쪽 해 뜨는 곳에서 '뵉리(Bökli)'가 조문사절을 파견했다"는, 퀼테긴(Kül-tegin, 闕特勤)의 옛 돌궐비문(突闕碑文:732년 몽골고원 오르혼강 연안에 건립)을 '뫼클리(Mökli)'로 해석하여 예로 든다든가, 「범어잡명

(梵語雜名)」에 산스크리트 문자로 기록된 '무쿠리(畝俱理:Mukuri)'라는 말을 맥족의 나라 "맥구려(貊句麗)"로 해석하여 고구려(高句麗)를 가리키는 것이라고 주장하는 것들이 그것이다.

심지어 동로마 역사가 시모카테스(Theophylactus Simocattes)가 "돌궐에 패망한 유연(柔然)의 잔존세력이 북제(北齊)로 망명했다가 다시 반란을 일으켜 동쪽의 모쿠리(Moukri)로 쫓겨 갔다"는 기술을 "고구려로 쫓겨 갔다"고 이해하기도 한다.

그러나 한어(漢語)로 번역된 퀼테긴 비문을 보면 '뵉리'는 '맥구려'가 아니라 '莫離(막리)'·'莫利(막리)'로 되어 있다. 'Bökli→Mökli'를 보다 원음에 가까운 '뵉리→뫽리'로 사음한 것이다. 莫離(막리:moh`li´-모리)는 貊耳(맥이:moh`er´-모르)와 비슷한 소리로 구려(句驪)를 지칭한 것일 수도 있다. 구태여 'Mökli'를 세 음절로 해석하여 '맥구려'라는 중복명칭을 만들어내지 않아도 고구려를 이르는 것이라고 볼 수 있다.

'뫽리(Mökli)'는 맥이(貊耳)로 구려(句驪)라는 말

옛 지명을 추론하기 위해서는 당시의 역사기록과 주변국(종족)의 사정 및 쓰이던 말자취 등을 광범위하게 파악한 후 가장 근사치를 대입해야 실수가 적다는 원칙을 등한히 한 풀이가 아닌가 싶다.

돌궐비문의 '뵉리'를 '뵈클리'의 사음으로 보게 되면 당시 투울골강(Tuulgol:獨洛河, 土拉河) 북쪽을 차지하고 있던 10여개의 투르크(鐵勒) 부족 중 하나인 '보쿠리(僕骨)'를 지칭한 것으로 볼 수도 있고, 「범어잡명」의 기록 역시 원기록의 음가를 정확히 파악하지 못하고서는 '뫽리[貊耳]'의 사음인지 '무구리(畝俱理)'의 사음인지 판단할 수가 없게 된다. 분명한 것은 '맥구려'의 사음은 아닐 것이라는 점이다. '맥구려'라는 중복된 명칭은 존재한 적이 없기 때문이다.

'뫽리(Mökli)'는 맥이(貊耳)로 구려(句驪)라는 말

〈732년에 세워진 퀼테긴비는 앞면과 양 옆에는 돌궐문자로 되어 있고 뒷면은 중국 당현종(唐玄宗)이 쓴 한자비문으로 되어 있는데, 내용이 각각 다르다. 문제의 조문사절에 관한 기사는 앞면(東面) 넷째 줄에 나타나는데 "세상을 버리고 가시자 조문을 하고 애도하려는 사람이 동쪽에서 왔다. 바로 해 뜨는 곳의 막리인(莫離人)과 그 밖의 칠리인(叱利人), 한인(漢人), 토번(吐蕃)인, 압바스(阿拔)인, 비잔틴(拂菻人)인, 키르기스(黠戛斯)인, 구리간(骨利幹)인, 타타르(鞑靼)인, 거란(契丹)인, 지두우(地豆于)인 등도 있었다"고 기록되어 있다. '막리인'은 막리지(莫離支)가 보낸 사람으로 해석될 수도 있다. (오른쪽 사진은 모각비문). 투울골강은 몽고 중북부를 흐르는 물길이다. 부르한산이라고 하는 켄티산 투르키국립공원에서 발원하여 몽고 수도 울란바타르 남쪽을 지나는 오르혼강의 지류다. 셀렝게강으로 유입되어 바이칼호로 들어간다. 투르크족(鐵勒・敕勒)은 당시 예니세이강 상류지방으로부터 바이칼호 연안에 걸쳐 살았다고 알려지고 있다.〉

더욱이 "유연이 '모쿠리'로 달아났다"는 것을 "고구려로 달아났다"고 해석하는 것은 정사의 기록과 많이 어그러진다. 모쿠리(moukri)를 맥이(貊耳)의 사음으로 보면 그런 해석이 가능하겠으나, 그들의 원 고향, 무쿠리의 땅으로 달아났다고 보는 것이 합당할 것이다.

유연의 창시조는 '유쿠리(郁久閭)', '무쿠리(木久閭)'라고 불리던 '동호(東胡)', 또는 '흉노(匈奴)의 별종'이라고 기록되어 있는데, 그의 자손이 '무쿠리'를 성씨로 정한 것을 보면 '무쿠리'라는 취락 출신이거나 부족 출신이기 때문이라고 보인다. 그들은 한 때 북위(北魏)를 압박하며 우열을 다투었으나, 알타이산 기슭에서 야철(冶鐵) 노예로 힘을 키우던 투르크족 추장(Bumin, Tumin)의 공격을 받고 멸망했다. 유연왕 아나괴칸(阿那瓌可汗)은 자살하고 그의 아들 알리천(菴羅辰)은 남은 무리를 이끌고 북제(北齊)로 망명했는데, 그곳에서 반란을 일으켰다가 쫓겨 막북(漠北)으로 달아났다는 것이 「북제서(北齊書)」의 기록이다. 유연의 최후를 가장 충실하게

예맥(濊貊)이 무슨 말인가

전하고 있는 사서(史書)가 "고비사막 북쪽(漠北)"이라고 쓰고 있으니, 그들이 달아난 '무쿠리'가 고구려일 수는 없는 일이다.

'몽골'이 '너구리'를 뜻하는 '모(貊:맥)'와 '활[弓族]'을 뜻하는 '고리(코리)'의 합성어(모고리)라는 설도 있으니, 몽골을 지칭한 것일 수도 있겠다 싶다.

투르크 말에서 'ㅁ'과 'ㅂ'은 서로 갈마들어 '뵈클리(Bökli)'는 '뫼클리(Mökli)'가 되기도 한다고 했으니, '무쿠리'가 '보쿠리(僕骨)'·'모고리(몽골)'일 수도 있지 않겠는가.

미국의 인류학자 자레드(Jared Diamond)는 "부여는 부리야트(Bury-at)인들이 바이칼호 연안에서 남동쪽으로 이주하여 세운 것"이라고 했고, 몽고 과학원의 베 수마야바타르 교수는 "바이칼호 주변에 살고 있는 부리야트인들은 지금도 자신들을 '코리'라고 부른다"고 하면서 '코리'는 바로 해모수(解慕漱)가 떠나온 '고리국(高離國:코리의 땅)'을 가리키는 것이라고 말했다.

〈시베리아 남부 바이칼호 부근에 있는 실카(Shilka)동굴에서는 고대 아시아인의 두개골과 깨진 빗살무늬토기(6점) 및 118점의 세석기(細石器) 등이 발굴되었는데, 치타박물관과 러시아학술원 물질문화사연구소에 보관되어 있다. 이 빗살무늬토기는 주둥이 부분과 무늬 형태가 한반도 서해안에서 출토된 것과 같다고 한다. 동아시아에서만 출토되는 것들로, 바이칼호-몽고-중국-한반도를 거쳐 일본으로 이어지는 유물들이다.〉

부리(Bury:부여)와 코리(Kory:구려)는 다른 종족의 이름이 아니라 '부리(不而·扶犁:伐)'라는 지역에 사는 코리(高夷:九黎·句麗)를 지칭하는 것이라는 뜻이다.

그러니까 '코리'는, 부리야트와 섞여 살았던 철륵(鐵勒:투르크)의 말로 미루어 보면 원래 '괵구르(Gök-gur:괴쿠르)' 쯤 되는 소리로 (Gök은 '하늘', gur는 '겨레'라는 뜻), '하느님의 자손[天孫]들'이라는 명칭인데, 동이족의 판도인 발

- 80 -

'묵리(Mökli)'는 맥이(貊耳)로 구려(句驪)라는 말

해만 연안의 '괵국 (虢國:괵구르)'이 '맥리(貘狸:너구리)'로 변하는 것처럼 '괵구르(貊耳:고구려)'를 중국인 들이 비슷한 음인 '맥리(너구리)'로 바꾸어 천시하는 바람에 '메크리', '무쿠리'가 고구려를 지칭하는 말이 되었다고 볼 수는 있을 것 같다. 그러나 전거가 부족하다.

'맥(貊)'의 뜻이 무엇인가를 살피기 위해서는 우선 貊(맥)자의 본디 소리가 어떠했는지부터 살펴야 한다. 한(漢)나라 말 허신(許慎)의 「설문해자(說文解字)」에 따르면 "貊자의 음은 '셰'의 첫소리에 '각'의 뒷소리가 따라붙는다(從豸各聲)"고 했다. 豸(셰:解)의 첫소리인 'ㅅ'에 各(각)의 뒷소리인 'ㄱ'을 붙이는 소리, 즉 '삭'이라는 말이다. 우리가 '貊'자를 원래 고양이과 동물인 '삵'을 뜻하는 글자로 인식하는 것도 그 때문이다.

〈설문통훈정성(說文通訓定聲)」은 "豸자 대신 解자를 쓰기도 한다"고 밝히고 있다. 똑같이 '셰:ㄒ一ㅕ' Shieh'라는 소리의 글자이 때문이다. 우리의 음은 '해'다. 지금의 「자전」에는 '치'로 나와 있다.〉

한참 뒤인 당(唐)나라 초 안사고(顔師古:581~645년)는 「한서(漢書)」에 주(注)를 달면서 "貊(삭)자의 음은 '막(莫:ㅁ)'과 '객(客:ㅒ)'의 반절음인 '맥'이다. 맥족은 동북쪽에 사는데 삼한(三韓) 족속이 모두 맥족이다(貊,在東北方,三韓之屬,皆貊類也.音莫客反)."라고 했다.

그 바람에 그 뒤에 나온 모든 운서(韻書:字典類)가 '맥'을 貊(삭)자의 대표음으로 정했다. 그래서 '예삭(濊貊[貊])족'이 '예맥족'이 된 것이다. 오직 송(宋)나라 때 편찬된 최초의 사서인 '광운(廣韻)'만이 貊(맥)의 또 한 소리는 "삭이다"라고 밝히고 있을 뿐이다. 중국 음으로는 '써(下各切)'쯤 된다.

그렇다면 남북조(劉宋)때 범엽(范曄:398~445년)은 「후한서(後漢書)」에서 왜 '고리(高藁離)'와 '구리(駒麗)'를 '삭리(索離:색리)'와 '삭이(貊耳:맥이)'라고 기록했는지 알아보자.

'삭리'와 '삭이'는 바로 "산중 숲속에 사는 사람들"이라는 뜻을 가진 '사우르(Saur)', 또는 '사우리(Saory)' 비슷한 말의 사음으로 오늘날 쓰이는 '삭

예맥(濊貊)이 무슨 말인가

륜(索倫:Suolun)'의 옛말[古語]에 해당한다. 그 까닭을 알기 위해서는 우리 조상족이 걸어온 발자취부터 더듬어 볼 필요가 있다.

'삭륜(사우룬)'이 요즘은 중국 소수민족인 다우르족과 에벵키족·오로천족·부리야트인을 일컫는 총칭이 되어 있지만, 원래는 "산림(山林)속에 사는 사람들"이라는 뜻으로 농경족인 다우르족이 에벵키족이나 오로천족을 일컫는 말로 쓰이기도 했다. 이들은 퉁구스족, 또는 야쿠트족으로 싸잡아 불리던 종족이다.

맥(貊)은 '삭', 산림족(山林族)을 뜻하는 말

인류학자들에 따르면 고아시아족은 '초원족(草原族)'과 '산림족(山林族)'으로 나누이는데, 부리야트는 바이칼호의 유일한 출구인 안가라강에서 바

맥(貊)은 '삭', 산림족(山林族)을 뜻하는 말

이칼호 남쪽 일대 숲속에 살던 종족이라 한다. 이곳은 동호(東胡)와 선비(鮮卑)의 발원지일 뿐 아니라, 몽골의 발원지이기도 하고 구리간(骨利干: 투르크족)과도 관련이 깊은 것으로 알려져 있다.

〈고대 부리야트인들은 두갈래로 갈라졌는데 한 갈래는 동쪽으로 이동하여 부여·고구려·백제·일본인이 되었고, 다른 한 갈래는 핀인(Finns)이 되었다고 한다. 러시아연방의 코미(Komi)·우드무르트(Udmurt)·마리(Mari)·카렐리안(Karelian)과 핀란드·노르웨이·스웨덴·러시아 4개국 국경에 걸쳐 있는 라보인(拉普人:Lapps), 또는 슬아미(薩阿米:Sami, Samit, Samek)와 핀족의 친척 슬아마야트(Samayat)가 그들이다. 키르기스·오이라트족 등도 이웃하고 살았을 것으로 추측했다. 뒤에 색륜(索倫)족으로 불리게 된 퉁구스와 야쿠트족은 러시아의 실리카강(Silika)과 외흥안령(外興安嶺) 기슭에서부터 아무르강 북쪽의 최대 지류인 제야강(Zeya:精奇里江) 일대에 걸쳐 살았다.〉

몽골 사람들은 그래서 지금도 우리(한국)를 '솔롱고스', 즉 '삭륜인(索倫人)'이라고 부르고 있고, 동한(東漢) 때의 학자 왕충(王充)은 「논형(論衡:吉驗)」에서 '고리(槀[高]離:코리)'를 '탁리(槖離)'라고 썼으며, 남조 송(南朝劉宋) 때의 범엽(范曄)은 「후한서(後漢書)」에서 '고리(코리)'를 '삭리(索離)'라고 기술했다.
"퉁구스어 '교로(GJORO)'가 '다오(DAO)'로 한역(漢譯)되고 '사우(SAU)'로 말해진다", 러시아 인류학자 시로코고로프(Sergei Mikhailovich Shirokogorov)의 「시보족(錫白族) 성씨의 연원」을 보면, '고리(高離:코리)' 역시 '다우리(槖離:두리→탁리)'로 한역되고 '사우리(索離:삭리)로 말해질 수 있다는 것을 증명하는 것이 아닌가 싶다.
그렇다고 보면 '탁리'나 '삭리'·'삭이(貊耳)'는 똑같은 '고리'의 전음으로 구려(駒麗:九黎)족을 지칭하는 말이었음이 확실해진다.
'삭리'는 '산중 숲속에 사는 사람들'이라는 코리족의 타칭이 굳어 된 이름이고, '고리'는 코리족의 자칭으로 이루어진 명칭이라고 보면 틀리지 않을

- 83 -

예맥(濊貊)이 무슨 말인가

것 같다.

'부리야트(布里亞特)'라는 명칭이 처음 기록된 것은 「몽고비사(蒙古秘史)」로 "산림(山林)속 백성부락 부리야트(不里牙惕)가 주치(尤赤:jūci, 징기스칸의 큰 아우 하사르)에게 항복했다"는 것이 그것이다. 그러나 부리야트인은 이미 유사 이전부터 남동진하여 산을 배경삼아 '부리(루)'나 '불·벌'을 넣어 정착한 곳의 이름을 짓고 농경과 목축을 병행하며 성을 쌓고 살아온 것이 특징으로 꼽힌다.

많은 사람이, 우리 선조들은 텐산·알타이지역에서 바이칼호 연안의 부리야트(Bury-at)로 이동해 왔고, 다시 부여호(夫餘湖:부이르누르)를 끼고 있는 광막한 초원 및 산림지대로 내려와 '부리(夫餘:伐)'라고 부르며 고리(高離:코리)·탁리(橐離:다우르)·삭리(索離:사우르)라는 부족국가를 이루고 살았다고 믿는 것이 그 때문이다.

일찍이는 하(夏)나라 이전부터 하북평야와 산동반도로 남하하여 정착하며 이족(夷族:東夷)이 되었고, 동북아에서 가장 앞선 홍산(紅山)문화와 대문구(大汶口)문화 및 용산(龍山)문화를 꽃피우며, 글자를 창제하고 막강한 세력을 바탕으로 은(殷:商)나라를 세우며 중국을 지배하는 종족이 되었으나, 하화족[漢族]인 주무왕(周武王)이 은나라를 멸망시키고 압박을 가해 오자 중심세력인 맥[삭]족(貉族:고리·구리)은 고향이라 할 수 있는 동북쪽의 땅으로 옮겨오게 되었다고 이해한다.

조선(朝鮮)은 "예맥족의 땅"이라는 뜻

그렇다면 신석기시대 및 청동기시대였던 당시 산동 및 발해만 북서부에 살던 사람들은 자신들을 무엇이라고 호칭했을까.

1957년 산동성 여현 능양하 대문구문화유지(山東省莒縣陵陽河大汶口

조선(朝鮮)은 "예맥족의 땅"이라는 뜻

文化遺址)에서 출토된 신석기시대 빗살무늬 토기가 그 해답을 전해주고 있다. "산 위로 해가 떠오르는" 상형부호가 선각되어 있는 회색토기다. 한자(漢字)의 조상으로 '단(旦)'자다, '경(昃)'자다, 황(皇)자다, 의견이 분분하다. 그러나 '조(早)'자로 보는 것이 옳아 보인다. (「이아(爾雅:釋詁)」에 "단(旦)은 조(早)이다"라는 기록도 있다.)

그 의미를 두고도 춘분날 태양제(太陽祭)에 쓰이던 그릇이라는 등 다양한 설이 제기되고 있으나, "태양[환알→하늘]의 자손인 산림족(Saur)", 즉 '예맥(濊貊:예삭)족'을 표시한

▲ 대문구 통형 각문 도기

것으로 보이고, 아울러 그들이 살던 지역 이름을 나타낸 것으로, "조산(早山)"을 사음한 것으로 보인다. '뜨는 해'는 '아침'을 상징하므로 이 부호는 갑골문(甲骨文) 및 대전(大篆) 등을 거쳐 해서화(楷書化)하는 과정에 "조산(朝山)→조산(潮汕)→조선(朝仙)" 등으로 형태 및 소리가 변전되다가 조선(朝鮮)으로 굳어졌다고 보이기 때문이다. 그러므로 '조선'은 신석기시대부터 '예맥족', 또는 '예맥족의 땅'을 이르던 말로, 코리[高禮:藁離·九黎·九夷]·부리[發:扶黎·穢·番] 등이 흩어져 취락을 이루고 살던 오늘날 산동지역 및 발해만 북서부의 범칭으로 보는 것이옳을 것 같다. (숙신(肅愼)→주신(珠申)도 조산(早山)의 전음으로 볼 수는 있다.)

그 뒤 발해만 북서부를 중심으로 힘을 결집시키려던 코리족(九黎:句麗)은 고이(高夷)·부리(扶黎:刜令支)·예(穢)·발(發)·조선(朝鮮)·선비(鮮卑)·산융(山戎)·오환(烏桓)등 수많은 나라로 갈려 힘 갈이를 거듭하다가 끝내 요하평야(遼河平野)로 내몰렸고 '고리', 또는 '탁리'·'삭리'에서 탈출한 해모수(解慕漱)는 눈(嫩)강과 송화(松花)강 유역으로 진출하여 '부여(夫餘)'

예맥(濊貊)이 무슨 말인가

를 세웠으나 너른 땅 지켜내지 못하고 한반도로 쫓겨 들어오게 된 것이 우리의 반만년 역사라고 보고 있다.

삼한(三韓)은 실체가 없는 '허깨비'

맥(貊[貉]:삭)자가 숨기고 있는 미스터리는 그것으로 끝나는 것이 아니다.

안사고는 "삼한(三韓)족속이 모두 맥족이다"라고 했는데, 마한(馬韓)·변한(弁韓:弁辰)·진한(辰韓)으로 나누어진 우리 「삼국유사(三國遺事)」의 기록을 보면 허탈하기 그지없다. 거의가 서진(西晋) 때 진수(陳壽:233~297년)가 지은 중국의 역사책인 「삼국지(三國志:烏桓鮮卑東夷傳)」에서 베껴낸 단락들로 채워지고 있다.

▲ 동이족이 만들어낸 초기 한자

당시 우리에게는 문자가 없어 전해지는 기록이 없었을 터이니, 어쩔 수 없었다 치더라도, 진한의 왕은 마한에 살았고 진한·변한은 함께 뒤섞여 살았다는 등 상식을 뛰어 넘는 원 기록들은 황당하다 못해 난감하기까지 하다.

많은 사람이 '삼한'이라고 하면 고구려·신라·백제 이전 한반도에 형성되었던 부족국가들이 세 덩이로 나뉘어 구성된 연합체의 역사를 말하는 것으로 알고 있는데, 그 연합체들을 다잡아 관리한 나라의 이름도 없고 어느 연합체가 무슨 나라들을 어떻게 통치했는지에 대한 기록도 없다.

그나마 다행인 것은, '삼한'은 부여나 고구려보다 배나 큰 4천리 강토에 78 개국을 거느리고 있었다며, 시시콜콜 그 나라들의 이름까지 적어놓고 있는 것이 「삼국지」의 기록이지만, 일연(一然)은 "마한은 고구려, 진한은

- 86 -

삼한(三韓)은 실체가 없는 '허깨비'

신라, 변한은 백제를 말하는 것"이라는 최치원(崔致遠)의 말에 무게를 두는 간략한 기술로 그치고 있다. 삼한은 고구려·신라·백제를 이르는 것이라는 「일본서기(日本書紀)」의 내용과 다르지 않다.

한반도에 형성되었던 부족국가들을 고구려와 신라·백제가 다잡아 복속시켜 통치했을 뿐, 그 이전에 무슨 연합체 같은 것이 존재한 적은 없다는 말이다.

최치원은 삼국 당시 신라 사람으로 중국에 유학하여 삼품(三品) 관직(侍御史:內供奉)에 올랐던 학자로, 누구보다 한·중 역사에 해박했으니 정확하지 않은 말을 했을 리 없다.

일연 역시 삼한의 국토가 부여(2천리)나 고구려(2천리) 보다 배나 크다는 것을 받아들일 수 없고, 진수가 열거한 부족국가들의 이름을 한반도에서 찾을 수 없었거나 비겨볼 수 없었기 때문에 그냥 베껴 넣는 것으로 그친 것이 아닌가 싶다.

진수가 만들어낸 한반도 남부의 '삼한'은 "실체가 없는 허깨비"가 아닐 수 없다. 물론 공인되지 않은 기록물에는 진수설에 맞장구치는, 이야기들이 꾸며져 있지만 언급할 필요를 느끼지 않는다.

'三韓(삼한)'이라는 명칭이 처음 나타난 것은 위에서 말한 「삼국지」로 중국 25사의 하나이다. 그 이전에 쓰인 역사책에는 그런 기록이 없다.

「사기(史記:朝鮮傳)」에는, 조선왕 위만(衛滿)의 손자인 우거(右渠)가 "'진번(眞番)'과 그 '옆 나라들'의 조공길을 막는다"는 기록이 있는데, 그 주석에서 서광(徐廣:352~425년)은 "진번의 번(番)자를 막(莫)자로 쓴 책도 있다. 요동에는 번한현(番汗縣)이 있다."고 했고, 「한서(漢書:朝鮮傳)」는 「사기」의 기록을 베껴 쓰면서 조선왕 위만의 "손자 우거가 국토가 넓어지고 영향력이 커지자 천자를 뵈러 오지도 않고 '진번'과 '진국(辰國)'의 조공길을 막는다"고 기록했는데, 안사고는 "진국은 '진한(辰韓)'이라는 나라다."라고 주석했다.

예맥(濊貊)이 무슨 말인가

그러니까 '진한'과 '번한(변한)'은 한반도 남부에 있던 나라가 아니라 '위만조선'이 자리했던 요하평야(遼河平野) 동쪽 요동반도에 있던 나라들이라는 말이다.

"고구려의 개모성(蓋牟城)을 발해(渤海)가 개주(蓋州)로 고쳤다가 '진한'이 있던 곳이라 하여 다시 '진주(辰州)'로 고쳤다. 당태종과 이세적(李世勣)이 쳐 부셨다는 성이 바로 이것이다."라는 기록(遼史地理志)도 있다. 지금의 '까이저우(蓋州)'가 바로 그 곳이다.

그러나 요동에는 '마한'이라는 나라가 있었다는 기록이 없다. "진번의 '번(番)'자를 '막(莫)'자로 쓴 책도 있다"는 「사기」주에 기대어 "'막(莫:ㄇㄛˋ, Moh)'이 바로 '막한(莫汗:모한)'으로 압록강이남, 대동강이북을 차지하고 있던 '마한'이다"는 주장도 그래서 나왔다.

'맥(貊:삭)'자의 또 한 소리가 '마(莫駕切:ㄇㄚˋ, Ma)'임을 감안했다면 고구려의 모체인 '구려(句驪・駒麗:코리)'가 바로 '진(辰)'・'번(番)'과 함께 이웃했던 "마(貊)"임을 누구나 알 수 있었을 것이고, 그것이 진수의 손에 의해 마한・진한・변한으로 바뀌어 한반도 남부로 나가 앉는 바람에 어쩔 수 없이 고구려・백제・신라가 '삼한'으로 해석될 수밖에 없었다는 사실이 밝혀질 수 있었을 터인데 어째서 규명되지 않았는지 안타깝다. 더욱이 "동이(東夷)중에 '한(馯)'이라는 종족이 있었다"는 기록은 있으나 「사기」나 「한서」등에 요동 이동에 "한(韓)"이라는 지역이 있었다는 기록은 어디에도 없지 않은가.

〈한(馯)자는 「漢書:儒林傳」에 '한비자궁(馯臂子弓)'이라는 사람이름으로 나타나는데 1037년 편찬된 「집운」은 "간(馯)자의 음은 '한'이다. 동이의 한 종족의 명칭이다"라고 해석했다. 매색(梅賾)의 「고문상서(古文尙書)」에는 한(馯)에 대한 여러 기록이 보이나 위서(僞書)로 판명된 기록이라 제외하는 것을 원칙으로 삼았다.〉

진수는 「삼국지」 '동이전(東夷傳)'에 아무런 근거도 없이 '한전(韓傳)'을 만들어 놓고 한반도 남부에는 "4천리 강토에 '마한(馬韓)'·'진한(辰韓)'·'변한(弁韓)'이라는 세 나라가 있다"고 하면서 요동에 실재했던 '진번(眞番)'과 '진국(辰國)'·'번한(番汗)' 등의 汗(한)자를 韓(한)자로 바꾸어 옮겨놓고 있다. '진한'은 "옛날 진국(辰國)이다."라고 기록한 것 등이 그러함을 증명한다. 이로 보면 진수는 '요동반도'와 '한반도'를 혼동하고, 중국 동해(발해)와 한반도 동해를 혼동했던 것이 확실해 보인다. 예맥과 위만조선까지 한반도로 내몰린 까닭이 그 때문이 아니라면 설명이 되지 않는다.

요동 등 지리에 너무 어둡다 보니, '진번(眞番)'이 '진한(辰汗)'족과 '번한(番汗)'족이 섞여 살았기 때문에 '진번'이 되었다고 판단하고 '변진(변한)'과 '진한'은 섞여 살았다고 기록하는가 하면, '진한의 왕'은 마한에 살았다고 엉뚱한 해석까지 덧붙이기 이른다. 개중에는 "처음에는 6국이었다가 이내 12개 국으로 나뉘었다"고 다분히 사로육촌(斯盧六村)을 의식한 듯 한 대목 등이 보이기는 한다.

'진한 왕'이 마한에 살았다면 그는 이미 진한의 왕이 될 수 없고, 두 나라 국민이 섞여 살았다면 그것은 '진한'이든 '변진(변한)'이든 한 나라일 뿐 두 나라가 될 수 없으니, 진수의 해설대로라면 삼한은 이름만 삼한일 뿐 왕도 백성도 한 군데 뒤섞여 사는, 광범한 취락구조 밖에 없었다는 결론이 난다.

산융(山戎)과 오한(烏桓)도 '삼한'이고

「만주원류고(滿洲源流考)」 '어제삼한정류(御製三韓訂謬)'에 이런 기록이 있다. '삼한의 오류를 바로 잡는다'는 제목의 황제가 지은 글이라는 뜻이다.

예맥(濊貊)이 무슨 말인가

"삼한(三韓)이 세워진 과정을 보면, 여러 사서(史書)가 모순되게 기록하고 있는 부분이 매우 많다. [삼한은] 지리적 위치로 보면 오늘날 봉천(奉天:瀋陽,Mukden) 동북쪽 길림(吉林) 일대를 이르는 것인데, 조선과 우리나라(淸)의 근원지에 가깝게 붙어 있다.… '삼한'이라는 명칭은 사서가 마한(馬韓)·진한(辰韓)·변한(弁韓), 또는 변진(弁辰)이라고 차례로 늘어놓으면서 생겨났는데, 韓(한)이라고 일컫게 된 이유는 자세히 나와 있지 않다.

진수(陳壽)는 「위지(魏志:三國志魏書)」에서 곧장 한지(韓地)·한왕(韓王)이라'고 기술했고(조선후 '준'은 바다로 달아나 '한국 땅에 살며 '한왕'이라고 했다는 뜻), 어환(魚豢)은 「위략(魏略)」에서 또 "조선왕 준(의 친속들은 '韓(한)'씨를 사칭했다(본국에 남아 있던 그의 아들과 친속들은 '한씨'라고 사칭했다는 뜻)."며 억지로 [한(韓)자를]끌어다 붙였다.

대개 국어[女眞語] 및 몽고어 등에서 군장(君長:통치자)을 모두 '汗(한)'이라고 하는데, 韓(한)과 汗(한)의 소리가 혼동되는 바람에 三韓(삼한)이 각각 수십 나라인 것처럼 역사서에 기재되고 있으나, [실은 세 사람[三]의 한(汗)을 가리키는 말로] 분명 당시에 三汗(삼한)이 있어 나누어 통치했다는 뜻일 것이다. 사가(史家)들이 한(汗)이 군장을 뜻하는 말인 줄을 몰랐으니, 하찮은 자가 멋대로 글자를 바꾸어 韓(한)이라는 종족을 만들어 내기까지 했다. 장님 코끼리 더듬기[扣槃捫燭]와 무엇이 다르겠는가."

〈구반문촉(扣槃捫燭)은 멋대로 생각하거나 멋대로 오해한다는 고사성어이다. '태양이 징 같이 생겼다는 말을 들은 장님이 징소리를 듣고 태양이라 여기고, 또 태양이 촛불 같다는 말을 들은 장님이 초를 만져 보고는 피리를 치켜들고 태양이 이것처럼 생겼다고 했다'는 데서 나온 말이다.〉

'삼한'은 요동지방을 다스리던 세 사람의 '한', 바로 '삼한(三汗)'이 '삼한(三韓)'이라는 땅이름으로 둔갑하여 엉뚱하게 한반도 남부로 나가 앉아 민족의 이름으로까지 발전했다는 뜻이다.

그러나 '삼한'의 '한(韓)'자는 '한(汗)'자의 잘못이 아니라, '환(桓)'자의 잘

산융(山戎)과 오한(烏桓)도 '삼한'이고

못이라고 보아야 옳을 것이다. 왜냐하면 환알님(하느님)의 자손이라고 자부해온 사람들이 진(辰)·번(番)·마(貊)라는 나라를 세우고 살았기 때문이다. 어환(魚豢)과 진수(陳壽)가 "한씨(韓氏)", 또는 "한지·한왕(韓地·韓王:환족의 땅, 환족의 왕)'이라고 적고 진한·변한·마한이라고 칭한 것이 '진의 환족', '변(번)의 환족', '마의 환족'이라는 뜻으로 기록한 것이 아니라면 뜬금없이 한(韓)자를 이어 붙이며 장황하게 늘어놓은 이유가 설명되지 않는다.

▲ 산융(山戎)이 사용했던 환두도(丸頭刀)

중국 사람들은 지금도 '삼한(三韓)'을 요동을 가리키는 범칭(汎稱)으로 알며 쓰고 있고, 동북지방 출신의 문인(文人)들까지 스스로를 '삼한인(三韓人)'이라고 일컫듯이, 당나라 때도 고구려나 말갈에서 귀순한 장수들을 역사(舊唐書)에서까지 '삼한귀족[三韓貴種]'이라고 일컫고 있다.

중국 유일의 여황제였던 측천무후(則天武后)를 물러나게 하는데 결정적 역할을 하고 요양군왕(遼陽郡王)이 되었던 말갈족장 이다조(李多祚)가 그 대표적인 인물이다. 같은 시대, 토번(吐蕃) 및 돌궐(突厥)군을 물리치고 연국공(燕國公)이 되었던 백제 장군 흑치상지(黑齒常之)에게는 그런 호칭이 붙지 않았다.

거란(遼)이, 고려로 쳐들어와 잡아간 포로들을 한 곳에 모아 살게 하고 그곳을 '삼한현(三韓縣)'이라고 이름붙인 것도, 원래 '삼한'이라고 불리던 지역이 그 인근에 있었기 때문이 아닌가 싶다. 그들은 "부여가 진한이고

- 91 -

예맥(濊貊)이 무슨 말인가

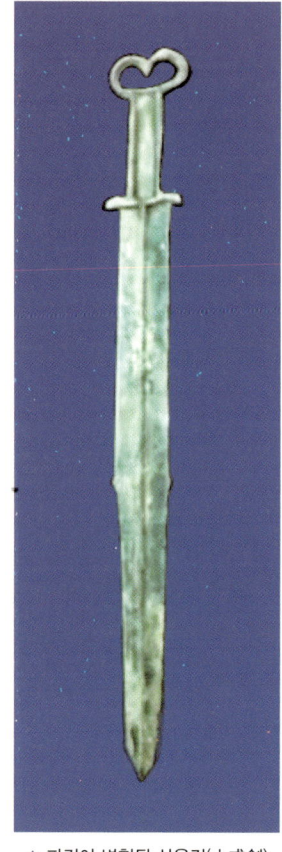

▲ 파검이 변형된 산융검(山戎劍)

신라가 변한이고 고려가 마한"이라고 하면서 "포로로 잡힌 이 세 나라의 유민(遺民)들을 삼한현에 살게 했는데, 호수가 5천이다"라고 했다. 삼한현은 지금의 치펑(赤峰)시 동쪽, 잉진강(英金河)과 라오하강(老哈河)의 합수머리 인근 북쪽에 있었다.

〈거란[遼]은 1011년 고리의 수노 개성으로 쳐들어와 종묘와 궁궐에 불을 지르는 것을 시작으로 1020년까지 고려와 10년 전쟁을 치렀다.〉

이로 보면 요동이 삼한이라고 불리던 지역임은 의심할 나위가 없어 보인다. 다만 '삼한'이 꼭 숫자 3의 뜻을 담고 있는 명칭이라고 단정하기에는 다소 미흡한 점이 있지 않나 싶을 뿐이다.

'三(삼)'자의 중국 음은 '산'으로 '山(산)'자와 구별하지 못할 만큼 가깝다. 그렇다면 '삼한'이라는 명칭은 세 개의 한국이라는 뜻이 아니라, '산융(山戎)'과 '오환(烏桓)'에서 한자씩 따서 이르던, '산환(山桓)'이라는 말이 '산한(三韓)'으로 전음되어, 우리가 '삼한'이라고 발음하게 된 것으로 볼 수도 있다고 여겨진다.

우선 '산융(山戎)'이라는 이름이 '삭륜(索倫)'과 같은 '사우룬'의 사음으로 판단되어 삭이(貊耳:맥이)와 같은 뜻의 명칭으로 보이고, 오환(烏桓[丸])은 '태양이 보우하는 천손(天孫)들이 사는 땅'이라는 뜻으로 '구리(句麗:코리)', 즉 '곡구르(Gökgur)'와 같은 뜻의 명칭이라고 여겨지기 때문이다.

고구려는 천손(天孫)들의 땅인 '괵구르(Gök-gur)'

더욱이 그들은 우리와 같은 동호(東胡)의 한 갈래로 그들이 남기고 간 자리는 선비(鮮卑)와 거란(契丹)·고막해(庫莫奚)·습(霫) 등이 들어앉아 지켰다. 많은 주민이 '선비'도 되고 '거란'도 되고 '고막해'도 되고 '습'도 되었다는 말이다. '고막해'는 '고마 해→검 해'라는 뜻으로 '신성한 태양의 나라'라는 명칭이고 '습'은 '옥저(沃沮:웃숲→웃즈)', 및 '와집(窩集:위숲→위즈)'과 마찬가지로 '산림 속에 사는 사람들(부여 코리족)'이라고 자칭한 명칭으로 보인다.

"'삼한'족속은 모두 맥(삭)족"이라는 안사고의 말도 그러니까 "산융이나 오환의 종내기들은 모두 (너구리같은) 맥의 무리다"라고 멸시해 말한 것임을 그 문맥에서 느낄 수 있다. 당시 당나라의 수도였던 시안(西安)에서 보면 오늘날 하북지방이나 요동지방이 모두 동북쪽이기 때문이다.

▲ 호랑이를 숭배한 듯한 산융(山戎)의 패식(佩飾)

지금도 우리의 사학계가 반도사관파와 대륙사관파로 갈리어 해묵은 반목을 계속하는 이유도 거기서 비롯됐다.

한 역사가의 부정확한 기록이 수천 년간 어떤 폐해를 낳고 있는지 우리는 두 눈으로 보며 몸소 부대끼고 있다.

고구려는 천손(天孫)들의 땅인 '괵구르(Gök-gur)'

이제 중국은 한 술 더 떠 동북공정(東北工程)이라는 역사 개조작업을 벌이며 요동과 만주일대에 있던 나라들이 모두 자신들에게 조공(朝貢)을 바치며 봉작(封爵)을 받던 부용국(附庸國)이라고 말하고 있다. 거의가 외교

예맥(濊貊)이 무슨 말인가

상 필요에 의해 주고받던 의례적인 성격의 것들을 조공과 봉작으로 왜곡하여 속국(屬國)으로 만들고 있는 것이다.

개중에는 조선조 500년처럼 '효자나라[孝子國]'를 자칭하나하면, 전국을 쥐고 흔들며 "위대한 명나라의 천지[땅]요, 숭정황제가 해달처럼 보살펴 주신다(大明天地,崇禎日月)"고 넋 빠진 소리를 늘어놓은, 요즘의 제1당 당수(黨首)같은 분도 계셨지만 받으라는 관작을 거부한 경우도 없지 않은데 말이나.

그러니 '고이(高夷)'는 망아지나 다름없는 '구리(駒驪·句驪)족'을 일컫는 명칭이 되어, 성(城)이나 골(忽·州)을 뜻하는 '구루(溝漊)'가 되고, 그 구려인들이 고구려(高句麗)를 세우자, 분수를 모르는 놈들이라며 하구려(下句麗)라고 깎아 내린 것이 수천 년 중국인들의 변함없는 생각이다. 그런데도 그들의 말에 맞장구라도 치듯 "고구려에서 '구려'는 어간이고 '고'는 관형사다"라고 해석하는 이들까지 생겨나고 있다.

'고이'는 위에서 밝힌 대로 '코리(Kory)'를 사음한 것이고 고구려는 '코리'의 원말로 추정되는 '괵구르(Gök-gur)'를 사음한 명칭으로 "태양, 즉 '하느님의 자손'들이 사는 땅"이라는 뜻이므로 어간이고 관형사로 나눌 수 있는 성질의 말이 아닌 때문이다.

어두운 밤을 밝히는 벽등(壁燈)의 이름이 그래서 '고쿠리', 또는 '고쿨'이고, 긴긴 겨울 온가족을 얼어 죽지 않게 보호해 주는 것이 '고쿠락'이었다.

구한 말, 석유(石油)가 수입되고 사기 호롱이 흔해지면서 벽에 구멍을 뚫거나 움푹하게 파고 관솔을 태워 조명을 하던 고쿠리는 없어진지 오래지만, 고쿠락은 아궁이라는 이름으로 바뀌어 지금도 제구실을 하는 곳이 적지 않다. 경북 북부나 강원 남부지방으로 가면 아직도 아궁이를 '고쿠락'이라고 말하는 나이 많은 사람들을 만날 수 있을 것이다.

오녀산성(五女山城)·환도성(丸都城)은 '어라하성'

▲ 요동 환인현(桓仁縣)에 있는 우루산성(五女山城). 고구려 첫 도읍지로 알려진다.

오녀산성(五女山城)·환도성(丸都城)은 '어라하성'

  고구려의 첫 도읍지 오녀산성(五女山城:紇升骨城)이 '오녀전설(五女傳說)'로 못 박히고 있는 까닭도 거기에 있다. 우리의 TV드라마에서까지 고구려왕을 중국왕의 칭호인 '폐하'라고 부르고 '짐'이라고 칭한다. 발해 정효공주묘비(貞孝公主墓碑)의 "황상(皇上)"이라는 기록을 참고하여 그렇게 꾸민 것이 아닌가 싶다. 물론 조상을 높여 이르는 것을 나쁘다고 말할 수는 없다.

  그러나 주몽(朱蒙)이 고리(高離)에서 쫓겨 부여 땅 졸본(卒本)으로 와서 고구려를 세웠다는, 그 첫 번째 수도 흘승골성(紇升骨城)이 자리하고 있는 '五女山'의 원음은 "우루산(Wurushan:ㅈㅁㅈㄷㅋ)"으로 우로산(五老山: 오로산)·하라산(合羅山:합라산) 등으로 불린 것으로 볼 때, 우루산성(五女山城)은 바로 '우라하성(王城)'이라는 말로, 백제와 마찬가지로 왕과 왕비를 '어라하'·'어루'라고 불렀다는 증거가 아닐 수 없다. 중국의 '황제'와 다

예맥(濊貊)이 무슨 말인가

름없는 호칭이다.

집안(輯安)의 환도성(丸都城) 역시 원이름이 울나야성(尉那也城)·울라얀성(尉那岩城)·올라산성(兀剌山城)이었으니, 왕을 이르는 '얼라야(어라하)'의 한자 사음으로, '왕성(王城)'이라는 뜻인 것을 보면 더욱 확실해진다. 「고려사」에는 우라산성(亏羅山城)으로 나타난다.

그 뒤 산상왕(山上王)은 울라야성의 궁전 들을 확장건축하고 환도성(丸都城)이라고 이름을 고쳤지만 '환도성' 역시 '환족의 도성', 또는 '핸(汗:칸)의 도성(都城)'이라는 뜻으로 '왕성'을 이르는 또 다른 표현에 지나지 않는다.

성 밑에는 동구고묘군(洞溝古墓群)으로 불리는 고구려고분들이 통구하(通溝河) 충적평원에 흩어져 있다. 중국인들은

▲ 집안 통구(輯安通溝) 평원에 있는 무용총 벽화 '수렵도'

"'문화강도'인 일본학자 요코이 다다나오(橫井忠直)가 소리도 구별하지 못하고 '통'자를 '동'자로 적어 발표하는 바람에 '통구고묘군'이 '동구고묘군'이 되었다"고 핏대를 세운다. 그러나 통구하의 옛 이름은 계수(鷄水), 또는 계아수(鷄兒江:지얼쟝)로, 우리 선대들이 부르던 이름 '달구내'를 사음하여 洞溝(동구:달구), 또는 通溝(통구:달구)가 된 것이다. 아직도 인근에 그 이름이 남아 있다. 남을 '문화강도'라고 욕하기 전에 자신들의 현재 모습을 먼저 돌아보고 반성하는 기회로 삼는다면 더 바랄 것이 없겠다.

上古史語新解

민족이동과 '아리물(阿利水)'

정 소 문

민족이동과 '아리물(阿利水)'

민족이동과 '아리물(阿利水)'

동으로 동으로 오다 한반도에 갇히고

산이 있으면 강이 있고 강이 있으면 마을이 있다. 태초부터 사람들은 산을 지고 물가에 살며 고기도 잡고 사냥도 하며 살아왔기 때문이다.

넘기 힘든 큰 산이나 강은 그래서 자연히 저들과 우리를 가르는 장벽과 구름(강:가름)이 되었고 그 강과 산은 생존을 위해 지켜야할 영역이 되었다. 그 곳에서 나는 것을 먹고 그곳을 둥지삼아 종족을 번식시키며 힘을 키워왔기 때문이다.

세력이 커지고 몸집이 불어나자 우리의 선대는 남들은 물론, 우리들끼리도 편을 갈라 힘을 겨루게 되었고 살던 땅을 내주고 다음 강변으로 쫓겨오는 경우가 잦아졌다. 그에 따라 강 이름도 대륙에서 점점 동쪽 및 동북쪽으로 옮겨오다 끝내는 한반도에 갇히는 형세로 나타난다.

'아리물(수)', '사(싸)리내', '가므(곰)내' 같은 물길들이 그러한 배경을 갖고 태어난 이름들이다.

'아리물'이나 '사리물'이라는 이름은 서아시아에서 시작하여 중국 서북쪽 신강성(新疆省)과 하서회랑(河西回廊)을 거쳐 하북(河北)평야와 후른부이르(呼倫貝爾)평원을 거쳐 삼강(三江)평원과 송눈(松嫩)평야로 동남진 하기도 하고 하북에서 곧장 요동(遼東)평야로 건너와서 현란한 꽃을 피우다가 한반도로 흘러들기도 한다.

한강은 대수(帶水)가 될 수 없다

우선 우리나라 수도의 젖줄인 '한강'부터 알아보자.

어느 강이나 일반이지만 강 이름은 같은 물길이라 해도 지역마다 부르는 이름이 달랐다. 같은 한강도 두물머리(兩水里)에서부터 도미(천)나루(度迷(遷)津), 너른나루(廣津), 세밭나루(三田渡:모래밭 나루라는 뜻), 중들개(中梁浦), 선돌개(立石浦), 두뭇개(豆毛浦)를 거쳐 서울 남쪽에 이르면 한강나루(漢江渡)가 되고 여기서부터 다시 동자개나루(銅雀津), 노들나루(露梁津), 용산강(龍山江), 삼개(麻浦), 서강(西江), 버들개나루(楊花渡), 굴박나루(孔巖津)로 이어진다.

한강은 총칭일 뿐 실제의 강 이름은 지역마다 달랐다는 말이다. 그렇다고 총칭이 시대 따라 같았던 것도 아니다. 고구려에서는 한강을 아리수(阿利水:광개토대왕비)라 불렀고 신라에서는 한산하(漢山河:삼국사기 잡지), 또는 북독(北瀆)이라고 불렀으며 백제에서는 '유리물(郁利河)' 또는 한수(寒水:큰물)라고 불렀다. 고려 때는 한강나루를 모래뻘나루(沙平渡)라 했는데 속칭 사리나루(沙里津)라고 했다.

〈'한수(寒水 · 漢水)'는 '큰 물'이라는 뜻으로 '핸'에 뿌리를 두고 있다. '핸'은 '한과 건'의 중간쯤 되는 소리로 '핸→칸→컨'으로 발전하다가 '큰'으로 굳어져 현재는 '한하다'하지 않고 '크다'고 말한다. 그러나 끝없이 넓게 트였다는 뜻으로 '환하다'는 말이 아직도 쓰이고 있어 '한'의 말자취를 찾을 수는 있다.〉

어떤 이는 낙랑군 대방현(樂浪郡帶方縣)에 있는 대수(帶水)를 한강에 비정하여 삼국시대 초기까지 한강을 '대수'라고 불렀다고 주장하고 있으나 이것은 조선조 모화분자(慕華分子)들에 이어 식민사관에 뿌리를 둔 사람들이 '한서(漢書:地理志)'의 기록을 잘못 이해하여 하는 말로 만리장성 동쪽 끝이 대동강 하구라는 주장과 맥을 같이하는 말이다.

대방현은 조선현(朝鮮縣) · 패수현(浿水縣) · 함자현(含資縣) · 숙성현(遂

成縣) 등과 함께 오늘날 중국 산해관(山海關) 동북쪽 소릉하(小凌河) 연변에 있던 현의 물길이름이므로 한강에 비정될 수가 없다.
寒江(한강)이 漢江(한강)이라고 바꿔 쓰인 시기는 백제가 중국의 동진(東晋)과 교류하기 시작하면서 '한수(漢水)' 또는 '한강(漢江)'이라고 글자를 바꿔 썼다고 전해진다.

아리물은 알타이에 뿌리를 두고 퍼져

광개토왕비(廣開土王碑)가 한강을 '아리수'라고 기록하고 있는 것으로 보아 한강의 원이름은 '아리물'이었다고 보아야할 것이다.
'알(얼)→아리'는 원시시대 '하늘'을 '환한 알[白卵]'인 '환 알→한 알→하날'로 이해하고 표현했던 우리 조상들의 말에 뿌리를 둔 것으로 '알물→아리물[아리수]'은 '천신(天神)이 사는 산에서 내려오는 성스럽고 깨끗한 물' 또는 '거룩한 물'이라는 뜻을 담고 있다. 그 어원은 우리 종족이 오랫동안 머물렀던 '알타이(Altay)'나 '아리다이(Ağri Daği:Ararat)'가 무슨 뜻인가를 살펴보면 쉽게 알 수 있다.
'알→아리'는 희고(白) 크고(大:한) 높고(高:첫째·거룩함) 밝다(光·明)는 뜻으로 하늘, 또는 천신(天神)을 상징하는 말이고 '다이→대'나 '타이→태'는 산(山)을 이르는 말로 '알타이'나 '아리다이'는 백산(白山)·천산(天山)·금산(金山)·신산(神山)·박달 등으로 번역되는 말들이다.

머리말에서 밝힌 것처럼 동이족의 난생설(卵生說)도 그로 인해 생겨났다. 알(卵)에서 태어났다는 것은 "하늘이 낳은 아들[天子]로 땅의 지배자라"는 것을 그렇게 표현한 것이다. 그러므로 '아리물'은 '천산이나 신산에서 내려오는 차고 맑고 깨끗한 성스러운 물'이라는 뜻이다. 여기에 거룩하고 까마득히 높다(玄:검다)는 뜻이 더해져 '곰내(熊川)'·'가므내(甘勿)'·'까막내(黑

'아리·어리' 등은 우리 선민(先民)의 말

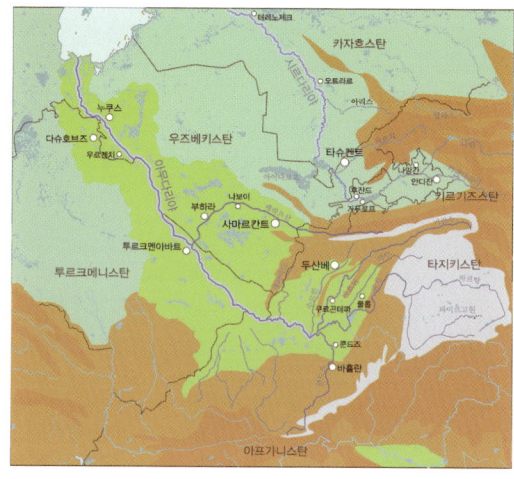

水)'가 되기도 한다.

이런 이름은 우리 조상족이 오랫동안 머물렀던 알타이를 정점으로 하여 사방으로 퍼져 나갔다. 우리 조상들이 '파고개(葱嶺)'로 표기한 '파미르고원'에서 발원하여 힌두쿠시산맥 사이를 빠지면서 타지키스탄과 아프가니스탄의 국경을 이루고 투르크메니스탄과 우즈베키스탄의 국경지대 카라쿰, 키질쿰 사막을 가르며 아랄해로 들어가던 아무다리야(Amu Darya) 강이 바로 '아리물'이고 몽골 수도 울란바타르 동쪽에서 발원하여 몽골과 중국, 또는 중국과 러시아의 국경을 이루며 동북쪽으로 흘러 오호츠크해로 빠져드는 물길이 '아리물'이다. 이 아리물 들은 후대로 오면서 '리'가 탈락되어 '아무르'가 되기도 하고 '아무르'가 '검다'는 뜻까지 지니는가 하면 '무르'가 '미르(龍)'로 변하여 흑룡강(黑龍江)이 되기도 한다.

〈중국인들은 야채인 '파'를 '총→충'이라고 불러왔기 때문에 '파미르고원'을 '파고개(葱嶺)'로 표기할 수 없다. 우리말을 쓰는 우리 조상들이 아니고는 붙일 수 없는 이름이다. 아무다리야의 '다리야'는 강이라는 뜻의 투르크어다.〉

'아리·어리' 등은 우리 선민(先民)의 말

그 뿐 아니다. '아리'는 '야리'도 되고 '어리'도 되고 '오리'도 되고 '우리'도

민족이동과 '아리물(阿利水)'

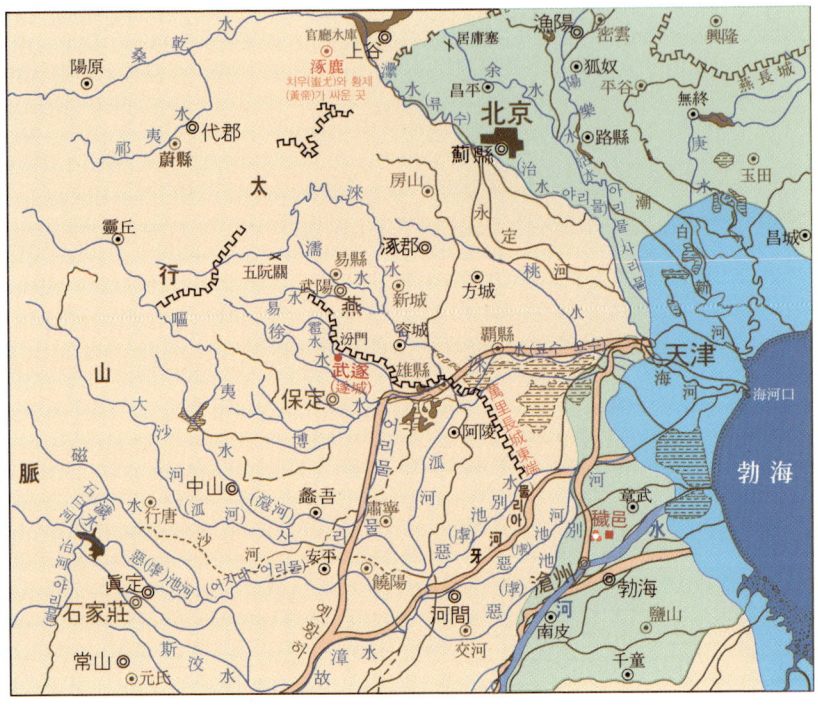

되고 '이리'도 되면서 종족의 이동에 따라 사방으로 퍼져나가는데 우리종족의 선민(先民)인 선비족(鮮卑族→室韋族)의 말에 뿌리를 두고 있지 않은가 싶다. 왜냐하면 '아르(리)'나 '어리'·'오리'로 불리는 강 이름이 대부분 중국 하북성으로부터 그 북쪽과 동쪽지역에 분포되고 있기 때문이다.

치우천황(蚩尤天皇)시대 구려(九黎)가 중국과 어떻게 국경을 갈랐는지 알 길은 없지만 탁록(涿鹿) 들판에서 황제(黃帝)와 패권을 다퉜다면 그 주변에 경계가 있었을 것이고 춘추전국시대 중국보다 부유한 국가를 이루고 앞선 조세제도를 운영하던 예맥(濊貊)이 또한 중국과 어떻게 국경을 나누고 있었는지 상고할 길은 없지만 예국(濊國)의 수도가 오늘날 발해만 안쪽 호타하(滹沱河·惡池河) 하류에 있었다는 기록으로 보아 오늘날 창주시(滄州市) 일대가 예 땅임을 보여 준다.

황하의 범람으로 수없이 바뀐 것이 그 지역의 물길이기는 하지만「수경(水經)」에 "청장수(淸漳水:滹池河)는 장무현(章武縣) 옛 성(故城) 서쪽을 지나는데 옛날 예읍(濊邑)이다. 작은 물길이 나오는데 예수(濊水)라고 한다"고 적고 있다. 청장수는 바로 예읍 옆을 흐르던 물길로 뒤에 호타하(滹池河)라고 불려온 물길인데 원이름은 '어지하(惡池河:오지하)'라고 예기(禮記)가 밝히고 있다. '어지하'는 우리의 인천(仁川)과 같이 '아리물→어리물'의 전음인 '어지내'의 한자 사음으로 중국의 하북성과 산동성 일대가 우리 조상들이 터잡고 살던 땅임을 일러주는 이름 중 하나임을 보여준다.

그 이름들은 우리 조상족이 살던 땅을 내주고 동쪽으로 동쪽으로 물러나 다시 터를 잡으며 새로운 강에 두고 온 강 이름을 붙이며 불러온 것이 濡水(유수:여리물)고 嘔夷水(우이수:유리물)고 淶水(래수:오리[레]물)고 洌水(례수:오리[레]물)고 余水(여수:여리물)고 冶水(야수:야리물)고 陽樂水(양락수:야리물)고 盧水(로수:오리물)고 弱水(약수:야리물)고 柳水(유수:유리물)고 渝水(유수:여리물)고 凌河(릉하:어리물)고 饒洛水(요락수:오리물)고 琉璃水(유리수:유리물)고 奧婁水(오루수:오리물)고 烏列水(오열수:오리물)고 遼水(요수:오리물)고 奄利水(엄리수:오리물)고 鴨綠水(압록수:야리물)고 大同江(대동강:우리물) 등이다.

해모수와 주몽이 건넌 물도 '오리물'이고

우리시조 태양제 해모수(解慕漱)가 고리국(高離國)에서 도망치다 물고

민족이동과 '아리물(阿利水)'

기와 자라의 도움으로 건넜다는 엄시수(掩㴲水;淹㴲水) 역시 다를 것이 없다. '오리물'이라는 이름을 그렇게 사음한 것뿐이다.

일부 학자는 흑룡강(黑龍江:아무르←아리물)과 송화강(松花江:奧婁[오리물]) 합수머리를 '엄시수'라고 하고 눈강(嫩江:鴨子河[오리물]·那河·納水·難河[냇물])과 동류 송화강(東流松花江)이 만나는 곳을 '엄시수'라고 한다. 또 동류송화강의 지류인 나린강(拉林江)을 '엄시수'라고 주장하기도 한다. 인근에 있는 옛 성터[古城址]를 고리국 노성으로 보기 때문이다.

그러나 '해모수 설화'가 '주몽(추모)설화'로 바뀌면서 '엄사수'는 '엄리대수(奄利大水)가 되는데(글자만 바뀌었을 뿐 '오리물'이라는 뜻은 그대로 담고 있다), 흑룡강이나 눈강·송화강 등이 모두 '아리물' 또는 '오리물'이라고 불리던 물길이기 때문으로 보인다.

어쨌든, '엄리대수'로 표기된 '오리물'을 가까스로 건넌 주몽(朱蒙:鄒牟)은 버라골[沸流谷:부여골] 조리버시[卒本;忽本] 서쪽 산 위에 성을 쌓고 도읍을 세웠다(BC 37)고 했는데, 그 성이 흘승골성(紇升骨城)이다. 오늘날 요동 환인(桓仁:桓邢)에 있는 우루산성(五女山城)이 바로 그곳이다. '우루하성(王城)'이라는 뜻이다. 이곳에서 '女(여)'자는 '루:ㅁㄨ:Ruu'로 발음해야 하는데 '녀(뉘)'로 잘못 발음되고 있다.

이 산성 동남쪽 기슭을 타고 흐르는 물길이 혼강(渾江)인데 한(漢)때는 염탄수(鹽灘水:여리내여울), 요(遼)때는 비류수(沸流水:버라내), 명(明)때는 파저강(婆猪江), 청(淸)때는 동가강(佟佳江)이라고 불렀다. 일부 학자가 '엄리대수'로 해석하며 부여(夫餘)와 고구려(高句麗)의 국경이었다고 주장하는 혼하(渾河:阿利水·耶里水·瀋水·薩爾滸)와는 또 다른 물길이다.

〈고구려는 이 흘승골성에서 40년간 국력을 키우다가 제 2대 왕인 유리명왕(瑠

해모수와 주몽이 건넌 물도 '오리물'이고

▲ 요동 집안(輯安)에 있는 환도산성(丸都山城)과 그 밑에 보이는 동구고분군(洞溝古墳群)

璃明王) 때(AD 3년) 도읍을 집안(輯安)의 국내성(國內城)으로 옮기고 울나야성(尉那也城·尉那岩城·兀刺山城)을 쌓았다. '울라야'는 왕을 이르는 '얼라야(어라하)'의 한자 사음으로, 바로 '황성(皇城)' 또는 '왕성(王城)'이라는 뜻이다. 제 10대 산상왕(山上王)이 울라야성의 궁전 들을 확장건축(AD 198)하고 환도성(丸都城)이라고 이름을 고쳤다. '환도성'은 '핸(칸)도성(干都城)'이라는 말과 같이 '한(칸)의 도성'이라는 뜻도 되고 '환족의 도성'이라는 뜻도 된다. 이곳에는 우리가 산성하고분군(山城下古墳群)이라고 부르는 동구고묘군(洞溝古墓群)이 있는데 고구려고분 등 11,280기(현존 627基)의 무덤이 길이 16km, 너비 2~4km의 통구하 충적평원(通溝河沖積平原)을 차지하고 있다.〉

그 이름들은 아무르(黑龍江)을 만들어 낸 동호(東胡)의 원고향인 실위(室韋↔鮮白)의 '아르구나(Argun:額爾古納)' 등과도 관련이 적지 않다. 중국 사람들은 '아르구나(어르군)'의 뜻을 몽고어 '봉헌(奉獻)'에서 찾고 있으나 그것은 강모양이 꿇어앉은 것 같다고 하여 억지로 지어 붙인 말에 지나지 않는다. '아르구나(아르군)'나 '어르구나(어르군)'는 우리의 조상들이 "신성하고 깨끗한 큰 내"라는 뜻으로 부르던 '아르큰내', '어르큰내'의 전음(轉音)으로 보이기 때문이다. 징기스칸과 연관이 깊은 '오논강(斡難河)' 역시 '아르내'였고 '실리카강(石勒喀河)' 역시 '사리큰내'로 해석되는데 몽고어에서는

'아르'가 '물'이라는 뜻으로 변전되어 지금도 쓰이고 있다.

압록강(야루물·오리물)을 건너 한반도로 들어오면 수많은 아르(리)물·오르(리)물·어르(리)불이 있었겠지만 기록도 워낙 소루하고 있다는 것 역시 한참 변한 후대 명칭을 원칙도 없이 한자화한 것이 많아 원이름을 짐작할 수 없는 것이 적지 않다.

지리산(智異山)은 '박달산'이라는 이두식 표기

강 이름은 아니지만 그 대표적인 것이 지이산(智異山)이 아닌가 싶다. 상악(霜岳:금강산)이나 설악, 속리산(俗離山)은 누구나 알다시피 높고 험하다는 뜻인 '수리뫼'에서 온 한자말이지만 '지이산'은 무슨 뜻의 말인지 아는 사람이 거의 없다. 그래서 또 다른 이름인 '두류산(頭流山)'을 "백두대간이 흘러왔다하여 두류산이라 한다"고 한자 뒷풀이에 가까운, 다분히 지리산 빨지산적 이름풀이까지 내놓고 있다. 그러나 두류산은 '모나지 않고 둥글둥글하다'해서 붙은 이름으로 전국에 널려 있는 '두루봉'이 그것을 증명한다.

그러면 지리산의 원이름이 무엇이기에 '智異山(지이산)'이 된 것일까? 우선 智(지)자가 뜻하는 '지혜'부터 살펴보자. 순수 우리말로는 '슬기'라고 한다. 그러나 '슬기'라는 말이 생기기 이전에는 '슬기로운 사람'을 뭐라고 했을까. 남들이 모르는 것을 훤히 알고 짐작하는 사람, 그는 곧 '밝은 사람' 이다. 그러므로 智(지)자는 밝음을 뜻하는 '밝'의 소리를 딴 것이고 異(이)자는 '다르다'는 뜻의 글자로 '다르'라는 소리를 따서 적은 것이다. 바로 '밝다르'라는 말로 '박달'을 그렇게 표기한 것이다. "밝고 영험한 산"이라는 뜻이다.

중국물이 밴 사람이라면 분명 '백산(白山)'이나 '태백(太伯)'이라고 한자로 번역했겠지만 아직 중국의 직접 영향권 밖에서 글자만 들여다 쓰던 시절에 붙인 이름이라 초기 이두(吏讀)식으로 기록하여 그렇게 되었다.

아무르는 고마무르가 되었다 가므내가 되고

이 '아리물'과 '오리물'은 신성한 땅 스텝지대(黑土地帶)를 흐르면서 '검다'는 뜻까지 더해져 개마(蓋馬)·고마(固麻)·거마(居拔)로 발전하고, '곰 숭배'로까지 이어지는가 하면 '고마무르(黑水)'·'가마무르(玄水·甘河)'·그므내(今勿柰:진천)·가므내(甘勿·甘川)·구므내(袗川) 등으로 가지를 치고 백제(百濟)의 도읍지 부여(扶餘)를 가르는 '곰내(熊川)'가 되어 '곰나루(熊津)'와 구룡평야(九龍平野)까지 파생시키는데, 그 곰내가 바로 금강(錦江)이다.

'고마무르'·'구마무르'가 어떻게 구룡평야를 만들어냈는지 알아보자. 금강을 따라 서남쪽 엿바위(窺岩里) 밑으로 펼쳐지는 들판에 구룡평야라는 이름이 붙었기 때문이다.

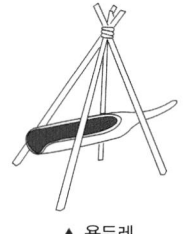
▲ 용두레

'구'는 소리를 딴 것이고 '평야'는 '들'이라는 한자말임을 누구나 안다. 그래서 '구들'이 된다. 유의해 보아야할 것은 龍(룡)자이다. 흑룡강(黑龍江)의 예처럼 우리 조상들은 '무르(水)'와 '미르(龍)'를 같은 말로 쓴 경우가 많았는데, 요녕(遼寧)지방에서 시작된 물숭배가 용숭배로 발전하면서 나타난 현상이다.

그러나 구룡 평야의 龍(룡)자는 '무르'나 '미르'의 뜻으로 쓴 것이 아니다. '곰내(고마무르)평야라는 뜻이 아니라, 옛날 관개용 농기구인 '용두레(미르두레)'에서 '두레', 또는 '드레'라는 소리를 나타내는 龍(룡)자이다. 바로 '곰내' 옆에 있는 '곰들(熊野)'이라는 뜻의 '고마드레', '구마드레'라고 쓴 말인데, 그 후 '마'자가 탈락되며 이루어진 '구드레평야'라는 말을 九龍平野(구룡평야)라고 이두식으로 표기한 것이다. 웅야평야(熊野平野)라는 뜻의 겹말이다.

민족이동과 '아리물(阿利水)'

'곰 들'이라는 구드레가 일본으로 가 '구다라' 돼

이 구드레, 고드레라는 이름은 백제의 도성인 부여왕성 북쪽의 북포(北浦)에서도 찾을 수 있다. 대왕포(大王浦)라고도 불린 이 나루의 원 이름은 '구두레나루(古省津)', 또는 '고다래나루(古多津:고드레)'라고 불렸는데 이 말은 '고마들나루', '구마들나루'에서 '마'자가 탈락된 형태로 '곰들나루'라는 뜻이다.

백제의 도성인 시비성(泗沘城)의 다른 이름이 '구드레성'이나 '고다래성'이었는지 상고할 길은 없으나 백제가 패망한 뒤 쫓겨 가 살던 일본에는 지금도 구드레, 고다레의 전음(轉音)으로 보이는 '구다라[百濟]'라는 지명이 도처에 흩어져있다. 이 '고다래', '구다라'라는 말들은 백제의 두번째 도성 고마성(固麻城:公山城)에서 보듯 '고마→가므'에 바탕을 두고 오랜 시간에 걸쳐 이루어진 것으로 '알→아리'에서 갈려 나온 말임은 두말할 필요가 없다.

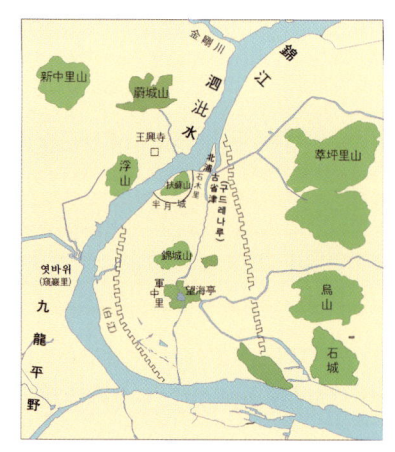

〈'백제(百濟:南扶餘)'는 처음 위례성(慰禮城)에 나라를 세우고 '십제(十濟)'라고 했다가 비류(沸流)의 미추골(彌鄒忽)을 통합한 뒤 '백제'라고 고쳤다. '십(十)'자와 '백(百)'자는 모두 우리 옛 말 "온"을 사음한 것으로 보기 때문에 "온조(溫祚:온추, 온전히 뛰어난 분이라는 뜻)"와 비겨 "온지(百濟:온잣)", 즉 '온조의 성(城)'으로 해석되기도 하고, 수도였던 '고마(固麻:公山城)'를 '곰직(熊城)'로 해석하여 百(백)자는 貊(맥:곰을 뜻함)자의 잘못된 기록으로 '맥제(貊濟:곰직)'로 써야 옳다고 주장되기도 한다.〉

중국 서북쪽 하서회랑 장액(張掖)에는 옛날 월지국성(月支國城:뒤에 匈

奴城)인 흑수국성(黑水國城)이 있는데 기련산(祁連山)의 만년설이 녹아 흑수국 들판을 적시고 흐르는 물길이 그러한 사실을 잘 보여준다. 이 물길은 서북쪽으로 흐르다가 내몽고의 바단지린(巴丹吉林)사막을 가르며 알슨누르(居延海)로 들어가는데 원래 이름이 '아리물'이라는 말의 한자사음인 합려수(合黎水:하리수)이다. 이 합려수가 약수(弱水:아무르) · 선수(鮮水:아르물) · 흑수(黑水:가무르) 등으로 표기되고 있는 것을 보면 아무르가

고마무르→고므내→고므드레(곰들)→구다라로 발전해 왔음을 짐작할 수 있게 해준다.

'아리'가 변하여 된 말은 이 뿐이 아니다. 도읍지(首都)에 있는 아리물 · 오리물 등은 국천(國川)이라는 뜻으로 '퍼라내' 또는 '버라내'라고도 불렸는데 이 말의 한자 사음이 패수(貝水 · 浿水 · 沛水)고 열수(列水)고 백랑수(白狼水)고 백수(白水)였으며 그 옆에 형성된 도성(都城)이 부라(不耐)고 피라(必刺)고 퍼라(平邢)고 버라(白狼)고 뷔리(慰禮)로 '퍼라' · '버라'의 한자사음인 평양(平壤 · 白狼)이다. 그래서 북한 평양의 젖줄인 대동강(大同江:우리물)이 패수(浿水:퍼라내) 또는 열수(列水:버라내)로 불렸고 고구려의 '평양성(平壤城:요동성)'인 오늘의 요양(遼陽) 옆의 요수(遼水:高麗河)가 패수로도 불렸으며 기자조선(箕子朝鮮)의 도읍지 '평양'으로 가늠되는 오늘의

민족이동과 '아리물(阿利水)'

중국 요녕성 건창(建昌)과 능원(凌源) 사이 평방자(平房子)의 고성(古城) 앞을 흐르는 물길(大凌河)이 백랑수(白狼水:바라내)이다.

수양제 30만 대군과 조선원병 죽은 곳이 싸리물

또 있다. '아리물'에는 '천신(天神)이 계시는 산에서 내려오는 거룩한물'이라는 뜻 외에도 맑고 차고 푸르다는 의미가 더해지며 '시(싸)리물'이 되는데 오늘날 천산(天山)산맥의 지맥인 키르기스스탄 콕샬타우(Kokshaaltau)산 북쪽기슭에서 발원하여 나린강을 이루다가 페르가나분지에서 카라다리야(Karadarya)와 합류하며 시르다리야(Syrdarya)가 되는 물길이 바로 '싸리물'이고 천산산맥 서단 고산분지에 있는 호로산(霍洛山) 단격호 싸리무호(賽里木湖)가 싸리물이며 양락수(陽樂水)·고수(沽水)·조수(潮水)등이 밀운(密雲)에서 합류하여 오늘날 천진항(天津港)으로 빠지는 조백하(潮白河), 일명 고하(沽河)가 사[싸]리물이고 수양제(隋煬帝)의 30만 대군 및 강홍립(姜弘立)의 조선원병(朝鮮援兵) 8천명이 무참하게 목숨을 잃은 심양(瀋陽) 동쪽 푸순(撫順)의 혼하(渾河:阿利水·耶里水:大·房水庫)가 또한 싸리물(薩爾滸)이며 오늘날 을지문덕의 전승지로 잘못 알려지고 있는 북한의 청천강(淸川江)이 또한 싸리물이고 남한강의 지류인 감물(甘勿:감무르) 옆의 살미(乷味)가 역시 사리물이다.

괴산 싸리물에는 중국 팔아 양민 수탈하던 원부가

그뿐 아니다. 조선왕조 말기 괴산 싸리내(靑川:薩買) 화양동에 화양서원(華陽書院)과 만동묘(萬東廟)를 짓고 중국 황제(萬曆帝)를 떠받든다는 명목으로 치외법권적 권세를 누리며 세세년년 백성들의 재산을 강탈하는 등 토색질을 일삼던 노론(老論)의 소굴이 있는데 대원군의 혁파대상 1호가

괴산 싸리물에는 중국 팔아 양민 수탈하던 원부가

되어 철거되었다.
 그 일부 문중과 문도들의 행패가 얼마나 심했는지 그 인근에 선산을 갖고 있던 한 토반(土班)의 내력을 들어보면 쉽게 알 수 있다. 시사(時祀)를 지내던 토반은 서원으로 끌려가 "무엄하게 근처를 얼씬거리며 가당찮은 제사행위를 한다"는 구실로 멍석말이를 당하고 주뢰를 틀렸다. 어쩔 수 없이 선산과 함께 살던 집문서까지 내놓자 "다시는 근처에 얼씬도 말라"며 선영의 문인석까지 뽑아다 개굴창에 처박았다. 남 보기가 부끄러워 타향으로 가서 살며 2~3년에 한 번 씩 야음을 틈타 선영을 찾았다고 하는데 선영의 위치를 알던 윗대가 일찍 가는 바람에 선영마저 잃었다 한다.

▲ 청천 화양동에 있는 석각문.

 그 화양서원 계곡에는 명나라를 할아비처럼 모시며 이 땅이 중국 땅이라도 되는 듯이 '大明天地(위대한 명나라의 천지요), 崇禎日月(해·달처럼 보살펴 주는 숭정황제시다)'이라고 외친 넋 나간 이의 친필 석각(石刻)등이 남아 있었는데 (숭정제는 가혹한 세금을 견디다 못한 반란군(李自成)이 쳐들어오자 자금성 뒤 경산(景山)에서 목매어 죽은 인물이다.) 반세기만에 옛길을 더듬다 보니 만동묘 빈터에는 언제 세워졌는지 거창한 건물들이 복원되어 있었다. 모화관(慕華館)도 없어지고 조선총독부건물도 헐린 이 세상에 아무리 돈이 썩어난다 해도 민족의 정신을 송두리째 뽑아다 중국에 바치며 양민수탈에 여념이 없던 이 원부(怨府)를 왜 되세웠는지 생각할수록 그 까닭이 궁금했다.

 어쨌든 이곳 청천(靑川:싸리내)의 흰들을 적시는 물길이 싸리매(薩買:싸리물)이고 싸리매 안쪽에 있는 마을이 '쌀아니'인데 지금의 면소재지가 된 미원(米院)이 바로 그곳이다. 청주에서 '세살매(三年山:세싸리매)'라 불리던 보은(報恩)으로 가는 길옆에 있다.

낙동강은 나각산, 섬진강은 섶다리나루서 온 이름

우리나라 강중에서 아리물과 관련없이 이루어진 이름을 가진 강이 몇 개 있다. '섶다리나루'가 '섬나루'가 되었다가 강 이름이 된 섬진강(蟾津江) 이 그것이고 압록강에 이어 우리나라에서 두 번째로 긴 낙동강(洛東江)이 그것이다. 「동국여지승람(東國輿地勝覽)」에는 '洛水(낙수)'로 기록되어 있 고 「택리지(擇里志)」에는 '洛東江(낙동강)'으로 적혀 있는데 "가락국(駕洛 國) 동쪽에 있어 낙동강이라고 부르며 일명 가야진(伽倻津)이라고 한다"고 적고 있다.

그러나 가락강을 낙동강이라고 하려면 옛 가야(伽倻) 땅 강가에 낙산(洛 山)이나 낙동(洛東)으로 해석할 수 있는 지명(地名)이 있어야 하는데 그런 이름을 가진 땅이 없다. '낙동(洛東)'이란 이름은 훨씬 상류, 옛날 사벌국 (沙伐國)의 땅인 상주(尙州:上州)에 있다. 세형동검·동과·동령 등 청동기 가 발굴되어 BC 7세기부터 사람이 살았음이 밝혀진 곳이다.

〈고려 문종 때(1075~1084) 쓰여진 「가락국기(駕洛國記)」에 낙동강이 황산강(黃 山江)으로 표기되고 있다 하여 "낙동강의 원이름이 황산강이다"고 주장되기 도 한다. 양산(梁山)에서부터 바다에 이르는 줄기가 황산강이라고 불렸기 때문 이다. 그러나 강 이름에 원이름이란 있을 수 없다. 지역마다 불러온 이름이 제각 각이기 때문에, 어느 이름이 총괄명(總括名)이 되었느냐 하는 것이 다를 뿐이 다. '황산강'의 '黃山(황산)'은 '큰 물'이라는 뜻의 '한메', 또는 '여리메', '노르메'라는 옛말의 한자 사음으로 보이나 확실치는 않다. 신라 군현 이름에서 山(산)자는 '메'의 사음으로 산을 뜻하기 보다 '사리메(靑買)'·'세살메(三年山)' 등에서 보듯

낙동강은 나각산, 섬진강은 섶다리나루서 온 이름

물길 옆 마을을 뜻하는 경우가 많다.〉

중국에는 오랜 옛날부터 낙수(洛水)라는 물길이 유명했고 역대 여러 왕조가 수도로 삼은 낙양(洛陽)까지 빚어냈는데 웅이(熊耳:고미)에서 발원한 이후 동이족과 너무 오래 떨어져 있어 원뜻이 일실된 데다가 '洛(락)'이라는 말이 '번쩍번쩍 빛난다'는 뜻이라고(春秋說題辭) 밝히고 있으니 우리와는 상관없는 말이 된지 오래다. 순수 우리말에는 '락'이나 '낙', '라'·'러'가 빛난다는 뜻으로 쓰인 예가 없지 않은가.

「신증동국여지승람」에 따르면 상주는 사벌국(沙伐國)→상주(上州)→상락(上洛)→사라벌(沙梁伐)→서벌(沙伐:沙弗)→상산(商山)→타아(陁阿)→상주(尙州) 등으로 불렸던 것으로 기록되어 있고, 낙양(洛陽)으로도 불렸던 것으로 전해지는데, 그래서인지 「연려실기술(燃藜室記述)」은 "낙동(洛東)은 상주 동쪽을 말하는 것이다(洛東者謂尙州之東也)"라고 적고 있다. 상주(낙양) 동쪽에 있기 때문에 '낙동강'이라고 한다는 말이다. 또 '주 서쪽 3리에 낙양역(洛陽驛)이 있고 낙동강 동쪽 1리에 낙동역(洛東驛)이 있고 주 북쪽 16리에 낙원역(洛源驛)이 있고 주 서쪽 19리에 낙서역(洛西驛)이 있다'고 하여 낙동강이란 이름의 근원이 상주임을 강조하고 있다.

문제는 '洛(락)'자가 무슨 뜻을 갖고 있기에 진흥왕이 上州(상주)를 '上洛(상락)'으로 고쳤느냐 하는 점이고 또 어떻게 해석해야 옳으냐 하는 것이다. '상주'는 "동남쪽 모든 군의 머리요, 팔방으로 통하는 거리"라고 했으니 '높은 고을(골)·윗 고을·첫 고을·머릿 고을'이라는 말을 한자로 번역한 것이겠지만, 낙동강 이름의 근원이 되고 있는 '낙양(洛陽)'은 '상락'의 '洛(락)'자에 뿌리를 두고 있다고 보여져, '락'자가 우리의 무슨 말을 가차(假借)해 놓은 것인지부터 해석되어야 '陽(양)'자가 붙은 뜻을 살필 수 있기 때문이다. 보통 양자는 '산 남쪽, 물 북쪽(山南水北)'의 땅을 이르는 말로 쓰여 왔다.

민족이동과 '아리물(阿利水)'

양양 낙산사의 낙산(洛山)이나 서울 동쪽의 낙산이 '벼락(돌)산', 또는 '너럭(바위)산'이라는 소리가 줄어 '낙산'이 된 것이고 駱山(낙산)이라는 표기는 한자사음에 불과하다고 본다면 上洛(상락) 역시 그렇게 이루어진 이름으로 보아야 옳지 않을까 싶다. '상주'의 다른 이름이 '울퉁불퉁하게 너른 비얄'을 뜻하는 '陁阿(타아)'였음으로 볼 때 강가 자갈 등 퇴적토로 이루어진 너럭지대, 즉 '윗 너럭'을 上洛(상락)으로 표기한 것이 아닌가도 싶다.

〈낙산(駱山)의 또 한 이름인 타락산(駝酪山) 역시 허연 너럭이 '타락떡' 같다고 하여 붙은 이름이다.〉

그러나 지나칠 수 없는 것이 상주군 낙동면 낙동리에 있는 나각산(螺角山)이다. 휘돌아 나가는 낙동강을 조망할 수 있는

▲ 나각산 전망대. 멀리 휘돌아 나가는 낙동강이 보인다.

전망대가 바위로 된 꼭대기에 설치되어 있다. 이 산의 원이름을 알 수 있는 기록은 없지만 이 산이 바로 '낙양'이라는 이름을 낳은 '낙산'이 아닌가 싶다. 이 낙산은 옛사람들이 발음하기가 쉽지 않아 '너럭산' '나락산' '나악산' 등으로 불리다가 '나각산'으로 사음되며 굳어진 것으로 보인다. 이 낙산(나각산) 서북쪽 땅이 낙양이고 동쪽에 흐르는 물이 낙동강이 되며 마을이름으로까지 발전해 있기 때문이다.

견해를 달리하는 후학들이 있어 '낙(洛)'이 우리말 무엇의 가차이고, 이 산이 '나각산'으로 불리기 이전 원래 소리[音]가 어떠했는지 연구해 밝혀준다면 더한 기쁨이 없겠다.

上古史語新解

우리는 수도를 왜 '서울'이라 하는가

정 소 문

우리는 수도를 왜 '서울'이라 하는가

우리는 수도를 왜 '서울'이라 하는가

'서울'에는 민족의 단초(端初)가 들어 있어

우리는 수도(首都)를 '서울'이라고 한다. 왜 '서울'이라고 하는지, 그 뜻이 무엇인지, 또 언제부터 그렇게 불렀는지 모르면서 그냥 서울이라고 한다.

해석이 어렵고 아는 사람이 적은 것은 '서울'이라는 말(이름)에는 우리민족의 단초(端初)가 들어있을 정도로 뿌리가 깊기 때문이다.

우선 우리의 국조(國祖)인 태양제 해모수(太陽帝解慕漱)의 나라 부여(夫餘)로 올라가 보자.

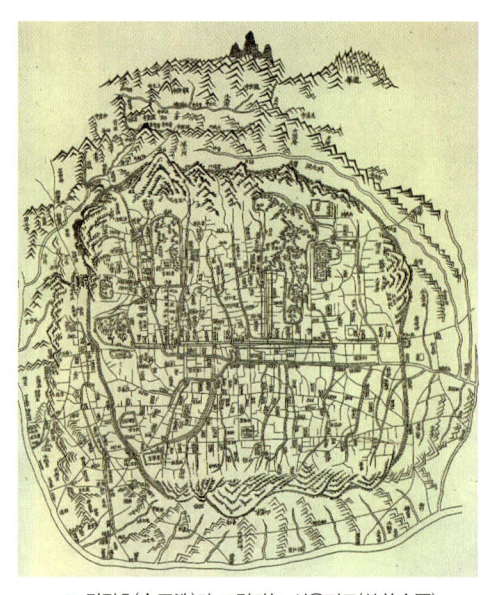
▲ 김정호(金正浩)가 그렸다는 서울지도(首善全圖)

'부여'는 '부루(符婁)'로도 표기되어 옛 소리(古音)가 '부족' 또는 '부족사회'를 일컫던 '부러'에 가까웠음을 알 수 있다. 어떤 이는 '평야', 또는 '불(光明)'을 뜻하는 '벌(伐·弗·火·夫里)'에서 연유하였다고도 하고 사슴을

'부여(夫餘)'는 부러(部落)의 의미

▲ 하르빈 송화강 가에 있는 사슴 상

뜻하는 만주어 '푸후(Fuhu)'에서 왔다고도 주장 한다. 그 때문인지 단재 신채호(丹齋申采浩)가 부여의 도읍지 녹산(鹿山)으로 비정한 하르빈 송화강(松花江) 가에는 '태양의 제단[浴日臺]'이 설치되고 사슴상까지 깎아 세워놓았다.

그러나 이 같은 주장은 부여가 어째서 도성이름이 되고 나라이름으로까지 발전했는지 그 뜻을 짚어내지 못한 때문이 아니었나 싶다.

왜냐하면 '부위(夫餘)·부루(符婁)'는 비루(肥如)·비루(肥累)·부리(扶黎)·부위(鳧臾)·푸류(沸流)·푸류(蒲類)·버[배]라(白狼)·부라(不耐)·피라(必剌)·퍼라(平壤)·뷔리(慰禮) 등등과 똑같이 수도를 이르던 우리 고대어(古代語)의 한자 사음(寫音)으로, 사람 따라 시대 따라 같은 소리(音)를 다른 글자로 사음하여 각기 다른 이름인 것처럼 보이는 것이기 때문이다. 베이러(貝勒)도 그 중의 하나다.

'부여(夫餘)'는 부러(部落)의 의미

그렇다면 '부루'의 뜻은 무엇인가. 한 마디로 '부락(部落)'을 떠올리면 쉽게 이해할 수 있다. '부락'의 옛 소리는 '부여'와 같이 '부러→부루→부라'로 '부족(部族)'과 '부족들이 모여 사는 사회'를 지칭하는 말이었다. 그것이 차차 '마을'이라는 뜻을 갖게 되었고 그 부족이 번창하여 사방으로 퍼지면서 자연스럽게 '수도(首都)'를 가리키는 말이 되었으며 나라 이름으로까지 발전한 것이다.

수(隋)·당(唐) 등 중국 역대 정권들이 북·동쪽 민족의 힘을 약화시키기 위해 거대한 실위(室韋)의 집합체인 '부락(部落:나라)'을 5~8개의 '부(部)'라는 이름으로 갈라놓았던 것만 보아도 알 일이다.

이렇게 보면 고죽국(孤竹國)의 '비루(肥如:비여)'와 기후국(箕侯國:箕子朝鮮)의 '버라(白狼:백랑)', 고구려(高句麗)의 '피라(平壤:평양)' 및 한성백제(漢城百濟)의 '뷔리(慰禮:위례)'등 예맥[삭]계(濊貊系) 국가 도읍지의 옛 소리(古音)가 모두 부여(夫餘)와 똑같은, '부루'라는 '소리'와 '뜻'을 가진 말이었음을 알 수 있다.

그러나 그 '부루'가 오늘의 '서울'과 어떻게 관련되고 있는지에 대해서는 쉽게 판단되지 않을 수도 있다.

그래서 어떤 이는 "서울의 '서'는 수리·솔·솟의 음과 통하는 말로서 높다·신령스럽다는 뜻을 가진 말이며, '울'은 벌·부리에서 변음된 것으로 벌판·큰 마을·큰 도시라는 뜻을 가진 말"이라고 장황하게 설명하면서 '울'을 무슨 근거로 '큰 마을→큰 도시'로 해석했는지는 밝히지 않았다. '울'을 城(성)으로 인식하여 해석한 것이 아닌가 싶을 뿐이다. 그러나 서울의 원말은 '서울'이 아니다.

한강(漢江) 이남은 신천지(新天地)

'서울'이라는 말을 이해하려면 먼저 우리 민족이 북방(北方)에서 남하(南下)하는 과정을 염두에 둘 필요가 있다.

한강 밑으로 내려오면 갑자기 도읍지를 끼고 있는 강(國川)이름도 요수(遼水:아리·어리·오리)나 패수(浿水:버라·부라·피라)에서 벗어나고 수도의 이름도 확 달라진다. 한강 이북의 땅보다 역사가 한참 짧은 신천지(新天地)였기 때문이다.

그래서 백제(百濟)와 신라(新羅)·가야(伽倻:駕洛)가 선진문물을 갖고 몇

대로 파고 들어와 원주민들을 능욕하고 복속시키며 정복왕조를 세우고 새 수도를 정할 수 있었다.

도성의 이름이 소부리(所夫里:셔븗르)→사비(泗沘:셔퓌), 서라벌(徐羅伐:셔론뵓)→서벌(徐伐:셔뵓)인 것만 보아도 그들의 각오가 얼마나 새로웠는지 짐작할 수 있다.

所夫里(셔븗리)나 徐羅(邢)伐(셔론뵓) 등은 모두 '새로운 나라', '새로운 도성'이라는 뜻의 '새 부루'라는 옛말을 한자로 사음한 것으로서 새 부여(新夫餘)·새 평양(新平壤)이라는 뜻을 담고 있다. 한동안 신라를 괴롭혔던 상주(上州:尙州)의 부족국가 '사라벌(沙梁伐:셔론뵓)·사벌(沙伐:沙弗)도 다를 것이 없다. 사음하지 않고 의역(意譯)하면 신성(新城)·신도(新都)·금성(金城)이 된다.

'새 부여·새 평양'이 셔뵸→서울이 되어

'서울'이라는 말이 처음 기록으로 나타난 것은 조선왕조 세종 때 (1445~1447)의 저술인 「용비어천가(龍飛御天歌)」이다.

"셔뵸 使者롤 써리샤 바ᄅ롤 건너싫 제 二百 戶롤 어느 뉘 請ᄒ니(용비어천가-1447-18장)"하는 대목과 "님그미 나가려 ᄒ샤 도ᄌ기 셔볼 드더니 二將之功을 一人이 일우시니(용비어천가-1447-49장)"하는 대목이 그것이다.

우리 서울의 명칭(音)은 '서울'이 아니라 '셔뵸'로 '새부루→새부러'에 가까운 소리였음을 알 수 있다. 이 '새 부여', '새 평양'이란 뜻을 담고 있는 '새부루→새부러'라는 말이 변하여 오늘의 '서울'이 된 것이다.

역성(易姓) 혁명에 성공한 이성계가 북한산 남쪽에 새로운 도읍(都邑)을

우리는 수도를 왜 '서울'이라 하는가

▲ 궁예궁터에 남아있던 '석등'

정하고 '한양(漢陽)'이라고 했다는 기록이 있으나 '한양'보다 '서울'로 통칭되어 온 것을 감안하면 송도(松都)로 일컬어지는 고려조(高麗朝)의 개성(開城) 역시 서울로 불렸을 개연성이 크다.

그러나 개성을 '서울'이라고 불렀다는 기록은 없다. "고려태조 왕건(王建)은 즉위한 다음해(919), 궁예(弓裔)의 마진국(摩震國) 수도 '철원(鐵原)'에서 다시 부소갑(扶蘇岬) 또는 동비골(冬比忽)이라 부르던 속막(蜀莫:개성)으로 도성을 옮기고 개주(開州:開城)라고 했다."고 전해질 뿐이다.

〈마진(摩震)은 인도 사람들이 중국(秦人의 땅)을 지칭하던 말 '마하지나스타나(Mahachinasthana:摩訶脂那國)'의 약칭으로 대동방국(大東方國)이라는 뜻이라고 확대해석하기도 하고 어떤 이는 '마진'은 순수한 우리말로 '마'는 남쪽, '진'은 요동에서 큰 세력을 떨쳤던 '진(辰)'을 가리키는 것으로, 후고구려(後高句麗)라고 칭했던 것처럼 '남쪽의 진나라(마진)'라는 뜻으로 붙인 것이라고 해석하기도 한다. 철원은 고구려 때 '모을동비(毛乙冬非)' 또는 '철원(鐵圓)'이라고 했다고 기록되어 있는데, 鐵圓(철원)은 毛乙冬比(모을동구비)라는 우리말을 한자로 번역한 것으로 보인다. 두 이름을 대비하여 현대어로 해석해보면 '모을동그비→모루동구리'가 되는데, '모을→모루'는 쇠뭉치이고, '동구비→동구리'는 원이기 때문에 鐵圓(철원)으로 표기된 듯하다. 그러나 '모을동비'의 원 뜻은 모래가 퇴적되어 이루어진 '모래등이'라는 옛말일 수도 있고 하회마을처럼 물이 돌아나가는 곳이라는 뜻의 '물돌굽이→물동구비'일 수도 있다.〉

한양(漢陽)도 다를 것이 없다. 우리가 잘 아는 북한산(北漢山:華山)은, 옛 사람들이 '불라메', 또는 '불란메'라고 부르던 산이다. "뿔이 난 산"이라는 뜻이다. 그것이 '부라메', '부람메', 또는 '부람메'로 변전되며 고구려는 '北漢山:부란산', 신라는 '負兒岳:부라산'이라고 음역하는 바람에 다른 이름처럼 보이는 것이다. 북악산(北岳山), 또는 백악산(白岳山)이라는 호칭도 같은 뿌리에서 나온 말이다. 정상에 솟은 바위 모양이 '세 개의 뿔'처럼 생겼다고 해서 삼각산(三角山), 즉 '세불휘메'라고도 불렸는데, 그 '불휘:뿔'에 '부르'의 원뜻이 있지 않은가 싶다. 한양은 고구려 때 처음으로 남평양(南平壤), 즉 '남쪽에 있는 셔봀:남서울'이라고 불렸다.

▲ 1750년대의 해동지도 중 송도(개성) 지도

지금 우리는 그런 내용을 아는 사람도 드물고 알리는 사람도 거의 없다. 그래서 부여(夫餘)에 뿌리를 두고 있는 '서울'을 수도로 이고 살면서 위대한 국조(國祖) 태양제 해모수(太陽帝 解慕漱)를 버리고 근본도 알 수 없는 단군(檀君)을 들여다 교과서에까지 올려 국조로 모시면서 손 비빔질이나 하고 있는 것이다. 안타까운 일이 아닐 수 없다.

물론 그 '허무맹랑한 백두산→단군설'을 정사로 인정하고 있는 일차적인 책임은 전적으로 식민지 사관에 줄을 대고 있는 우리나라 사학계(史學界)에 있다. 중국이 제 입맛대로 쓴 동북지방 고대사(古代史)를 맹종할 수밖에 없게 만든 우리나라 기록문화에도 책임이 없는 것은 아니지만, 소루한 고대사 기록들을 비판 없이 받아들이는데 더 큰 문제가 있다.

중국이 금계호(金界壕)라고 주장하는 우슈장성(兀術長城), 일명 명창성

(明昌城)을 예로 들어 보자. 금(金)나라가 몽고를 막기 위해 70여년(1123~1198)에 걸쳐 쌓았다는 성이다. 오늘날 내몽고자치구 북쪽 끝에서 거의 서남쪽 끝 황하(黃河)까지 2중 3중으로 5500km, 3천여 리나 뻗어 있다.

진시황(秦始皇)도 외줄기 성벽밖에 쌓지 못했는데 금나라가 무슨 힘이 있고 쓸데가 있어 국고를 탕진하며 2중 3중, 4중의 성벽을 모두 쌓았겠는가. 얼마 전까지 '고려성(高麗城)', 또는 '징기즈칸변장(成吉思汗邊牆)'으로 불리던 성벽을 이제는 신성(新城)이니 구성(舊城)이니 하여 나누며 금장성(金長城)으로 못 박고 있다.

그중의 하나라도 "고구려성(高句麗城)이나 부여(夫餘)의 성으로 밝혀져 잃어버린 부여와 고구려의 옛 판도를 정확히 구분하고 「사기(史記)」와 「한서(漢書)」 등의 기록을 재해석하게 하여 현재 진행하고 있는 동북지방 고대사 날조작업(東北地方古代史捏造作業)인 동북공정(東北工程)에 중국이 더 이상 헛 공들이며 손바닥으로 해가리는 어리석음을 되풀이 하지 않게 되기 바란다.

上古史語新解

부이르누르, 정말 부여호(夫餘湖)인가

정 소 문

부이르누르, 정말 부여호(夫餘湖)인가

흘승골성(紇升骨城)이 몽고말로는 '힐힌골싱'

후른부이르(呼倫貝爾) 대초원에는 물길도 많고 호수도 많다. 아시아 대평원(大平原) 동쪽 자락에 해당하는 곳이다. 부르한산(不兒罕山)으로 알려지고 있는 켄티산(Khenty Nuruu)과 대흥안령(大興安嶺) 자락 골골에서 흘러내린 물들이 낮은 골을 타고 흐르기도 하고 땅속으로 흐르다 스며나와 습지를 이루기도 한다.

그중에서 가장 큰 호수가 후룬누르(Hulun Nur)와 부이르누르(Buyr Nur)이기 때문에 '후룬부이르'라고 이른다. 그러나 이 명칭은 근래 이루어진 것일 뿐 옛 이름은 아니다.

옛 기록(隋書·新舊唐書)에 따르면 후룬누르는 구륜박(俱倫泊)이다. 후룬누르(Khurn Nur) 쯤 되었을 것으로 짐작된다. 그것이 요(遼)·금(金) 때에 이르면 고로락(栲栳灤:코론너루), 원(元) 때에 이르면 번역된 몽고명

▲ 바다처럼 널브러진 후룬누르(呼倫湖). 정자앞의 돌무더기가 소위 '징기스칸 말뚝'이란 것이다

흘승골성(紇升骨城)이 몽고말로는 '할힌골성'

칭인 활연해자(闊連海子), 명(明) 때에는 한 글자만 바꾸어 활란해자(闊灤海子)가 되고 청(淸) 때가 되면 다시 음사(音寫)하여 고능호(庫楞湖: 후링누르)가 된다. "푸른누르"가 원형이 아니었을까 싶기까지 하다. 그러나 현지 유목민들은 달라이누르(Dalay Nur:達賚諾爾)라고 부른다. 바다같이 넓은 호수라는 뜻이다.

짤라이누루(扎賚湖)라고도 표기되는데, 이것은 러시아가 들어와 영향을 끼치던 시절 달라이 누르를 키릴문자로 따라 적다 보니 짤라이누르가 되어 지명으로까지 정착된 것이다.

〈요즘 중국에서는 동북공정(東北工程)에 발맞추어 후른누르가 「산해경(山海經)」에서 말한 "대택(大澤)"이라고 주장한다. 그러나 '대택'은 산동(山東)에 있던 '대야택(大野澤)'이나 '대륙택(大陸澤)' 또는 안휘성(安徽省)의 '대택향(大澤鄕)'을 이른 것이다. '대택'이 후른누르라는 주장은 필리핀 앞바다와 인도네시아 앞바다까지 자신들의 바라다고 우기는 것처럼 허황된 주장이다.〉

문제는 부이르누르(Buyr Nur:貝爾湖)라는 호수 이름이다. 요즘 중국인들은 "몽고인들이 수달(水獺)을 후룬(呼倫)이라고 하고 숫수달을 부이르(貝爾)라고 한다"면서 이 두 호수에는 수달이 많았기 때문에 그런 이름이 붙었다고 억지로 끌어다 붙이고 있다.

- 125 -

부이르누르, 정말 부여호(夫餘湖)인가

▲ 부이르누르(貝爾湖). 대부분이 몽고의 관할하에 있고 극히 일부가 중국과의 국경에 걸쳐 있다

기록에 따르면 명나라 때는 부이르누르를 포어아해(捕魚兒海:부위얼하이)라고 불렀고, 청나라 때는 패우이호(貝雨爾湖:부위르누르)라고 불렀다. '부위얼 바다'와 '부위르 호수'라는 말이다. 글자만 달라졌을 뿐 소리가 달라진 것이 아니다.

홍안령 제 2 고봉인 마천령(摩天嶺) 북쪽 기슭에서 발원한 할힌골강(哈拉哈河)이 두견호(杜鵑湖)·녹명호(鹿鳴湖)·삼담협(三潭峽)등을 거쳐 동남쪽에서 흘러들고 올손하(烏爾遜河)를 따라 후른누르와 이어지는 호수다. 그러나 언제부터 이 호수를 '부이르누르'라고 불렀는지 정확히 고증할 길은 없다.

우리의 주목을 받는 것은 이 호수의 이름 '부이르누르'가 '부위누르', 즉 부여호(夫餘湖)라는 이름을 바탕을 깔고 조금씩 다르게 불리고 있다는 점이다.

〈'누르'는 '호수', '골'은 '강'이라는 뜻의 몽고어이다. 이 할힌골강(哈拉哈河) 동쪽이 노몬한 초원이다. 1939년 만주국을 앞세운 일본군과 몽고국을 앞세운 소련군이 맞붙어 10만에 가까운 젊은이들이 목숨을 잃었다.〉

몽고 과학원의 베 수마야바타르 교수가 「삼국지(三國志)」나 「삼국사기(三國史記)」에 나오는 지명과 종족명, 관직명 등을 몽고어로 해석해 본 결과, "비류수(沸流水)는 부이르누르(Buyr Nur:夫餘湖)로 흘러드는 할힌

흘승골성(紇升骨城)이 몽고말로는 '할힌골성'

골(Khalkhin gol:哈拉哈河)이고 주몽(朱蒙)이 도읍한 흘승골성(紇升骨城)은 바로 '할힌골성'을 말하는 것"이라고 하여 깜짝 놀라게 한 것도 이 때문이다.

우루산성(五女山城:桓仁)으로 이어지는 고리국(槀離國)의 옛터가 아니었을까 의심하는 사람도 그래서 생겨났고, '할힌골성→흘승골성설'에 근거하여 이도리하(伊圖里河)와 도리하(圖里河)가 아우러져 흐르는 '곰내(根河)' 쪽으로 올라가 '흑산두고성(黑山頭古城)' 등을 더듬으며 '고리국'의 옛 성터를 찾는 이

▲ '거무고성(黑山頭古城)' 안에 있는 주치 하사르의 궁성(宮城) 터

도 그래서 생겨났다.

〈내몽고 자치구 동북쪽 끝에 있는 '근하(根河)'는 1994년 근하시(根河市)가 세워지며 만들어진 이름이다. 9~13세기에는 홍지라부(弘吉剌部)가 살던 땅이고 청나라 때는 솔롱부(索倫部)의 사냥터였다. 퉁구스어의 '평평하다'는 뜻의 '껀(근)'과 중국어의 '허(河)'가 붙어 이루어진 이름으로 보기도 한다. 몽고어로는 게겐골(Gegen gol)이라 한다. 맑고 투명한 하천이라는 뜻이다. 그러나 대흥안령 골짜기를 타고 흐르는 물 중 맑고 투명한 물길은 없다. 어디를 가나 발목까지 빠지는 흥안낙엽송(興安落葉松)의 낙엽들 때문에 모든 물길이 콜라 빛을 띤다. 낙엽에서 우러나온 탄닌성분 때문이다. 내가 '근하'를 '곰내'로 본 것은, 흥안령 제1 고봉인 대백산(大白山:1529m) 서쪽에서 발원하는 물길이 곰내(甘河)이고 그 곰내의 발원지(甘源) 옆(伊吉奇山 서남쪽)에서 발원하는 물길이 근하이며, '금하(金河)'도 옆에서 흐른다. 또 근하는 근하시를 지나면서 우리말로 볼 수 있는 '이

부이르누르, 정말 부여호(夫餘湖)인가

도리물과 '도리물'이 아우러진 도리하(圖里河)와 합류하여 어르구나강으로 들어가기 때문이다.〉

그 주위에는 알라야(嘎拉牙)도 있고 아바하(阿巴河)도 있고 오마하(烏瑪河)도 있고 곰내(金河:긴허)도 있고 아롱산(阿龍山)도 있고 고리하(庫里河)도 있고 까막내(甘河:곰내)도 있고 고리아산(古利牙山)도 있고 나도리물(那都里河)도 있고 아리하(阿里河)도 있고 고리(古里:句麗)도 있고 이리후리산(伊勒呼里山)도 있고 대백산(大白山)도 있고 북위(北魏)의 발상지인 알선동(嘎仙洞)도 있기 때문이 아닌가 싶다. 동호(東胡)와 선비(鮮卑)가 거쳐 온 땅이고, 실위(室韋:失韋)가 살던 땅이다.

중국 어디를 가도 우리말 씨알이 이처럼 고스란히 남아 전해지는 곳은 없다. 심지어 흑산두고성(黑山頭古城)을 현지인들은 거무고성(巨母古城:검은 고성)이라고

▲ 하사르고성 터를 알려주는 커다란 표지석

말한다. 징기스칸의 큰동생 주치 하사르(Jöči Qasar)의 왕성(王城)이 있던 곳이다.

원래 고구려에 쫓겨 서쪽으로 이동해 갔던 옥저(沃沮:에벵키)의 후예 홍지라부(弘吉剌部)가 세운 성터(宏吉拉城)로 알려진다. 그들의 말이 우리와 같았던 때문이 아니라면 이곳의 많은 지명은 설명되지 않는다.

금장한(金帳汗) 초원의 '머르걸'은 '물골'이고

그뿐 아니다. 하이랄(海拉爾:呼倫貝爾市) 북쪽, 후른부이르 대초원에서

금장한(金帳汗) 초원의 '머르걸'은 '물골'이고

▲ 후룬부이르 대초원의 한 자락인 금장한(金帳汗) 초원을 가르며 흐르는 무르걸하(莫日格勒河)

가장 아름다운 곳으로 손꼽히는 금장한초원(金帳汗草原)에는 "중국 제일 곡수(中國第一曲水)"라고 자랑이 대단한 구곡십팔만(九曲十八灣)의 '무(머)르걸하(莫日格勒河)'가 구불구불 초원을 가르며 서남쪽으로 흐른다. 전설 짓기 좋아하는 중국인들은 이 '무르걸'이라는 말의 뜻이 풀리지 않자, 몽고족 아가씨의 이름이라며 그럴 듯한 전설을 꾸며 붙였다.

'무르걸'이 바로 우리말 "물골(고랑)"에 바탕을 두고 이루어진 이름임을 깨닫게 하는 대목이다. 그들이 '물골(고랑)'이라는 말을 모르니 무르걸의 뜻을 풀 수 없는 것은 당연한 일이다.

〈'머르걸허(莫日格勒河)'의 '머르(莫日)'를 '무르'로 해석한 것은 중국 동북쪽 최북단에 있는 '머허(漠河)'의 예를 따른 것이다. '머허(막하)'를 옛날에는 '목하·묵하·말하·마하(木河·墨河·末河·磨河)' 등으로 표기했는데 모두가 '무르:물'의 사음으로 '아무르'라는 말의 '무르'를 한자로 사음해 줄인 것이다. '막하(머허)'는 우리말

- 129 -

과 중국말이 혼합된 형태로 '물 강'이라는 뜻의 겹말이다. 조작된 '무르걸강'의 전설은 이러하다. "무르걸 유역은 물이 없는 평원으로 풀도 잘 자라지 않고 목축도 잘 되지 않아 여간 곤란을 겪는 것이 아니었다. 어느 해에는 가뭄까지 들어 가축들이 떼죽음 하고 목민들은 살길을 찾아 먼 타향으로 떠났다. 이러한 광경을 지켜보던 '무르걸'이라는 몽고족 아가씨는 너무나 애가 타탔다. 대흥안령(大興安嶺) 숲속에 있다는 전설 속의 신천(神泉)을 찾아 그 물길을 이끌고 돌아와 고향 땅의 고난을 풀겠다고 맹세했다. 많은 어려움을 겪으며 끝내 높고 높은 대흥안령으로 올라갔다. 그러나 숲속을 헤매고 준령을 넘었시산 신천은 찾을 수 없었다. 지칠대로 지친 무르걸은 절망했다. 산언덕에 쓰러져 다시 일어나지 못했다. 이듬해 봄 눈 녹을 무렵, 무르걸이 쓰러졌던 곳에서는 한줄기 맑은 샘물이 솟아났다. 그 샘물은 산언덕을 타고 내려 그녀의 고향 쪽으로 흘러갔다. 그 물길은 수많은 눈 녹은 물과 빗물을 아우르며 점점 큰물을 이루었다. 무르걸의 고향 사람들은 무르걸을 잊고 기다리는 사람마저 없었다. 그때 문득 산천(山泉)이 굽이굽이(灣灣曲曲) 흘러들었다. 사람들은 무르걸의 일념(一念)에 감동한 하늘과 땅이 내린 물이라며 이 물길에는 떠나고 싶어하지 않는 무르걸의 영혼이 깃들어 주저주저하느라고 구불구불 흐른다고 믿는다." 이 전설은 유목민들의 고향에 대한 개념은 정주민(定住民)과 다르다는 것을 도외시한 비유목민(非遊牧民)이 꾸민 것임을 누구나 짐작할 수 있다. 더욱이 이곳에 관광을 위한 '금장한초원부락(金帳汗草原部落)'이 조성된 것은 1994년의 일이다. 그 이전에는 가축을 몰고 풀을 따라 이동하는 유목민의 게르가 띄엄띄엄 보일 뿐이었다.〉

아르산(阿爾山) 밑에는 '박달산'과 '평양'도 있고

또 있다. 하이랄에서 북류하는 이민하(伊敏河 : 윗무르)를 거슬러 아르산을 지나면 이내 백랑(白狼)이 나타나고 타오얼하(洮兒河) 따라 솔론(索倫) 쪽으로 남하하면 박달산(寶格達山)이 오른편 멀리서 손짓을 한다. '평양(平壤)'이라는 뜻을 가진 백랑과 함께 짚어보지 않을 수 없게 만드는 산 이

아르산(阿爾山) 밑에는 '박달산'과 '평양'도 있고

름이다.
　만주나 하북(河北)지방은 말할 것도 없지만 내몽고 역시 우리말의 씨알로 보이는 말 가지 들이 도처에 널려 있다. 우리의 조상족인 선비족(鮮白族)의 옛말에 뿌리하고 있어서 그러한지, 부여나 고구려의 옛 땅이었기 때문에 그러한지, 홍지라부나 거란(契丹), 몽고의

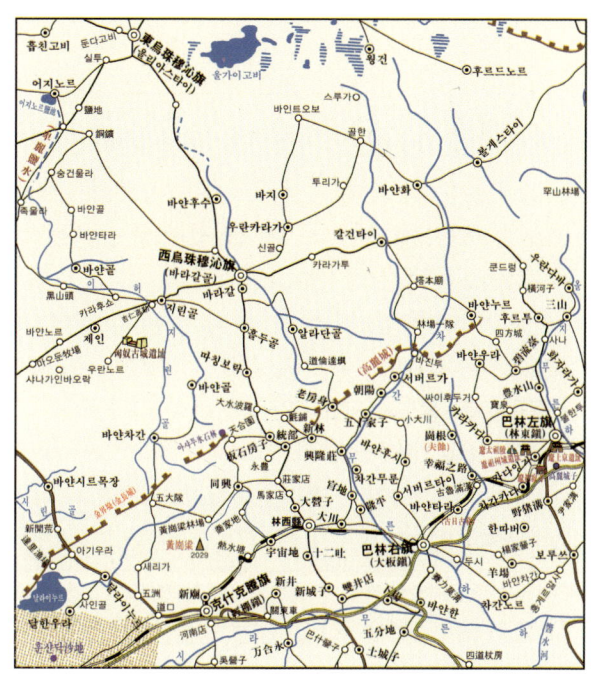

옛말이 우리말과 같은 부분이 많았기 때문에 그러한지는 알 수 없으나, 중국인들이 의식적으로 해석을 건너뛰거나 왜곡하는 지명(地名)이나 수명(水名:물이름)일수록 그러함을 보여 준다.
　「광개토왕비(廣開土王碑)」가 "토벌에 나서 그 부락 6~7백영(營)을 쳐부수고 이루 셀 수 없는 소와 말, 양떼를 노획했다"고 밝힌 '비려(碑麗:疋黎)'와 '염수(鹽水)'지역 이남, 시라무른강(西拉木倫:야리물) 북쪽 유역만 살펴 보아도 그러하다.

　〈오늘의 내몽고자치구 시린거리멍 동·서우주무침치(錫林郭勒盟東·西烏珠穆沁旗:우리야스타이, 바라갈골)가 비려로 추정되는 곳이고 그 서쪽 이허질골(伊和吉仁高勒:黑河) 머리에 있는 어지노르염지(額吉淖爾鹽池:達布蘇鹽池)가 염수로 추정

- 131 -

부이르누르, 정말 부여호(夫餘湖)인가

되는 곳인데, 지금도 내몽고 삼대염전(三大鹽田)으로 많은 소금이 생산된다. 인근에 염지(鹽池)라는 이름의 소도시도 있다.〉

소위 금계호(金界壕), 또는 금장성(金長城)이라고 말하는 성벽유지(우주무침치와의 경계지역), 지금도 흔적이 끝없이 뻗어 있는 '고려성(高麗城:外萬里城)'을 넘어 바린치(巴林旗)로 들어서면 이곳이 온통 고구려 땅이 아니었나 싶게 '高麗(고려)'라는 글자가 도드라진다.

우선 벽류대(碧流臺) 인근에는 고려호(高麗湖)의 옛 터가 있고 요(遼:거란)의 도읍지인 상경 임황부(上京臨潢府)와 요조주성유지(遼祖州城遺址)로 잘 알려져 있는 바

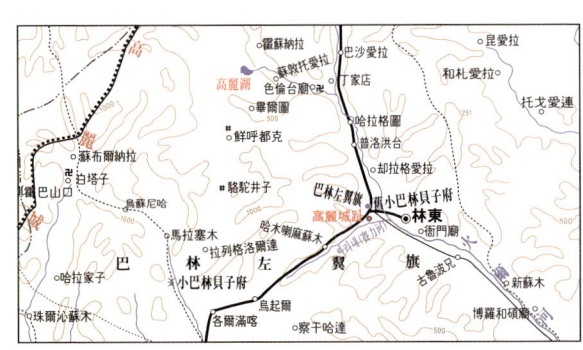
▲ 1943년 중화민국 정부 발간 100만:1지도를 바탕으로 작성됨

린줘치(巴林左旗) 린뚱(林東)에는 싸리내(賽力河)와 '고려성지(高麗城趾[子])'가 있으며 얼마 전까지 부여(夫餘)라고 불리던 캉건(崗根)도 이웃해 있다. 또 바린위치(巴林右旗) 대판상(大板上) 남쪽에는 '싸리물'이라고 불리던 도랑(賽力莫溝)이 있고 바얀타라(巴彦搭拉:풍요로운 초원)에는 고려강(高麗江:古日古勒台河)이 구불구불 초원을 적시며 가축들을 살찌운다. 이곳이 한때 고구려의 땅이거나 그 세력권이 아니었다면 이러한 이름이 붙을 수 없다.

고려강·고려성터·고려군영 자리는 지도서 사라져

「요사(遼史:地理志)」에 따르면 "상경 임황부(上京臨潢府)는 본래 한(漢)나

라 때 요동군 서안평(遼東郡西安平)의 땅이다."라고 기록되어 있다. 서안평이 요즘의 내몽고 바린치(巴林旗)에 있던 현이라는 말이다. 옹뉴드(翁牛特)-나이만치(奈曼旗)-빠시엔퉁(八仙筒)을 아우르지 않았나 싶다.

광개토대왕은 이곳에서 군사들을 추스르고 고려성을 넘어 비려로 쳐들어간 것으로 보인다. 그러나 일제가 가르친 대로 식민사관에 머리가 전 우리 관학파 사학자들과 그 추종자들은 서안평이 신의주 건너편 압록강 하구인 지금의 구련성(九連城) 부근이라고 고집하고 있다. 그래야 한사군(漢四郡)의 중심지인 낙랑군(樂浪郡)이 대동강 유역에 있었다는 논리가 성립되기 때문에다. 그래서 전성기 고구려의 수도인 요양(遼陽:平壤)은 쏙 빠지고 말기 수도였던 대동강 가 평양이 고구려를 대표하는 수도인양 인식되고 있다.

〈오늘의 요양(遼陽)인 동녕부(東寧府)에 대한 「원사(元史)」의 기록은 이러하다. "이곳은 본디 고구려의 평양성(平壤城)이다. 장안성(長安城)이라고도 했다. 한(漢)나라가 조선을 멸망시키고 낙랑군과 현토군을 설치했는데 이곳은 낙랑 땅이다. 동진(東晋) 안제(安帝) 때(AD405~418) 고구려 왕 고련(高璉:장수왕, 광개토왕의 아들)이 처음 이곳에 살기 시작했다. 당(唐)나라가 고구려를 정벌하여 평양성을 함락시키자 그 나라는 동쪽으로 옮겨갔다. 압록강 동남쪽 1천여 리에 있다. 옛날의 평양이 아니다."〉

「한서(漢書:地理志)」가 "西安平(서안평)"이라고 한 것을 왕망(王莽)이 "北安平(북안평)"이라고 했다든가, "구려는 나라를 세우고 큰물(大水:句麗河) 옆(遼陽:평양)에 살았다. 서안평현 북쪽에 작은 물(小水:활치내)이 있는데 남쪽으로 흘러 바다로 들어간다. 고구려의 다른 종족이 작은 물 옆에 나라를 세우고 산다. 그래서 소수맥이라 한다.(句麗作國依大水而居, 西安平縣北有小水, 南流入海, 因名之爲小水貊.)"는 「삼국지」의 기록만 보아도 올지무른(烏爾吉木倫河:火爾赤納)강이 바로 글자 뜻대로 '소수(작은 물)'임을 알 수 있는데, 동가강(佟佳江:渾河)을 말하는 것이라고 주장한다.

부이르누르, 정말 부여호(夫餘湖)인가

동가강은 요즘의 임강현 대양차(臨江縣大陽岔:三岔子)에서 발원하여 대체로 압록강을 따라 서쪽으로 흐르다가 압록강과의 합수머리에 이르러 잠시 남쪽으로 흐르는 물길이고, 올지무른은 낭하(狼河), 또는 활치내(火爾赤納)라고 불리던 물길로 지금은 흐름이 달라졌지만 원래 바린좌기 녹장(巴林左旗鹿場) 인근에서 발원하여 곧장 남쪽으로 흘러 파라성(波羅城:林東, 臨潢

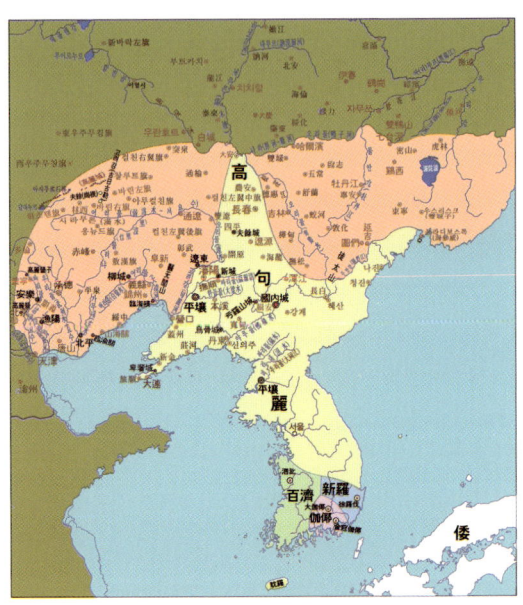

▲ 중국이 주장하는 고구려 북쪽 국경(황색)과 한때 고구려의 영향력이 미쳤던 것으로 보이는 세력권(분홍색)

府)에 이르고 다시 동남쪽으로 방향을 틀어 천산진(天山鎭:아르호르친치)과 개로(開魯)를 지나고 통료(通遼)에서 시라무른(Šira Mören:西拉木倫)과 아우러져 구려강(句麗江), 즉 요하(遼河:오리물)가 되면서 남쪽으로 흘러 발해로 들어가는 물길이다.

〈옛날에 '야리물(弱洛水)·'오리물(饒樂水)', 또는 황수(潢水)로 불리던 시라무른강은 "누런 물"이라는 뜻인데 거란이 황하(黃河)와 구별하기 위해 '潢水(황수)'라고 했다는 것을 보면 '무른'과 '물(무르)'은 같은 뿌리에서 발전한 말임을 알 수 있다.〉

그러나 요즘 중국에서는 우리 고대사(古代史)와 관련된 지명 등은 철저하게 고치거나 축소, 호도(糊塗)하고 부득이한 것은 깔아뭉개거나 모르는 체하며 아예 지도에 표시조차 않는다.
 그 대표적인 것이 '고려성'에 '금계호'라는 이름을 덧붙이고 얼마 전까지 '징기스칸 변장(邊墻)'이라고 부르던 성장까지 싸잡아 내성이니 외성이니 하고 나누는 것이고, 바린치와 그 인근에 있는 '고려성지[자]'나 '고려호', '고려영자(高麗營子:고구려 군영자리)'등을 상세한 지도에서마저 찾아볼 수 없는 것이 그러함을 증명한다.

호태왕이 '광개토(廣開土)대왕'이라고 불린 까닭

 호랑이 담배 먹던 시절의 이야기는 잠시 접어 두자. 1945년 이전, 중국 정부에서 발간한 지도에서 고구려 강이나 고구려 군영, 고구려성 등으로 표시되거나 해석될 수 있는 지명들만 찾아 금을 그어 보았다.
 그 영역은 오늘날 산해관(山海關)에서 북경(北京)-순의(順義)-회유(懷柔)를 거쳐 풍녕(豊寧)-뒤룬(多倫)에 이르고 훈샨닥 사지(渾善達沙地) 동북쪽 끝 달리누르(達里諾爾:헤식텐치)에서 고려성을 따라 돌천(突泉)에 다다르며 다시 백성(白城)-대안(大安) 등으로 이어진다. 오늘의 요양(遼陽)을 거점으로 삼고 정복전쟁에 나섰던 호태왕이 어째서 "국토를 넓게 개척한 큰 임금"이라는 뜻의 '광개토대왕(廣開土大王)'이 되었는지 짐작할 수 있게 하는 넓이이다.
 어찌 고구려가 오늘날 요동 영구(營口)에서 요하를 따라 북상하다 쌍요(雙遼) 못미처 거의 일직선으로 대안(大安)에 이르고 다시 송원(松原)-농안(農安)·장춘(長春)을 끼고 남하하여 반석(盤石)-강원(江源)-백두산-두만강을 따라가다 훈춘(琿春)과 춘화(春化)를 지나 블라디보스토크만으로 빠지는 깔때기 모양의 협소한 지역을 차지하고 앉아 '광개토대왕'이라는 주제넘은 호칭을 들었겠는가. 그러나 식민사관에 바탕하여 중국 눈치나 살피고 있는 우리 일부 사학자 들은 고구려의 동쪽 국경을 조금 다르게

부이르누르, 정말 부여호(夫餘湖)인가

그리고 있을 뿐 서쪽 국경은 중국「역사지도」를 그대로 베껴놓고 있다.

안타까운 것은 부여나 고구려에서 유래한 이름을 갖고 있는 지역들이 한때나마 부여나 고구려가 지배하던 영토였다는 기록을 우리의 역사에서 찾아볼 수 없다는 것이다.

서안평의 예처럼 기록이 있어도 그 기록을 자신들의 이해에 따라 해석을 달리하고 잘못된 줄 알면서도 '학통(學統)'과 '밥줄'에 얽매여 그 잘못을 정설화하려는 구실만 찾는 것이 현실이니 멀지 않아 "낙랑군 대방현(樂浪郡帶方縣)이었다"는 주장에 따라 '서울'도 '중국땅'으로 넘어가지 않으면 다행일지 모른다.

▲ 고구려 도깨비무늬 수막새

비록 할힌골 성터에서 석실무덤과 도깨비무늬 수막새 등 고구려의 유물로 유추되는 문화재가 출토되고 또 구들자리가 발견되었다 해도, 같은 문화를 가졌던 민족들이 거쳐 온 땅이니, 사실을 적시한 금석문(金石文)이 출토되지 않는 이상, 버리고 빼앗겨 남의 것이 된지 수천년, 주인이 바뀔 때마다 따라 바뀌었을 이름들만 가지고 어찌 "이곳이 바로 그곳이오."하고 주장할 수 있겠는가.

이 땅 어디에서 이러한 수수께끼를 명쾌하게 풀어줄 옥책(玉冊)이 출토되거나, 잃어진 역사를 온전히 기록한 백서(帛書)라도 출현하여 내외 학계를 깜짝 놀라게 한다면 더 바랄 것이 없겠지만 말 가지만 널려 있고 그 말들을 고증할 수 있는 기록이 없으니, 하북이나 내몽고 땅에 대한 여러 주장은 호기심이나 자극하는 뜬구름 잡는 이야기쯤으로 치부될 수 밖에 없는 것이다. 가슴 한 구석, 횡뎅그렁 매달린 돌종만 공허한 마음을 더욱 시리게 한다.

上古史語新解
고조선과 부여가 남긴 땅, 그리고 대륙 백제

정 소 문

〈중국(中國) 동북지방 현장 답사(現場踏查) 경로도〉
(총 40일간 3차로 나누어 진행함)

역사 너머의 유토피아

고조선과 부여가 남긴 땅, 그리고 대륙 백제

역사 너머의 유토피아

에게해(海) 끝자락에 티라(Thíra)라는 섬이 있다. 산토리니라고도 한다. 화산 폭발로 서북쪽 절반이 날아간 섬이다. 키클라데스(Kikládhes) 제도

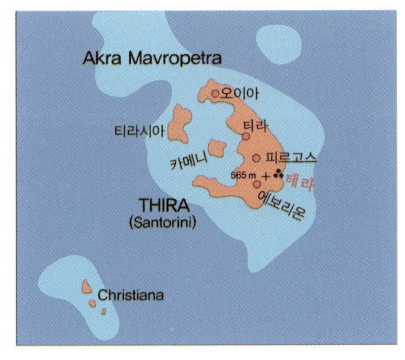

최남단에 있다. 흰 대리석 신상(神像)들로 유명하다

이 섬은 BC 1500년경 화산이 폭발하여 섬에 살고 있던 모든 생물이 죽었다. 화산 파편은 남쪽으로 125 km나 떨어진 크레타 섬을 덮쳐 크노소스 궁전을 비롯하여 그곳에서 번창하던 미노아 문명을 파괴했다. 사라진 아틀란티스 대륙의 전설은 이 재난에 대한 이집트인의 보고서에서 유래했다는 설도 있다.

그동안 '잃어버린 도시 아틀란티스'로 여겨져 이 섬은 유럽 고고학자들에 의해 여러 차례 발굴되었다. 키클라데스문화의 중심지였다는 사실을 밝혀내기도 했고 화산 폭발 당시모습 그대로 묻혀 있던 도시를 찾아내기도 했다. 그러나 이곳은 찾고 있던 아틀란티스가 아니라는 사실이 밝혀졌다.

아틀란티스 전설이 유토피아(Utopia)를 상정(想定)하고 있는 것처럼

고조선과 부여가 남긴 땅, 그리고 대륙 백제

BC 9500년에 존재했다는 '전설 속의 도시'는 '아무 데도 없을(nowhere)' 개연성을 단적으로 보여준다.

우리에게도 아틀란티스 대륙처럼 찾고 찾고 또 찾아도 찾을 수 없는 대지 단군조선(檀君朝鮮)이 역사 너머 유토피아에 광활하게 펼쳐져 있다. 어째서 '역사 너머'라고 표현하는가 하면 한반도에는 이른바 삼한(三韓)시대라고 하는 많은 소부족 국가와 고구려(高句麗), 신라(新羅), 백제(百濟), 발해(渤海)와 고려(高麗)가 있었을 뿐 조선(朝鮮)이라는 이름의 나라는 없었기 때문이다. '조선'이라는 이름이 한반도에 붙은 것은, 앞에서도 말했듯이 이성계(李成桂)가 쿠데타를 일으켜 조선왕조(朝鮮王朝)를 세운 다음의 일이다. 굳이 '고조선(古朝鮮)'을 더듬어보고자 한다면 한나라(漢) 이전 '조선(朝鮮)'이라고 부르던 지역이 어디인지부터 알아야 한다.

고조선(古朝鮮)의 강역(疆域)

난하(灤河:濡水)를 경계로 중국과 조선이 갈렸다는 역대 학자들의 주장에 따르면 조선의 동북쪽 경계가 어디인지 알 수가 없다. 그래서 오늘날 중국 동북 3성(東北三省:遼寧·吉林·黑龍江)과 러시아 동부 연해주와 한반도 전체를 조선이라고 볼 수 있게 된 것이다. 그러나 중·후기 신석기시대인 BC 2333년(檀君開國)은 고사하고 전기 청동기시대(箕子朝鮮:BC 1120년께)에도 그 너른 땅을 한데 아울러 통치한 정체(政體)는 없었다는 것이 상식이다.

조선(朝鮮)에 대한 최초 기록인 「사기(史記)」를 다시 펼쳐 보았다. "조선에는 조수(潮水)와 선수(仙水)가 있어 조선이라 한다"고 해석하고 있다. (宋微子世家 "於是武王乃封箕子於朝鮮而不臣也" 索隱, 潮仙二音地因水爲名也.)

고조선(古朝鮮)의 강역(疆域)

〈만리장성 동단도(東端圖). 「중국역사지도집」과 사적(史籍)에 근거하여 만들었다〉

그러면 조수는 어디 있고 선수는 어디 있는가.

옛 지명이 물을 기준으로 남쪽에 있으면 음(陰), 북쪽에 있으면 양(陽) 자를 붙이는 것으로 볼 때 오늘날 조양(朝陽)을 싸고도는 대릉하(大凌河)가 조수(朝水)일 수 있고, 또 난하(灤河) 남쪽, 오늘날 고북구장성(古北口長城) 밖 풍녕(豊寧) 이북에서 발원하여 장성을 넘어 밀운댐(密雲水庫)으로 흘러들고 다시 북경(北京) 시가를 거쳐 남동진하여 천진(天津) 시가를 가르며 발해로 흘러들어가는 조백하(潮白河)가 바로 조수(潮水)일 수

— 141 —

있으며 도수(桃水) 역시 '조수'의 전음일 수 있다.

〈조수(潮水)는 오늘날 하북성(河北省) 연계(連桂) 이북에서 발원하여 황기(黃旗)-풍녕(豊寧)-흑산취(黑山嘴)-고령(高嶺)을 지나 밀운댐(密雲水庫)으로 흘러들고 그곳에서 다시 남동쪽으로 흘러 순의(順義)-연교(燕郊)-향하(香河)-반장(潘莊)-북당(北塘)을 지나 발해로 들어가는 물길이다. 옛날에는 양락수(陽樂水), 또는 고수(沽水)로 불렸다. 양락수는 우리말 '야(아)리물[弱水]'이고 고수는 '싸리내'의 사음(寫音)이다.〉

그러나 선수(仙[汕]水)는 어느 물길인지 가늠하기가 쉽지 않다. 황하(黃河:河水)의 범람으로 때 없이 수많은 물길이 생겨나고 또 없어진 것이 산동(山東)과 발해만(渤海灣) 일대의 하천들인데다가 지역 따라 시대 따라 같은 물길을 두고 저마다 다르게 불러온 것이 그 이름이니 '위치'를 기록한 사료(史料)가 있다면 어려울 것도 없겠지만 있다는 것이 달랑 "조선에는 타수(溼水)·례수(洌水)·선수(汕水)가 있는데 세물이 아우러져 례수가 된다. 낙랑(樂浪)이나 조선(朝鮮)이란 이름이 이로 인해 생긴 것이 아닌가 싶다"고 삼국시대 위(魏)의 장안(張晏)이 「사기(史記)」 조선열전(朝鮮列傳) 첫머리에 주(注)한 것뿐이니(張晏曰;朝鮮有溼水洌水汕水,三水合爲洌水,疑樂浪朝鮮取名於此.) 1천 7백 50여 년 전 사람의 말을 무슨 수로 확인하여 질정(質定)할 수 있겠는가.

그래서 대동강(大同江:우리물)을 '례수(洌水:열수)'로 보아 낙랑군(樂浪郡)을 한반도로 옮겨 놓는 바람에 우리의 고대사(古代史)가 뒤틀리고 말았지만 BC 179~122년대의 기록인 「회남자」(淮南子)에 "갈석산(碣石山)에서부터 조선을 지나고…"라는 대목 밑에 후한 때 고유(高誘)가 "갈석(碣石)은 요서(遼西) 국경지방 바다 서쪽 연안에 있는데, 조선(朝鮮)의 낙랑현(樂浪縣)이다"라고 주(注)한 것 등으로 보아 오늘날 중국 하북성(河北省) 진황도(秦皇島) 주변지역이 고조선(古朝鮮)이 자리했던 곳임은 확실해 보인다.

〈잠시 列水(열수)와 洌水(례수)가 어떻게 다른 지부터 알고 넘어가자. 대동강 (大同江)을 열수라고 한 것은 '벌릴 렬'자 列水(열수)로 '벌내→버라내→페라내'의 사음으로 백랑수(白狼水)나 패수(浿水)와 같은 뜻이고 洌水(례수)는 '물 이름 례(렬)'자의 표음만 따서 붙인 이름으로 류수(灅水)·래수(淶水)·료수(遼水)·유수(濡水)처럼 '아리무르·어리무르·오리무르' 등으로 불리던 물길 이름인데 '아·어·오'의 소리가 약화하면서 오늘날 '아메리카'의 '아'를 빼고 '메리카'라는 뜻으로 '메이궈(美國)'라고 적은 것과 같다고 보면 된다. 유수(濡水)는 오수(澳水), 락수(濼水;오리물), 또는 압자하(鴨子河:오리물)라고도 불렀다.〉

그래서「태강지지(太康地志)」는 "낙랑 수성현(遂城縣)에 갈석산이 있다. 장성[萬里長城]을 쌓기 시작한 곳이다"라고 덧붙였는지 모르지만 정작 만리장성을 쌓은 사람의 기록(史記蒙恬列傳)에는 장성의 동쪽 끝이 '갈석'이 아니라 '요동(遼東)'이라고 적혀 있다. 장성과 갈석은 아무런 관련이 없다는 뜻이다.

「통전(通典:易州)」의 기록대로 진장성(秦長城:萬里長城)의 동쪽 기점(起點)이 수성(遂城:古武遂也,秦築長城之所起)이 맞다면, 재야 사가(史家)들이 이미 소상히 밝혔듯이 그곳은 북한 황해도 수안(遂安:遂成)도 아니고 한(漢)때의 우북평 여성(右北平驪城)도 아닌, 오늘의 하북성 대왕점(大王店) 인근에 자리했던 무수(武遂:遂城,英雄城)로 보는 것이 타당하다. 당시 그곳에는 황하(黃河)가 관류하고 있었을 뿐 아니라「사기(史記:夏本紀注)」에 "갈석(碣石)은 하수[河] 가에 있다"고 한 기록이 까닭 없이 그렇게 된 것이 아니라고 여겨지기 때문이다.

〈흔히 낙랑(樂浪)의 갈석(碣石)을 오늘날 '명장성(明長城:만리장성)'이 시작되는 산해관(山海關)의 노룡두(老龍頭) 일대를 말하는 것으로 알고 있다. 그렇게 된 이유는「사기(史記:夏本紀注)」에 갈석(碣石)을 설명하면서 '갈석'은 "북평 여성현

서남쪽에 있다(在北平驪城縣西南)", "임유현 남수 속에 있다(在遼西臨渝縣南水中)"고 했는데, 여성현과 임유현이 수성현(遂城縣)자리에 있었기 때문에 「태강지지(太康地志)」는 "낙랑 수성현에 갈석산이 있다. 장성을 쌓기 시작한 곳이다(樂浪遂城縣有碣石山,長城所起.)"라고 덧붙였다. '갈석'이 지금의 진황도(秦皇島)인근 창려(昌黎)에 있는 '갈석산'이라는 것이다. 그러나 현재 그곳에 있는 장성은 명(明)나라 때 쌓은 명장성(明長城)이다. 명나라 이전에는 그곳에 아무런 성벽도 없었다. 더욱이 '돌무더기', 또는 '빗돌'이라는 뜻의 '갈석'은 도처에 있어 「한서」에 나타나는 '갈석'만도 네 곳(①河北樂亭縣西南②樂昌縣東南③臨渝南已淪於海④山東濟南府海豐縣)이나 된다. 또 주목해야할 점은 정작 「사기」 몽염열전(蒙恬列傳) 본문에는 '갈석'이라는 말이 없다. "시황 26년…몽염에게…장성을 쌓게 했다. 지형에 따라 규칙대로 기구하게 막아 쌓았는데, 임조(臨洮)에서부터 시작하여 요동(遼東)에 이르기까지 1만여 리에 걸쳐 이어졌다(始皇二十六年...乃使蒙恬...,築長城,因地形用制險塞,起臨洮至遼東,延袤萬餘里)"고 했다. 갈석이 아니라 '요동'이라고 쓰고 있는 것이다. 그러니까 '만리장성 동쪽 끝'이 '갈석'이다. '수성'이다 하는 것은 후대 사람이 복수의 수성과 갈석 중에서 자신이 알고 있는 갈석과 수성을 '바로 그곳이다'고 주장하여 주(注)한 것에 불과하다는 말도 된다. 〉

무수는 역대 북방족[胡]의 침입루트로 철수성(鐵遂城) · 동량문(銅梁門) 등으로 불리던 난공불락의 변경 요새로 지금은 흔적만 남아 있어 연장성(燕長城)으로 불린다. 연장성은 조양(造陽:沮陽,官廳水庫)에서 시작하여 양평(襄平:遼陽)에 이르는 동외요(東外徼:목책과 돌, 물길로 표시된 국경)와 남쪽으로 조장성(趙長城)과 연계해 무수(武遂)를 지나는 남장성(南長城)으로 나뉘는데, 진시황이 장성을 쌓을 때는 이미 있던 조장성과 연장성의 허물어지고 끊어진 곳을 수축하여 이어붙인 것으로 알려지고 있다. 어찌 호족의 침입루트와 동떨어진 땅, 사람도 거의 살지 않던 요동벌의 '외요'를 이어 쌓고자 천문학적 자금과 수백만 백성들의 노동력을 쏟아 붓는 우를 범했겠는가. 만리장성의 동쪽 끝은 황하(黃河) 가에서 시작되는 연(燕)의 남장성을 이어 무수에서부터 시작되었다고 보는 것이 이치에 맞고 설득력을 갖는다.

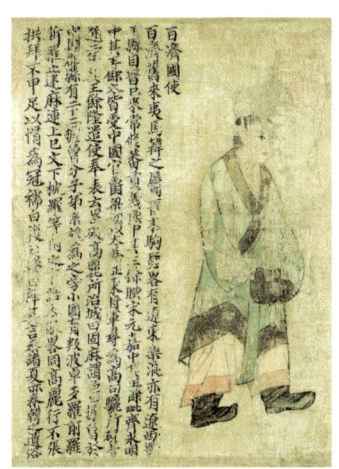
▲ 남경(南京)박물원의 양직공도(梁職貢圖)

무수에는 요수(濡水)가 흐르고 있었기 때문에 진장성(秦長城:만리장성)의 동쪽 끝, 즉 연 남장성 밖의 조선 땅은 '요동(濡東↔遼東)'이라고 불렸을 것이 자명한 일이다. 몽염도 그래서 "임조(臨洮)에서부터 시작하여 요동(遼東:濡東)에 이르기까지"라고 말한 것이다. 그런데도 조선 총독부 조선사(朝鮮史)편수관으로 있던 일본의 어용학자들은 중국의 '낙랑군(樂浪郡)과 한반도 본래의 낙랑국(樂浪國:崔理)을 혼동하여 '낙랑군 수성현'이 한반도 평양(平壤) 남쪽에 있었다고 하고 그들에게 배운 우리의 관학파 영수는 수성(遂城)을 수안(遂安)에 비정함으로써 중국 당내학파(黨內學派)들의 동북공정(東北工程)에 더 할 수 없는 호재(好材)로 작용하여 만리장성 동쪽 끝 지점이 한반도 대동강 어귀로 못 박히게 되었고 모든 중국 역사지도(歷史地圖)에 사실인 양 그려지게 되었다. 어처구니없는 일이 아닐 수 없다. 「양직공도(梁職貢圖)」의 기록을 참조하면 한반도에 있던 낙랑국(樂浪國)은 백제(百濟)의 한 부속국이 아니었나 싶다. 낙랑이 백제의 다른 이름으로 기록되고 있기 때문이다.

장성(長城)의 기점은 갈석(碣石)이 아니다

진장성(秦長城:燕長城)의 동단(東端)이 무수(武遂:遂城)에서 시작되었다고 보면 그 동쪽은 예맥(濊貊:예삭)과 낙랑(樂浪) 등으로 불리던 조선 땅이니, 몽염전(蒙恬傳)이 말하고 있는 '요동(遼東)'의 어원이 되는 물길을 찾지 않을 수 없다. 그래서 "세 물길이 아우러져 례수(洌水)가 된다"고 한 장안(張晏)의 말을 근거로 '요수'로 해석할 수 있는 물길을 찾아보았다.

우선 '타수(濕水)는 두수(涿水:桃水·聖水), 례수(洌水)는 래수(淶水), 선수(汕水)는 사수(沙水:濡水·北易)로 이 세 물길이 하나로 아우러져 례수가 된다는 것은 래수(淶水)가 된다는 말일 수 있고, 또 수수(修水:歠仇水)·안문수(雁門水)·상간수(桑乾水:治水)가 합쳐 뉴수(灅水)가 된다는 말일 수도 있으며, 현수(玄水:青龍河,高麗河)와 로수(盧水)·유수(濡水)가 합쳐 유수(濡水:灤河)가 된다는 말일 수도 있다.

원래 례수(洌水)는 료수·류수·요수(遼水·濡水·渝水·灅水·柳水·治水·饒樂水·弱樂水·琉璃水·作樂水)등으로 기재된 물길 이름의 하나로 '맑고 걸고(검고) 크고 넓다는 뜻'의 '어른물(汗水·漢水·大水)→어르내(凌水·洹水)→어리물(幼水)→아리물(鮮水)→야리물(弱水·治河)→오루내·오리물(奧婁水·奄利水)'이라는 우리 고어(古語)를 한자(漢字)로 사음(寫音)한 것이다. 우리의 「삼국사기(三國史記:雜志地理)」가 요동성(遼東城)을 '오리골(烏列忽)'이라고 기록하고 있는 것이 그 때문이다.

한(漢)나라 이전에는 오늘날 난하(灤河)를 요수(濡水:유수)라 하여 난하 동쪽을 요동(遼東)으로 부르다가 중국 세력이 점점 동쪽으로 뻗어나자 대릉하(大凌河:白狼河)를 다시 요수(柳水·渝水:俞水)라 부르고 그 물길을 경계로 요서(遼西)와 요동(遼東)을 갈랐다. 다시 세력이 더 뻗어나자 '고려하(高麗河)'라 불리던 현재의 요하(遼河:弱樂水)를 요수(遼水)라고 고쳐 부르며 요서와 요동을 가르고 있다.

'난하'를 '요수'로 부르기 이전에는 어떤 물길을 또 요수라고 기준삼아 요서와 요동을 갈랐을까. 천진만(天津灣)으로 쏟아져 들어오는 물길에는 역대 이래 우리말의 사음으로 보이는 물 이름이 의외로 많다. 호타하(滹沱河)의 원이름은 오지하(惡池河)로 아리물·어리물의 전음인 어지내(요수)

이고, 아하(牙河)는 아리물(요수)이며 유[구]이수(嘔夷水)는 유리물(요수) 이고 래수(淶水·濡水)는 오리물(요수)이며 류수(灅水·治水)는 야리물 (요수)로, 이 모든 물길이 한번 씩은 기준이 되어 요동과 요서로 갈렸을 것이다.

현재의 요수는 원래 '고구려의 강'이라는 뜻으로 구려하(句驪河)·구류하 (枸柳河) 등으로 불리던 물길인데, 소요수와 아우러져 흐르다가 소요수가 혼하(渾河:混江) 및 선수(瀋水:汕水)로 불리며 선양(瀋陽:沈陽)이라는 도시까지 빚어냈지만 50여 년 전 외요하(外遼河)를 막는 바람에 대요수와 떨어져, 원이름이 한들물[大梁河]인 태자하(太子河)와 아우러져 영구시(營口市) 인근에서 요동만(遼東灣)으로 들어간다. 이 물길이 또한 선수(仙水:瀋水)이다.

선(瀋)과 선(沈)과 선(汕)은 같은 소리의 글자이기 때문인데, 이 물길이 요수로 불리기 이전 원래부터 선수(汕水)·선수(瀋水)로 불렸거나 요수의 예처럼 서쪽에서 옮겨온 이름일 수도 있다.

또 있다. 압록강(鴨綠江)·오[야]루물)을 선수에 비긴 분도 계셨지만 압록강은 마자수(馬訾水)·염난수(鹽難水)·엄리대수(奄利大水) 등으로 불렸을 뿐 선수(仙水)로 해석할 수 있는 이름이 붙은 적이 없다.

오늘날 북경(北京)지방에서 시작되는 한(漢)나라 이전의 동호(東胡)나 동이(東夷)의 땅에서는 고죽국(孤竹國)·대인국(大人國)·숙신(肅愼)·예(濊)와 맥(貊:삭), 부여(夫餘)를 비롯해 고이(高夷)·발(發)·진번(眞番:진벌)과 번한(番汗:별한), 기자조선(箕子朝鮮:箕侯國)과 위만조선(衛滿朝鮮:險瀆) 등 숱한 소국(小國)들이 아우르거나 갈음하며 번창해왔다.

이로 보아 기자[殷:商]이전의 '조선'은, 동이(東夷)로 통칭되는 호족(胡族)이 차지하고 살던 오늘날 중국의 하북(河北:山西 일부 포함)과 산동(山東)

일대를 통틀어 일컫던 범칭이 아니었나 싶다. 우리의 정사(正史)는 차치하고 중국의 이십오사(二十五史)와 역대 전적(典籍) 어디에도 기자 이전 '조선'이라는 국명이 등재된 적이 없다는 것이 그 첫째 이유이다.

〈기자는 동이족(東夷族) 국가였던 은(殷)나라 주왕(紂王)의 삼촌이었다. 하화족(夏華族)인 주무왕(周武王)이 은나라를 쳐 무너뜨리고 왕과 왕비를 죽인 다음 갇혀있던 기자를 꺼내 주었다고 하고, 그가 조선으로 달아나자 조선에 봉하고 신하로 대하지 않았다고 한다.(史記殷本紀.周武王,遂斬紂頭縣之(人)白旗,殺妲己,釋箕子之囚. /尙書 箕子不忍釋己,走之朝鮮,武帝聞之,因封之而不臣也.) 그러나 「한서」 기록의 행간을 자세히 살펴보면 오히려 주무왕에게 잡혀 죽을까봐 미친 체하고 남의 집 종으로까지 위장하여 가까스로 자신의 고향인 동이족의 땅, 기후국(箕侯國)으로 망명해 갔고, 동이족의 반격을 두려워한 무왕이 회유책으로 조선에 봉한 것으로 보인다.(漢書 殷道衰,箕子走之朝鮮:師古曰,史記云,武王伐紂,封箕子於朝鮮,與此不同.)〉

발해만(渤海灣) 일대가 예국(濊國)

우선 맥족(貉族:삭족)의 일부로 알려지고 있는 예국(濊國)이 어디에 있었는지부터 알아보자.

「한서(漢書:食貨志)」에 "팽오가 예맥과 조선으로 뚫고 들어가 창해군을 설치했다.(彭吳穿穢貊,朝鮮,置滄海郡)"고 했고 같은 책 무제기(武帝紀)에는 "동이(東夷) 예의 임금 남려(南閭)등 28만 명이 항복하여 [그곳에] 창해군을 설치했다.(東夷薉君南閭等,口二十八萬人降,爲蒼海郡.)"고 했는데, 「수경(水經:濁漳水注)」을 보면 "청장수(淸漳水)가 장무현(章武縣) 고성(故城) 서쪽을 지나는데 옛날 예읍(濊邑)이다. 작은 물길이 나오는데 예수(濊水)라고 한다.(淸漳逕章武縣故城西,故濊邑也,枝瀆出焉,謂之濊水.)"고 적고 있고, 또 포오거(蒲吾渠:부여도랑)라고 불리던 예수가 그 서쪽에도 있었던지 「독사방여기요

발해만(渤海灣) 일대가 예국(濊國)

(讀史方輿紀要:直隸平山縣治河)」는 '예하(濊河)는 현 북쪽에 있다.…'바로 석구하(石臼河)다" 라고 설명하고 있다.

예국은 오늘날 천진시(天津市)등 발해만 일대에 자리했던 나라로 저습하여 '진벌(眞番)'이라고도 불리던 곳인 듯싶고 조선은 그 위쪽에 있어 "팽오가 예맥과 조선을 뚫고 들어갔다"고 '한서'가 적고 있지 않는가 싶다. 그 '진벌' 등은 그 후 요동반도로 밀려나게 되는데, 동쪽에 있었기 때문에 '진'이 동쪽을 가리키는 말로 발전 것으로 보인다. 그러므로 만리장성은 무수에서부터 쌓았다는 것이 사리에 맞고 현실감이 있어 보인다.

〈「사기(史記:平準書)」 에는 "팽오가 장사꾼으로 위장하고 들어가 조선을 멸망시키고 창해라는 군을 설치했다(彭吳賈滅朝鮮,置滄海之郡,)"고 기록되어 있다. 창해군은 설치되었다가 곧 폐지되었지만 예(濊)의 도성으로 짐작되는 예읍(濊邑)이 있던 곳에는 지금도 창주(滄州)라는 지명이 유지되고 있다.〉

이 하북지방에서 발상한 구려(九黎:九夷,高夷,槀離)와 예(濊)·맥(貊:삭)족의 한 갈래는 일찍감치 남북으로 진출하여 회이(淮夷)와 부여(夫餘)가 되었고 남아 있던 고죽(孤竹)과 조선(朝鮮:險瀆) 등은 중원의 팽창에 따라 동북쪽으로 밀려나 위만조선(衛滿朝鮮:王險城)이 되었다가 고구려(高句麗)와 백제(百濟)가 되었으며, 한나라가 동진(東進)에 박차를 가하자 동호(東胡)·산융(山戎) 등으로 불리던 동이는 오환(烏桓)도 되고 선비(鮮卑)도 되고 백적(百狄)도 되는 등 막북(漠北)에서 한반도 남단으로까지 밀리게 된 것이 우리 조상들의 행적이고 삶이 아니었나 싶다.

그러나 고려 말(서기 1281년. 단기 3614, 충렬왕 7) 중 일연(一然)은 「삼국유사(三國遺事)」에서 고기(古記)를 빙자하여 북한 평양(平壤)이 왕검성(王儉城:王險城)이고 4300여 년 전인 기원전 2333년 "단군(壇君)이 이곳에 나라를 세우고 '조선'이라 했다"며 고조선이 한반도에 있었던 것처럼 호도했다.

고조선과 부여가 남긴 땅, 그리고 대륙 백제

「세종실록(世宗實錄)」지리지(地理志)는 한 술 더 떠 "단군의 아들이 부루(夫婁:解扶婁)이고 손자가 금와왕(金蛙王)이라며 단군이 아들을 북만주로 보내어 부여(夫餘)를 세우고 오늘날 송눈평야(松嫩平野)를 다스렸다는 듯이 얼버무렸다. 단군개국(BC 2333)과 부여 건국(BC 1200년대:추정) 사이에 존재하는 1천 2백 여 년이란 긴 세월도 아랑곳하지 않았다.

태양제 해모수를(太陽帝解慕漱)를 어디서 떠돌다 굴러 들어왔는지 알지도 못하는 밍나니 취급을 하고 있는 「삼국사기」에 일차적인 책임이 있다.
"단군을 버려야 역사가 바로 선다"는 말이 거저 생긴 것이 아니다.

학자들의 연구를 기반으로 우리 민족의 이동경로를 역추적해 들어가 보자.
압록강(鴨綠江) 이북의 조리비시(助利非西:北扶餘城)·무자골(蕪子忽)·소바골(肖巴忽)·구지골(仇次忽)·파시골(波尸忽)·비달골(非達忽)과 오리골(烏列忽:遼東城), 벌내(不耐:國內州)·솔부리골(肖利巴利忽)·감골(甘彌忽)·절골(赤里忽)·소시골(召尸忽)·가시달골(加尸達忽)·고라부리(古良夫里)·구시파지(仇尸波知)·마사라(麻斯良)·고마부리(古莫夫里)·덕근지(德近支) 등등 조상들이 남겨 두고 온 땅이 어디에 있고 또 어떻게 변했는지 알 수 없지만 거쳐 온 길을 되짚어 가다보면 역사의 실체와 맞닥뜨릴 수도 있고 또 선조들이 흩뿌려놓고 온 '말 가지'에서 우리의 정체성을 확인할만한 무언가가 손끝에 걸릴지도 모르는 일이다.

알타이산맥 부근에서 몽골을 거치거나 하서회랑(河西回廊)으로 동진하여 대흥안령(大興安嶺:鮮卑山) 산맥 서쪽과 동쪽, 남쪽에 정주하며 후른부이르평원(呼倫貝爾平原)과 송눈평야(松嫩平野), 송요평야(松遼平野)를 경영했다는 것이 역대 기록이고 고고학적 결과이니, 우선 북만주에서부터 더듬어 보는 것이 순리라는 생각이 들었다.

우리의 시조는 태양제 해모수(解慕漱)

▲ 하르빈 송화강(松花江) 해뜰녘의 태양도(太陽島). 해모수(解慕漱)를 상징하는 제단이 있다.

우리의 시조는 태양제 해모수(解慕漱)

우리의 시조 태양제 해모수(太陽帝 解慕漱: 해머슴, 解夫婁: 해별의 아버지)의 나라를 찾아 부여(夫餘)의 옛 땅 하르빈(哈爾濱)으로 갔다. 단재(丹齋: 申采浩)가 부여의 도성 녹산(鹿山)으로 비정했던 곳이다. 부여는 '부러[부족사회(나라)]'로, '빛[光明]', 또는 '볕[溫和]', '벌판'이라는 뜻을 가진 말에서 발전하여 '발(發), 벌(伐), 본(本), 불(弗·火·不), 부리(夫里·不而)' 등으로 가지를 치는데, 기원전 2세기(「삼국유사」에는 AD 59년: 단기 2275) 천제(天帝)의 아들과 하백(河伯)의 딸을 어머니로 둔 동명(東明)이 고리(高離)에서 탈출해 나와 세운 예맥족(濊貊族: 예삭족)의 나라다. AD 494(단기 2827)년까지 존속했다.

〈옛 고리(槀離: 槀離, 索離)의 왕성(王城)으로 보는 경화고성(慶華古城)이 하르빈 동쪽 인근 빈현(濱縣)에 있다. 「삼국지(三國志:魏志東夷傳)」기록에 따르면 "부여는 현토(玄菟)에서 북쪽으로 1천리 쯤 떨어져 있는데 남쪽으로는 고구려, 동쪽으로는 읍루(挹婁), 서쪽으로는 선비(鮮卑)와 붙어 있고 북쪽에는 약수(弱水:어러무르)가 있다. 지역이 2천리이다. 본래 예의 땅이다."했다. 대체로 선비(鮮卑)와 대흥안령 남쪽 기슭 송눈평야에서 국경을 마주했을 것으로 추측된다. 부여라는 명칭은 전한시대 「사기」에 처음 나타나는데 이때 이미 부여가 예맥과 병칭되고 있는데, 예(濊)는 '부여'의 합음(合音)이라고 한다. 원래 부여는 예(濊)땅에 나라를 세우고 부여라고 했는데 부여는 바로 옛날의 부루(符婁)로 부(符)가 부여(夫餘)가 되고 루(婁)가 읍루(挹婁)가 되었다고도 한다. 부여는 부유(鳧臾)·불여(不與)·부려(扶黎)·불이(不而) 등으로 표기되었는데 금(金) 때의 '푸위(蒲峪)·우위얼(烏裕爾)' 역시 부여의 사음으로 부여어(扶餘語)에 바탕을 두고 이루어진 명칭으로 간주된다.〉

여기서 잠시 부여의 여러 가지 명칭에 대해 살펴보자. 문헌에는 북부여(北夫餘)도 있고 동부여(東夫餘)도 있고 졸본부여(卒本夫餘)도 있고 또 그냥 부여(夫餘)도 있는데 그것들이 어디에 있었고 또 어떻게 갈라진 이름인지 도무지 갈피를 잡을 수 없다.

고작 「삼국유사(三國遺事)」가 기록한대로 "천제 해모수(天帝解慕漱)가 내려와 도읍한 흘승골성(紇升骨城)이 북부여(北夫餘)이고 아란불(阿蘭弗)의 찬탈로 옮겨간 가섭원(迦葉原)의 도성이 동부여(東夫餘)이며, 고구려의 첫 도읍이 졸본부여(卒本夫餘)"라고 알고 있을 뿐이다.

「삼국사기(三國史記:雜志地理)」는 그에 덧붙여 북부여성(北扶餘城)을 '녹산(鹿山:부여산)'이 아니라, "본래 조리비시(助利非西)다"라고 기록하고 있다. 이 '조리비시'라는 말은 '卒本(조리버리)'의 다른 표기로 해석된다. 또 주몽(朱蒙)이 동부여에서 달아나 세웠다는 '졸본부여(卒本扶餘:卒本州)'가 「위서」(魏書)에 '흘승골성(紇升骨城)'으로 나타나는데, '광개토대왕비(廣開土大王碑)'에 새겨져 있는 비류곡(沸流谷) 홀본서성(忽本西城) 역시 '부여골(또는 벼리골) 호리버시성'으로, 같은 곳을 말하고 있다.

우리의 시조는 태양제 해모수(解慕漱)

▲ 태양의 제단(浴日臺)'에 삼족오로 표현된 태양

우리 역사 기록대로라면 "북부여나 졸본부여는 같은 곳에 도읍했던 나라"라고 밖에 볼 수가 없다. 환인(桓仁) 현성 부근의 '하고성유지(下古城遺址)'와 '우루산성(五女山城:우루하성)'이 바로 그 곳이다.

「자치통감(資治通鑑)」은 "부여가 백제(百濟)의 침략을 받아 부락이 쇠잔해지자 살고 있던 녹산(鹿山)에서 연(燕)나라 가까이 서쪽으로 옮겨갔다.(夫餘居于鹿山爲百濟所侵部落衰散西徙近燕.)"고 하면서, 부여의 도성이름이 '녹산'임을 밝히고 있다.

"옛 부여성(녹산)이 동부여성이 되었다"고 시사하는 대목이 아닐 수 없다.

"태양제 해모수가 엄시수(淹漉水:施掩水)를 건너 도읍했던 북부여의 '흘승골성'은 바로 부이르누르(Buyr Nur:夫餘湖) 옆에 있는 '할힌골 성'이다"는 몽고 학자의 주장이 큰 반향을 일으킨 것도 그 때문이다. '할힌골 고리설(高[槀]離說)'도 그래서 나왔다. 훈춘(琿春)에 있었다고 주장되는 '가섭원 동부여설'은 점점 미궁으로 빠져드는 느낌이다. 「삼국유사」이외의 어느 사서(史書)에도 '동부여'에 대한 기록이 없기 때문이다.

〈이 백제(百濟)의 부여침공설(夫餘侵攻說)은 그간 학계에 많은 논란을 빚어왔다. 백가제해(百家濟海)설과 만주백제(滿洲百濟)설이 대표적이라 할 수 있다. 그러나 부여의 도성 녹산(鹿山)이 어디에 있었는지 확증되지도 않은 상황에서 엄연한 사실(史實)을 자의적으로 비정(比定)하고 해석하여 시시비비를 논하는 것은 바람직한 일이 아니다. 대륙백제(大陸百濟)에 대한 기록은 「진서(晋書)」를 비롯하여 남조의 「송서(宋書)」·「양서(梁書)」·「남제서(南齊書)」와 「수서(隋書)」·「자치통감(資治通鑑)」·「통전(通典)」에 두루 보이고 남경박물원(南京博物院)에 있는 「양직공도(梁職貢圖:使臣圖)」에는 채색 인물도에 곁들여 "백제는 옛날의 래이(來夷:萊夷)로 마한(馬韓)족속이다. 진(晉)나라 말년에 구려(駒麗:高句麗)가 요동을 공략해 차지하자 낙랑(樂浪:百濟) 역시 요서(遼西)와 진평(晉平:平州平縣)을 차지했다…얼마 안 있어 고구려에게 격파되었다."고 기록되어 있다. 이 내용은 「양서」의 "그 나라는 본래 구려(句驪)와 함께 요동 동쪽에 있었는데 진(晉)나라 때 고구려가 요동을 공략해 차지하자 백제(百濟) 역시 요서(遼西)와 진의 평주[晉平]를 점거하고 백제군(百濟郡)을 설치했다."고 한 기록 등을 따다가 부연한 것이다. 또 「북사」등은 "동명(東明)의 후손에 구태(仇台)라는 자가 있었는데 어질고 신망이 두터워 그가 처음 나라를 대방(帶方) 옛 땅에 세우자 한(漢)나라의 요동태수 공손탁(遼東太守公孫度)이 딸을 아내로 주었다. 점점 번창하여 동이(東夷)의 강국(强國)이 되었는데 처음에 '백가가 바다를 건너왔다(百家濟海)'하여 百濟(백제)라고 불렀다."고 했고 「진서(晉書:慕容皝載記)」는 "고구려[句麗]·백제 및 우문부(宇文部)와 단부(段部)의 사람들은 모두 전쟁통에 잡혀온 사람들이라 중국으로 귀순한 사람들과는 달리 모두 고향으로 돌아가려는 마음을 갖고 있다. 지금 10만에 가까운 세대가 좁은 도성에 모여 있으니 국가에 큰 해가 되지 않을까 두렵다."고 했으며 「통전(通典)」은 "백제 역시 요서와 진평 두 군을 점거했는데 유성(柳城:朝陽)에서 북평(北平:盧龍) 사이이다."라고 했고 「자치통감(資治通鑑:東晉穆帝)」은 "처음에 부여(夫餘)는 녹산(鹿山)에 있었는데, 백제(百濟)의 침략을 받아 부락이 쇠잔해지자 '연나라 가까이 서쪽으로' 옮겨갔다[西徙近燕]. 미처 방비하지 못한 사이 연왕황(燕王皝:慕容皝)이 세자 준(儁)을 원수로, 모용군(慕容軍)·모용각(慕容恪)·모여근(慕輿根) 세 장군 및 7천기를 보내 부여를 기습하게 했는데 세자는 가운데서 지시만 하고 군사(軍事)에 관한 것은 모두 모용각에게 맡겼다. 마침내 부여의 뿌리를 뽑았다."고 했다. 「삼국사기(三國史記:列傳崔致遠)」가 "고구려와 백제의 전성기에는 강력한 군사가 백만이나 되어 남쪽으로는 오·월(吳·越)을 침공하고 북쪽으로는 유·연·제·로(幽·燕·齊·魯)를 쥐고 흔들어 중국의 큰 골칫거리[巨蠹]였다."고 한 기록과 연계하여 볼만한 기록이라 아니할 수 없다. 문제는 사실(史實)에 대한 허실을 따지기에 앞서 진평(晉平)이 어디에 있었고 모용부(慕容部)가 어디에 있었으며 부여의 도성 '녹산'이 어디에 있었는지부터 정확히 알아내야한다는 점이다. 진평(晉平) 즉 평주(平州) 하나만

우리의 시조는 태양제 해모수(解慕漱)

해도 중국 사회과학원이 펴낸 「중국역사지도집」에 따르면 시대에 따라 종횡무진, 널뛰듯 한다. 조양(朝陽)에 있었는가하면 북진(北鎭)으로 가고 노룡(盧龍)으로 내려왔나 하면 어느덧 요양(遼陽)으로 건너뛴다. 그래서 진(晉) 때는 요동국(遼東國:遼東郡) 소재지인 양평(襄平), 즉 고구려의 평양성(平壤城)이었던 요양(遼陽)이 평주(平州)였는데 선비족의 우문부(宇文部)·모용부(慕容部)·단부(段部)도 서쪽에 이웃하고 있었다는 듯 글자들을 벌려 놓고 있다. 그러나 이 지도는 중국인들의 사관에 맞춰 그린 것이므로 참고자료로는 훌륭하지만 믿을 것은 못된다. 시시각각 상황이 변하는 것이 십륙국시대 각국의 관할 권역이었는데도 자신들의 사관(史觀)에 맞춰 고착되게 그려지고 있기 때문이다. 더욱이 근래 중국인들의 연구에 의지해 파헤쳐 놓은 구덩이나 순례하며 큰 발견이나 한 듯 그들의 설에 맞장구를 치는 것은 바람직한 일이 아니다. 그 대표적인 것이 길림부여왕도설(吉林夫餘

▲ 우란모두 초원 만족둔(滿族屯)에 있는 금계호(金界壕)

王都說)이다. 비록 그 설이 맞다고 하더라도 근거로 제시되는 출토유물을 한번쯤 의심해보는 눈을 가져야하지 않을까 싶다. 유물 거의가 무기와 농기구들로 왕성이 있었다기보다 용담산(龍潭山)요새를 지키던 군사(평시에는 농사를 짓던)와 그 가족들이 살던 곳이라고 볼 수도 있고 모아산남산설(帽兒山南山說) 역시 경우에 따라서는 달리 해석될 수도 있기 때문이다. 우리는 더 이상 중국 측이 '보여주는' 유물이나 보고 떠드는 소리나 믿으면서 그들의 뒷전에서 변죽이나 울려서는 아니 되겠다. 오늘날 내몽고자치구 북쪽 끝에서 거의 서남쪽 끝 황하(黃河)까지 2중 3중으로 내뻗친 금계호(金界壕)를 다시 살펴보자. 중국측 주장대로 그 성들이 모두 금나라가 쌓은 것이라면 그곳에 어째서 고려성(高[句]麗城)이라는 이름이 붙었었고 아직도 '고올링고스(고리나라)'라는 이름이 남아 있으며 성읍(城邑)터 등에서 도깨비무늬 수막새 같은 고구려 유물이 출토되고 있겠는가.

- 155 -

그런데도 그들이 자랑하는 후룬부이르대초원(呼倫貝爾大草原) 금장한 몽고부락(金帳汗蒙古部落) 앞을 흐르는 '물고랑'이 어째서 '머르걸하(莫日格勒河)'가 되었고 '버라(白狼:평양)'가 어떻게 되어 박달산(寶格達山) 옆에 자리 잡게 되었으며 캉건(崗根)이 또 어째서 부여(夫餘)로 불렸는지 파고드는 사람도 없다. 고구려의 장성일 수도 있고 부여가 시작된 곳일 수도 있는데 말이다. 그러니 홍산문화(紅山文化:붉달문화)도 중국문화가 되고 부여의 역사마저 중국 역사가 되어 한민족은 위대한 태양제 해모수(太陽帝解慕漱)를 잃고 단군(壇君)이나 떠받들며 손비빔질이나 하는 나약한 족속이 되어가고 있는 것이다.〉

「삼국사기」나 「삼국유사」등 우리의 사서에는 주몽(朱蒙)이 [방향도 없이 쫓겨 가다가] 엄수(淹水) 또는 엄시수(淹㴲水)에서 물고기와 자라의 도움으로 목숨을 건지고 졸본천(卒本川)에 다다라 비류수(沸流水:普述水) 가에 집을 짓고 살며 고구려(高句麗)라고 했다고 적고 있지만 그보다 7백년이상 앞서 쓰인 「위서(魏書)」에는 주몽이 부여를 버리고 동남쪽으로 달아나다 큰 물[大水]을 만나 물고기와 자라 덕에 목숨을 건지고 흘승골성(紇升骨城)으로 와서 고구려라 부르며 살았다고 기록되어 있다. 서쪽으로 옮겨가 있던 부여 왕성에서 출발하여 동남쪽으로 떨어져 있는 옛 부여성으로 와서 자리를 잡았다는 뜻이 아닐까 싶다.

동명성왕(東明聖王)은 주몽(朱蒙)이 아니다

여기서 '동명성왕(東明聖王)'이 누구를 가리키는 말인지 짚고 넘어가자. 동명(東明)이란 명칭은 1천 7백여 년 전 기록인 「위략(魏略)」에 처음으로 나타나는데 부여의 시조인 해모수(解慕漱)를 가리키고 있다.

〈동명왕 해모수(東明王解慕漱)의 설화를 다시 보자. "옛날 북쪽에 고리(高離)라는 나라가 있었는데, 그 왕의 시비(侍婢)가 임신을 했다. 왕이 죽이려하자 시비

동명성왕(東明聖王)은 주몽(朱蒙)이 아니다

는 '하늘에서 계란 같은 기(氣)가 내려오더니 임신이 되었다."고 했다. 그 후 아들을 낳자 왕은 뒷간에 버리라고 했다. [뒷간에 기르던] 돼지가 부리로 따뜻한 김을 불어주었다. 마구간으로 옮겨다 놓게 했다. 말들이 역시 따뜻한 김을 불어 죽지 않았다. 왕은 이상히 여기다가 하늘이 낸 아이라고 여기고 그 어미에게 거두어 기르게 했다. 이름을 동명(東明)이라고 했다. 왕은 동명에게 말을 키우게 했는데 동명은 활을 잘 쏘았다. 왕은 나라를 빼앗길까봐 겁이 나서 죽이려 했다. 동명은 남쪽으로 달아났다. 엄시수(掩㴲水:施掩水)에 이르러 활로 물을 치자 물고기와 자라가 떠올라 다리가 되어 주었다. 동명이 건너가자 즉시 흩어져 추격병은 건널 수 없었다. 동명은 부여 땅에 도읍하고 왕이 되었다.")

「삼국지(三國志:夫餘傳)」와「후한서(後漢書:夫餘傳)」에도 같은 내용이 기록되어 있다. 이 설화가 누구의 손에 의해서인지 서언왕(徐偃王) 설화등과 뒤섞이고 동명이라는 이름까지 빼앗아다 주몽의 설화로 다시 각색하여 내놓으며 동명성왕 주몽(東明聖王朱蒙)이 나타나는데, 이 설화는「삼국지(三國志:高句麗傳)」나「후한서(後漢書:高句驪傳)」에는 보이지 않고 AD 550~577년 사이(남북조시대)에 쓰인「위서(魏書)」에 처음으로 등장한다. 해모수의 설화를 베껴다가 주몽에게 붙였다는 혐의를 받지 않을 수 없다. '해(太陽)'가 떠야 '동쪽이 밝아지는 것[東明]'이니 해모수(解慕漱:해머스마)가 '동명성제(東明聖帝)'임은 두말 할 나위가 없다. 어찌 활을 잘 쏜다[鄒牟]고 동쪽이 밝아오겠는가.

〈서언왕(徐偃王)은 BC 1000년경 동이(東夷)의 힘을 모아 주무왕(周武王)의 고손자인 목왕(穆王)를 징벌하고 그와 대등한 동방의 왕 중 왕이 되었던 인물이다. 그의 탄생설화는 이렇다. "서국(徐國)의 궁녀(宮女)가 임신을 하더니 알을 낳았다. 왕은 상서롭지 못하다고 여기고 물가에 가져다 버리게 했다. 고독(孤獨)하게 살던 그의 어머니는 '곡창(鵠倉)'이라는 이름의 개를 키우고 있었는데 그 개가 버린 알을 찾아 물고 어머니에게 가져다주었다. 어머니는 따뜻하게 덮어 보호했다. 드디어 사내아이가 태어났다." 이 내용은 우발수(優渤水:유리벌내) 가에 혼자 살던 유화(柳花)의 난생설화(卵生說話)와 설정이 같다. 그러나 정작「삼국사기」고구려본기에는 주몽(朱蒙)을 왜 동명(東明)이라고 했는지 아무런 설명도 없이 "시조 동명성왕(東明聖王)의 성은 고(高)씨고…"로 시작해 쓰고 있다. 주몽설화는 이러하다. "금와왕(金蛙王)은 한 여자를 대백산(大白山) 남쪽 우발수에서 얻었다. 왕이 묻자, 그녀는 '나는 하백(河伯)의 딸로 이름은 유화(柳花)다. 여러 동생들과 놀이를 나왔었는데 한 남자가 자신은 천제(天帝)의 아들 해모수(解慕漱)라며 나를 꾀어 웅심산(熊心山) 밑 야리물(鴨淥水) 가의 집에서 나를 품더니 이내 떠나 돌아오지 않았다. 부모는 중매절차도 없이 사내를 따라갔다고 꾸짖으며 우발수 가에서 꼼짝 말고 기다리며 살라고[謫居] 쫓아냈다'는 것이었다. 금와왕은 괴이쩍게 여기며 그녀를 방안에 가두었다. 해가 그녀를 비쳤다. 몸을 당겨 피하자 해 그림자는 또 따라오며 비쳤다. 그로 인해 임신을 하더니 알[卵] 하나를 낳았다. 크기가 닷 되 들이 쯤 되었다. 왕은 버리게 하였다. 개와 돼지에게 주어도 먹지 않아 길바닥에 버리자 소와 말들도 피해 다녔다. 다시 들에 버리자 새들이 날개로 덮어 주었다. 왕은 갈라보려 하였으나 깰 수마저 없어 그 어미에게 돌려주었다. 그 어미는 물건으로 감싸 따뜻한 곳에 두었다. 한 사내아이가 껍질을 깨고 나왔다. 나이가 겨우 일곱 살이었는데 다른 아이들과는 달리 출중했다. 손수 활과 화살을 만들어 쏘았는데 백발백중이었다. 부여(扶餘)에서는 활 잘 쏘는 사람을 '주몽(朱蒙)'이라 했기 때문에 그렇게 이름 붙였다고 한다.…왕은 주몽을 제거하라는 말을 듣지 않고 말[馬]을 기르게 했다.…왕자와 여러 신하들이 죽이려고 의견을 모으자 주몽의 어머니가 그 사실을 탐지하고 일러 주었다.…주몽은 달아나다가 큰물[大水:淹水]을 만나 건너려고 하였으나 다리가 없었다. 추격병이 쫓아올까봐 겁이 났다. 강에 대고 말했다. '나는 천제(天帝)의 아들이고 하백(河伯)의 외손이다. 오늘 도망치는 길인데 뒤쫓는 자들에게 잡히면 어찌하느냐!' 이에 물고기와 자라가 떠올라 다리가 되어 주었다. 주몽이 건너자 물고기와 자라는 이내 흩어져 추격 기병들은 건널 수 없었다. 주몽은…졸본천(卒本川)에 다다라…비류수(沸流水) 위에 집을 곁고 살았다. 나라 이름을 고구려(高句麗)라고 했다." 하반부는 동명성왕 해모수의 설화를 거의 그대로 따다가 각색해 붙이고 있다.〉

'하르빈'은 '검은 강가'라는 뜻

중국 학자들은 AD 346년을 기준으로 부여의 왕성(王城)을 전후기로 나누는데 오늘날 길림(吉林)에 세웠던 전기 부여 왕성이 346년(百濟 近肖古王 1) 서쪽 농안(農安)으로 옮겨갔다고 말한다. 길림을 부여의 녹산성으로 보는 것이다. 그러나 아직 증명된 것은 아니다. 부여의 왕성(王城) 위치를 놓고 길림시(吉林市)에 있었다, 농안(農安)에 있었다, 아성(阿城)에 있었다, 창도(昌都)에 있었다, 사면성(四面城)에 있었다, 서풍(西豊)에 있었다, 요원(遼源)에 있었다는 등 여러 설이 평행을 이루기 때문이다.

중국은 그간 많은 고고학적 유물이 발견됨으로써 "부여국의 전기 왕성은 오늘날 길림시 용담산산성(龍潭山山城)에서 동단산산성(東團山山城)에 이르는 지역에 있었다"는데 대체적으로 동의하는 경향이지만 '연나라

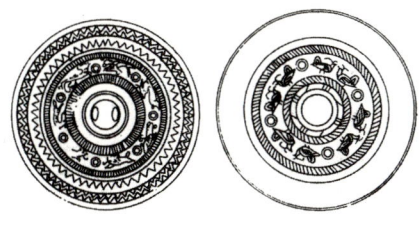

▲ 부여의 동경(銅鏡). 새 무늬가 독특하다

가까이 서쪽으로 옮겼다[西徒近燕]'는 후기 왕성은 농안(農安) 등 여러 곳이 비정되고 있으나 고고학적 자료가 부족하여 이견(異見)을 보이고 있다.

'하르빈'은 '검은 강가'라는 뜻

날은 이미 저물고 있었다. 어둠이 내리는 송화강(松花江) 가로 나갔다. 원래 '아리→오리(奧婁:新唐書)'로 불리던 물길이 속아리→속오리→송아리→숭가리'로 바뀌고 한자로 '송와(宋瓦)'·'송화(松花)'로 사음되어 기록되는 바람에 송화강이 된 곳이다. 만주어로는 송아리우라(松阿里烏喇)라고 한다. '속아리'는 "속 깊이 검고 기름지고 맑고 크다"는 우리의 옛말로, 이것이 '검다'는 뜻의 몽고(돌궐)어 '햐라(哈喇:카라)'로 바뀌면서 '햐라빈→하르빈(哈喇濱→哈爾濱)'이란 지명이 생기게 되었다. "맑고 큰 강가의 검고

- 159 -

기름진 땅"이라는 뜻이다.
〈햐라→카라는 만주어로 '마을'이란 뜻도 된다.〉

요즘은 빙등축제(氷燈祝祭)로 더 잘 알려지고 있지만 얼마 전까지만 해도 '하르빈' 하면 우리는 '안중근 의사(安重根義士)'부터 떠올리는 것이었다.

1909년 10월 26일 안중근 의사는 러시아 총리대신 코코프체프(Kokovsev, V.N.)와 비밀회담을 위해 만주로 온 이등박문(伊藤博文:이토히로부미)을 하르빈 역에서 격살(擊殺)하여 온 국민의 억눌린 한을 잠시나마 풀어 주며 주권회복운동에 박차를 가하게 한 인물이다.

▲ 안중근 기념관에 있는 안의사의 흉상

〈이토히로부미(伊藤博文)는 1905년 11월 특파대사로 서울에 와서 을사조약을 강제체결하고 이듬해 3월 초대통감으로 부임했으며 친일내각을 구성하여, 정치·외교·재정·금융·체신·교통 등 모든 분야를 장악, 조선의 식민지화의 기초를 확립했다. 이런 과정에서 반일 민족운동이 일어나자 철저히 탄압했고 1907년 7월 헤이그특사 사건을 구실로 고종을 쫓아내고 한·일신협약을 강제로 체결하여 내정까지 장악한 다음 군대를 해산시켰다. 한국 병탄작업은 이토에 의해 이처럼 완결되었고 형식적 절차만 남기고 있었다. 이로 인해 주권회복을 원하는 한국인들의 이토에 대한 원한과 적개심이 이만저만이 아니었다. 1909년 6월 이토는 소네 아라스케(曾禰荒助) 부통감에게 통감직을 물려주고 일본의 추밀원장이 되어 돌아갔다. 한국병탄에 성공한 일본은 다시 만주를 먹기 위해 이토를 침략 작업의 주역으로 선정했다. 그래서 이토는 청국의 양해를 받아 한국 병탄문제를 매듭짓고 러시아와 함께 만주를 갈라먹기 위한 비밀 회담을 위해 하르빈으로 갔다. 당시 만주는 열강들의 이해가 엇갈리는 분쟁 지역이었는데

'하르빈'은 '검은 강'이라는 뜻

독일·프랑스·영국·미국은 군사적 정치적으로 압박하는 러시아와 일본에 자본력으로 대항하면서 러·일동맹이 촉진되는 결과를 빚고 있었다.〉

당시 한국인들이 "이등박문(이토히로부미)이 안중근의 손에 죽었다"는 소식을 듣고 얼마나 좋아했는지는 창강 김택영(滄江 金澤榮)의 시가 단적으로 표현하고 있다.

"평안도 장사가 두 눈을 부릅뜨고	平安壯士雙目張
시원하게 나라 원수 양 잡듯 죽였구나	快殺邦讐似殺羊
죽지 않고 이 소식 들으니 너무나 기뻐	未死得聞消息好
미친 듯 노래하며 국화 옆에서 춤춘다.	狂歌亂舞菊花傍
해삼위 항구에는 집배 하나 안 보이고	海蔘港裏鶻摩空
하르빈 역에서는 벼락불꽃 작렬했다	哈爾濱頭霹火紅
육대주의 내로라하는 사람 그 얼마가	多少六洲豪健客
소식 듣고 깜짝 놀라 들었던 수저 놓쳤을까.	一時匙箸落秋風"

라는 내용이다. 김택영은 「한국역대소사(韓國歷代小史)」를 쓴 구한말의 대시인(大詩人)으로 당시 중국으로 망명하여 상해(上海) 인근 남통(南通)에 머물고 있었다. 중국인이 발간한 그의 문집 「소호당집정(韶護堂集精)」은 일제 강점기 내내 '금서(禁書)'가 되어 그 책을 본 내국인은 극히 적었다.

조선민족예술회관 한편에 마련된 안중근 기념관은 그의 상반신 동상만이 그의 기개를 보여 주고 있을 뿐 빈약하기 그지없었다. 더욱이 형상화해 놓은 저격 장면 등은 오히려 없는 것만 못하다는 생각까지 들었다. 그의 의거(義擧)가 살해만 강조되는 흉수(兇手)로 비쳐서는 안 된다는 생각에서이다.

두막루(豆莫婁)는 다물(多勿)로 '다시 세운 나라'

▲ 치치할 시내에 있는 복규 청진사탑 (卜奎 淸眞寺塔)

'마루타(丸太:껍질만 벗긴 통나무)'로 집약되는 일본 관동군사령부(關東軍司令部) 예하 731부대 자리로 가려다가 돌아오는 길에 들르기로 하고 치치할행 열차를 탔다.

안다(安達)-따칭(大慶:다킹)-두얼버터(杜爾伯特:Dorbod)를 지나고 따라이(大賚:다래) 길과 엇갈리며 앙앙시(昻昻溪:昻昻奇:Ang'angxi, 6~7천년 전 신석기시대 문화 유적지)를 지나더니 치치할에 도착했다. 옛날 '부여'라고 이름했던 땅이다.

우리의 지명이 한자로 표기된 예에 따라 원이름을 추정해보면 "안들[內野]-달갱이[다랭이]-돌밭터[돌이 많은 밭]-달내[達川]-앙앙기"로 불리던 곳이었을 수도 있겠다는 생각이 들었다.

'치치할'은 다우르족(達斡爾族) 말로 '변경(邊境)' 또는 '천연목장'을 의미한다고 한다. 그러나 원이름은 복규(卜奎:부규)로 복여(福餘:푸위)·부호(俘戶:부후)·포욕(蒲峪:푸위)·포여(蒲與:푸위)·부유(富裕:부위)·부유(鳧臾:부위)등과 함께 모두 부여(夫餘)의 전음(轉音)이다. 인근 극동현(克東縣)에는 금나라(金) 때의 '부여로 고성(蒲峪路故城)'도 있다.

〈동류 송화강(東流松花江) 및 눈강(嫩江) 유역인 치치할 및 하르빈 이남은 조원(肇源)을 중심으로 한 백금보문화(白金寶文化), 대안(大安)지방의 한서문화(漢

두막루(豆莫婁)는 다물(多勿)로 '다시 세운 나라'

書文化), 조동(肇東)의 망해둔문화(望海屯文化)등 신석기시대 말과 초기청동기 시대의 부여문화가 분포되어 있는 핵심지구라 할 수 있다.〉

이곳은 부여가 멸망한 후 부여의 유민들이 두막루(豆莫婁)라는 나라를 이루고 살던 곳이다. 「신당서(新唐書 : 東夷傳流鬼)」에 "달막루(達莫婁)의 수령은 자신들은 '부여의 후예'라며 고구려가 부여를 쳐부수고 사람들에게 나하(那河 · 他漏河)를 건너가 살게 하여 정착하게 된 것"이라고 말한 것을 보면 알 수 있다. 「위서(魏書)」에는 '대막려(大莫盧 : 다마루)'로도 나온다.

達莫婁(달막루)는 豆莫婁(두막루)의 후대 명칭으로 모두 우리말 '대마루', '투마루'의 사음인데 중국 사서(史書)에 다르게 기록된 것뿐이다. 바로 '다물(多勿)'로 '다시 세운 나라'라는 뜻이다. 오늘날 "땅끝"이라고 잘못 풀어 말하는 전남 해남의 '토말(土末)'과 같은 말이다.

백제(百濟) · 모용연(慕容燕) · 고구려(高句麗) · 물길(勿吉)등의 끊임없는 공격으로 나라가 점점 약해지자

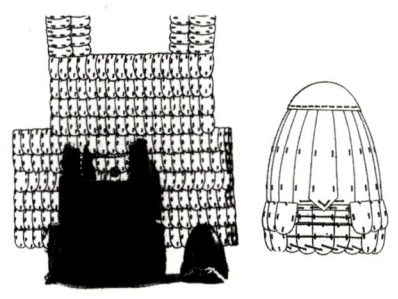
▲ 부여인의 개갑(鎧甲). 철편을 연결해 만들었다

부여(夫餘) 사람들이 난리를 피해 나하(那河 : 嫩江)를 건너가 살게 되면서 이루어진 나라가 아닌가 싶다. 백제는 당시 요서(遼西)에 있었다 한다.

부여는 AD 285년 모용외(慕容廆)의 대대적인 공격을 받고 무너져 왕 의려(依慮)가 자살을 하는 등 명맥이 끊겼다가 진무제(晉武帝) 덕에 재생했고 346년에는 백제(百濟)의 공격을 받자 서쪽으로 연(燕) 가까이 왕성을 옮겼으나 미처 대비하지 못한 사이 다시 모용황(慕容皝)의 공격으로 여지없이 무너져 왕 현(玄)을 비롯한 국민 5만여 명이 잡혀갔으며 410년

고조선과 부여가 남긴 땅, 그리고 대륙 백제

에는 광개토대왕(廣開土大王:好太王)까지 부여를 쑥대밭으로 만든 것들이 그 계기가 되었을 것으로 보인다. [부여왕 현(玄)은 그 뒤 모용황(慕容皝)의 사위가 되었다.]

「위서(魏書:豆莫婁傳)」의 기록을 참고해 '豆莫婁(두마루)'의 위치를 어림해 보자. 오늘날 눈강(嫩江) 동쪽, 송화강(松花江) 북쪽에서 동쪽으로 바다에 이르는 광대한 지역으로, 중심지역이 송눈평원(松嫩平原)의 북쪽과 삼강평원(三江平原)을 차지하고 있었고 사회제도와 풍속 등이 부여와 똑같았다.

〈위서〉의 기록은 다음과 같다. "두막루는 물길(勿吉) 북쪽 1천리에 있다. 낙양에서 6천리인데 옛날 '북부여(北夫餘)'이다. 실위(失韋) 동쪽에 있다. 동쪽으로는 바다에 이르러 지방이 2천리이다. 그곳 사람들은 (떠돌지 않고) 붙박여 살며 궁전과 가옥 창고(倉庫) 등이 있다. 산이 많으나 넓고 기름진데 동이(東夷)지역 중에서 가장 평탄하고 광활하다. 땅은 오곡(五穀)에 적

▲ 부여군의 환두도와 철검·철모·철촉·호심경(護心鏡)

합하나 오과(五果)는 산출되지 않는다. 그곳 사람들은 키가 크고 튼실하며 성격이 굳고 용맹스럽지만 점잖고 후덕하여 남의 것을 훔치거나 노략질하지 않는다. 그들의 군장(君長)은 모두 (馬加·牛加·猪加·狗加 식으로) 육축(六畜)의 이름이 관명(官名)에 붙는다. 읍락(邑落:큰 취락)에는 호수(豪帥)가 있다. 음식을 먹을 때는 그릇[俎·豆]을 쓴다. [옷감으로는] 삼베[麻布]가 있는데 의복제도는 고구려와 같아 폭이 넓다. 그 나라의 대인(大人)들은 금과 은으로 치장한다. 형벌이 엄격하고 신속해서 살인(殺人)을 한 사람은 즉시 죽이고 재산을 몰수하며 가족들을 노비(奴婢)로 만든다. 풍속은 음란하다. 질투가 심한 여자를 더욱 미워하여 질투하는 사람은 죽여서 시체를 그 나라 앞산[南山] 위에 썩을 때까지 펼쳐놓는다. 여자의 집에서 시체를 거두려면 말이나 소를 바쳐야 내어준다. 어떤 사람은 예맥의

두막루(豆莫婁)는 다물(多勿)로 '다시 세운 나라'

땅이라고 한다."고 했는데 부여에 대한 기록과 내용이 똑같다.〉

이곳이 옛 부여의 땅이라면 동명왕(東明王解慕漱)이 고리국(高離國:橐離國)의 왕에게 쫓겨 남쪽으로 달아나 건넜다는 '엄시수(掩㴲水:論衡), 또는 시엄수(施掩水:魏略)는 어디고 고리국의 도성(都城)은 어디에 있었는지 또 궁금해진다.

〈고리국에 대해 현재 중국의 당내(黨內) 학파는 「삼국지(舊三國志)」와 「위략(魏略)」이 고리국(高離國)으로 적은 것을 무시하고 동한 때 왕충(王充)이 「논형(論衡:吉驗篇)」에서 탁리국(橐離國)이라고 썼다하여 '탁리'를 바른 기록으로 보고 있다. 「후한서(後漢書)」는 또 '탁리'를 '색리(索離)'라고 베껴 썼는데 그것 역시 바른 기록으로 인정한다. 삭족(貉族:맥족) 명칭의 어음변화에 따른 기록으로 보는 것이다. 그러나 죽간(竹簡) 등에 새겨진 고(橐)자가 탁(橐)자나 삭(索)자로 볼 수 있을 정도로 모호했기 때문이 아니었나 싶다. '북사교감기(北史校勘記)'는 "'索'자와 '橐'자는 '橐'자의 잘못이다. 바로 고리(橐離), 즉 고리[高麗]를 말한 것이다"라고 설명했다. '탁리'와 '삭리'가 아니라 '부여와 고구려의 할아버지 나라'인 '고리'라는 것이다. 위략(魏略)의 시엄수(施掩水) 역시 우리말 '오리물'이라는 엄시수(掩㴲水)의 오기로 보인다.〉

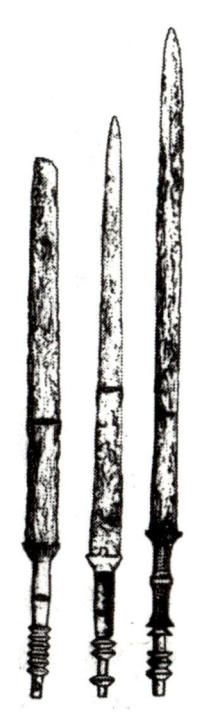

▲ 부여의 첩강검(貼鋼劍)

부여의 북쪽 국경이 약수(弱水)라고 했고 한나라 때 동북지역에서 약수라고 했던 물길은 '아리무르→야리무르'로 불리다가 '아무르'가 된 흑룡강(黑龍江) 뿐이었으니 최소한 흑룡강 어느 부분이 엄시수(시엄수)이거나, 그 북쪽 러시아 땅 어디에 있는 물길이 엄시수였을 가능성도 있다.

〈아무르강(黑龍江)과 우수리강(阿速江) 합류지점 북쪽에는 고로하(庫嚕河·古魯河:Kur)가 있어 명나라 때 고로위(古魯衛)가 설치됐고 정기리강(精奇哩江:Zeya) 상류, 외흥안령(外興安嶺) 남쪽 기슭에 고리하(古里河,吉魯河,吉柳伊河:Gilyuy)가 있어 명나라가 고리하위(古里河衛)를 설치했었으니 이곳들이 바로 고리(高離)로 그 중 한곳에서 동명(東明)이 태어나 약수(弱水:아무르)를 건너와 부여를 세웠다고 볼 수도 있다. 하르빈의 경화고성(慶華古城)이 고리의 성터라는 주장도 그러한 견해 중 하나이다. 또 어떤 이는 바이칼호 연안 부리야트(Bury-at)족 전설에 "몽골의 여시조인 알란 고아(알안 美人)의 아버지가 코리 부리야트족인데, 이중 동남쪽으로 이동해간 사람들이 부여를 세웠다고 한다"며 불핸(부르한)바위가 있는 바이칼호의 알혼(Ol'khon)섬 후지르(Khuzhir)를 고리국일 것이라고 하고 '부여'의 어원은 '부리야트'에서 온 것이라고 한다. 그러나 동명성왕 해모수(東明聖王解慕漱)가 '알혼섬'에서 말을 타고 달아났다면 건널 수 없는 큰 물길이 한 두

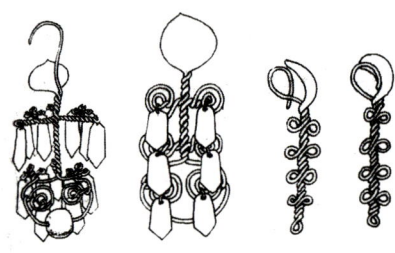
▲ 길림(吉林楡樹老河深)서 출토된 금귀걸이

곳이 아닌데 어찌 엄시수 하나만 건넌 것으로 기록되어 있겠는가. 그래서 내몽고 껀허(根[鍵]河)가 고리국이고 이민하(伊敏河)가 엄시수이며 부이르누르 가에 있던 '할힌골성'이 '흘승골성'이라는 주장까지 나온 것이 아닌가 싶다. 우리에게 동북3성의 발굴조사가 허용된다면 또 어떤 주장들이 제기될지 자못 궁금하다. 「몽고비사」에 따르면 알란 고아의 아버지는 코릴라르타이 메르겐(코리족의 名射手)인데 시기하는 사람이 많아지자 코리(Kohri)족을 떠나기로 하고 지지자를 모아 코릴라르(Khorilar)라는 씨족을 만들어 성스러운 산 부르핸(켄타산)으로 이동해 갔다고 한다. 그래서 근자 몽고 과학원의 베 수미야바타르 교수는 「삼국지」나 「위서」·「삼국사기」등에 나오는 지명·종족명·관직명 등을 몽고어로 해석한 결과 비류수(沸流水)는 부이르누르(Buyr Nur)로 흘러드는 '하라하강(할힌골)'이고 흘승골성(紇升骨城)은 바로 '할힌골성'을 지칭하는 것이라고 설파하여 국내외 학자들을 깜짝 놀라게 했다. 내몽고 후른부이르 대초원의 암갈랑(신바락쥐치) 일대

를 우리 민족의 기원지인 부여, 또는
고리(탁리)로 보는 것이다. 국내 대학
팀의 할힌골 읍성터 발굴 등에서는 고
구려 석실 무덤과 벽화, 도깨비무늬
수맥새 등 고구려 유물이 출토되었다
한다. 또 몽고인들은 아직도 한국인을
'솔롱고(Solongo-素倫人)'라고 부르고
있고 할힌골 인근 백랑(白狼)과 우란
하다(烏蘭哈達) 사이 등에는 또 다른
'솔롱(索倫)'이라는 지역 이름도 남아
있다.〉

중국 사람들은 송화강과 흑룡강의 합수머리가 엄시수라며 고리는 그 북쪽에 있었을 것이라고 말하기도 하고, 눈강과 동류 송화강이 만나는 곳을 엄시수라며 눈강 중하류를 고리의 중심으로 보기도 한다. 또 동류 송화강의 지류인 나린강(拉林江)을 엄시수라며 경화고성(慶華古城)이 바로 고리국의 도성이라고 주장하기도 한다.

그러나 고리국지(高離國址)를 증명하는 각자도편(刻字陶片)이나 각석편(刻石片)이 나온 것도 아닌데 하고많은 고성(古城)들 중에 3천 몇 백 년 전의 나라 터를 어떻게 찾아내어 "이것이 바로 그것이오"하고 단정할 수 있겠는가. 길림(吉林)을 부여왕성으로 비정하고 주장하는 것처럼 나름대로의 추측일 뿐이다.

동북아의 철기(鐵器)시대는 부여가 열어

먼저 부여(夫餘)가 얼마나 대단한 나라였는지 다시 살펴보자. 부여는 만주벌의 중심이라 할 수 있는 송눈평원(松嫩平原)에 자리하고 있던 나라이다. 이곳에는 많은 물길이 흐르고 있어 땅도 기름지고 용수도 풍부하며 무성한 숲속에 다양한 동식물이 서식하여 사람들이 살아갈 수 있는 조건이 그 어느 곳보다 좋았을 것이다.

이런 자연환경 속에서, 부여 사람들은 급속히 경제력을 축적하고 선도적 위치에서 주변 종족을 복속(服屬)시켜 몸집을 늘리면서 강력한 지배구조를 구축하고 각종 생산활동을 개혁하여 부자 나라를 만들어 나갔다.

「위략(魏略)」이 부여는 "나라가 은부(殷富)하여 선대이래로 한 번도 [외직에게] 파괴(破壞)된 적이 없다"고 기록한 것이 그 때문으로 보인다. 「삼국지(三國志:烏桓鮮卑東夷傳)」가 부여는 "토지가 오곡에 적합하다(土地宜五穀)"거나, "부여의 옛 풍속에 날씨가 고르지 못해 오곡이 제대로 영글지 않으면 그 허물을 즉시 왕에게로 돌려 '마땅히 바꿔야 한다'거나 '당연히 죽여야 한다'고 말했다"는 것을 보면 부여가 농업(農業)을 얼마나 중요시 했는지 알 수 있다.

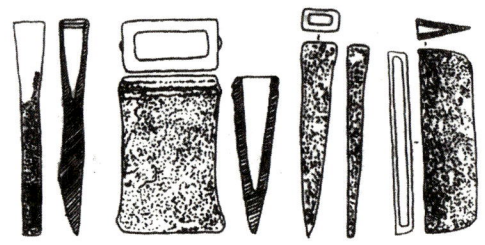
▲ 중국보다 먼저 부여인들이 쓰고 있던 철기(鐵器)들

그뿐만이 아니다. 중국 천지가 청동기시대(靑銅器時代)였던 춘추전국시대(春秋戰國時代)를 살아가던 그 시절, 부여는 동북아시아의 어느 고대민족보다 먼저 스키타이(Scythia) 문화를 받아들여 철기시대(鐵器時代)를 열고 제작기술을 발전시켜 왔음을 많은 출토유물이 증명하고 있다.

길림(吉林)의 서단산문화(西團山文化:靑銅時代文化) 상층의 부여문화층(夫餘文化層)에서 다수의 철기(鐵器:낫·괭이·삽·호미 등)가 출토되었고 한서유지(漢書遺址)와 망해둔유지(望海屯遺址)에서는 자루구멍이 뚫린 깎기(자귀)가 출토되었으며 농안(農安)의 전가타자유지(田家坨子遺址)에서는 가마[鐵鑊]가 발견되었는데 수량이 많다고는 할 수 없지만 사회적 생산력

동북아의 철기(鐵器)시대는 부여가 열어

▲ 치치할 시내 망강루(望江樓) 앞에 있는 노동호(勞動湖). 인력을 동원하여 판 것이다

이 이미 비약적으로 발전해 있었음을 보여준다고 전문가들은 평가한다.

부여인들의 철기 제작기술은 이미 첩강(貼鋼)법을 사용하고 있을 정도였다. 첩강법은 저탄소강[低碳鋼]이나 숙철(熟鐵)로 만든 본체(本體)에 홈을 내고 경도(硬度)가 보다 강한 강재(중단위 탄소강이나 고단위 탄소강)를 끼워 넣고 해머로 두드려 접어붙이는 식으로 단조[鍛錊]하여 칼날이 예리하고 오래 유지되도록 하는 기술인데, 탄소함량이 다른 두 가지 재료를 단조하여 합금하려면 숙련된 기술과 풍부한 경험이 있어야 한다. 기술의 정확성이 떨어지면 접합부위에서 산화가 일어나며 붙었던 부위가 갈라진다. 지금까지 나온 부여의 첩강 제품은 동북아시아에서 가장 먼저 제작되었을 뿐만 아니라 제품의 품질 역시 높은 수준에 이르러 있었음을 보여준다.

치치할시 중심가에 있는 용사공원(龍沙公園:전 倉西公園) 망강루(望江樓)로 나갔다. 1908년 흑룡강순무 주수모(黑龍江巡撫周樹模)가 백성들을 동원하여 땅을 파 산을 만들고 눈강(嫩江:鴨子河) 물을 끌어들여 거대한 호수(現 勞動湖)를 조성한 다음 그 산마루에 미우정(未雨亭)이라는 정자를 지었는데 그것이 바로 오늘의 망강루이다.

북경(北京) 평야에 곤명지(昆明池)도 파고 만수산(萬壽山)도 쌓고 그 안에 만불당(萬佛堂)도 짓고 이화원(頤和園)도 조성하는 것이 중국인들이기는 하지만, 한낱 변경의 벼슬아치가 뱃길이나 뚫고 경관이나 조성하겠다고 수만 명의 백성을 동원하여 이러한 공사를 벌이고도 무사할 수 있었다는 것이 쉽게 납득되지 않는다. 근래 여러 차례 확장공사로 커진 것이라고는 하지만 우리로 치면 그 당시 왕도 가벼이 할 수 없는 일이었다.

그래서 힘없던 황제 고종(高宗)은 왜세(倭勢)에 의해 쫓겨났고 순종(純宗)이 들어섰으나 의병들이 일어나 전국을 벌집 쑤셔놓은 것처럼 뒤숭숭하게 만들었다. 주수모가 땅을 파 호수를 만들고 산을 만든 그 해가 바로 동대문의 양쪽 성벽이 헐리고 중앙중고등학교[私立畿湖學校]와 경기여고[官立漢城高等女學校]가 설립되던 때이다.

대 부여(大扶餘)의 흑토지대(黑土地帶)

지나칠 수 없어 자룽(扎龍)자연보호구로 갔다. 몽학원(夢鶴苑)으로 불리는 21만 헥타르의 거대한 늪지가 무성한 갈대에 뒤덮여 있는 곳이다. 전 세계 15종의 두루미 중 6종이 이곳의 텃새라고 한다. 4~9월 사이에는 찾아드는 나그네 두루미도 적지 않아 14종의 두루미를 볼 수 있다고 한다.

많은 수의 큰두루미(丹頂鶴)가 사육·방사·보호되고 있었는데 일정한 시간, 보호시설의 문이 열리자 일제히 날아올라 하늘을 선회하더니 갈대밭으로 내려앉아 먹이활동을 했다. 많은 사람이 손을 뻗치며 북새를 떨었지만 두루미들은 피하려는 기색도 보이지 않았다. 매년 겨울 철원평야를 찾아오는 두루미들과는 많이 달랐다.

그러나 광활한 늪지를 바라보고 있자니 얼마 전 이런 늪지를 개발하여

대 부여(大扶餘)의 흑토지대(黑土地帶)

벼와 콩을 심겠다고 거대한 계획을 밝히던 장(張)모씨의 근황이 궁금했다. 애초부터 안 되는 일에 매달려 빚만 안고 물러선 것이 아닌가 해서이다.

다시 열차를 타고 우위얼하(烏裕爾河:夫餘河)와 부유(富裕:夫餘)를 지나 대흥안령(大興安嶺) 동쪽 기슭 세계 3대 흑토지대(黑土地帶:스텝지대)인 송눈평원(松嫩平原)을 거슬러 서북쪽으로 올라갔다.

부유(富裕)는 부위얼하에서 이름을 따 민국(民國) 때 설치한 현(縣) 이름이지만 만주지방에는 이밖에도 부여(夫餘)라는 이름을 붙였던 현이 몇 군데 더 있다. 하르빈 서남쪽 인근 송원(松原:伯都訥)이 얼마 전까지 부여로 불리던 곳이고 오늘날 내몽고자치구 파린위치(巴林右旗)의 캉건(崗根)도 바로 부여로 불리던 곳이다.

〈캉건 서쪽 황강령(黃崗嶺) 이북에는 대흥안령 산맥을 따라 고려성(高[句]麗城)이라고도 하는 장성이 길게 늘어서 있다. 부여나 고구려의 서쪽 국경을 보여주는 성이 아니었나 싶다. 그 남쪽 따판(大板)에는 '고구려 강'으로 볼 수 있는 고리골타이하(古日古勒台河)가 흐르고 그 북쪽 우짐친치(烏珠穆沁旗)는 「광개토대왕비」가 말하는 비려(碑麗:地豆于)인데, 대왕이 군사를 이끌고 토벌에 나서 "염수(鹽水)에 이르러 그 부락 6~7백영(營)을 격파하고 많은 소와 말, 양떼를 노획했다"고 한 염수(鹽水:이허지린골)도 이곳에 있다. 어지노르염지(額吉淖爾鹽池)가 그곳이다.〉

우리 학자들은 중국측 연구자료에 의지해 길림시(吉林市)에 있는 동단산성(東團山城)과 남성자(南城子)가 부여의 도읍지일 가능성이 짙다고 보

▲ 청조 마지막 황후 완용(婉容)

고 있을 뿐 부여 왕성에 대한 중국측 주장에 시시비비 할 엄두를 내지 못하고 있다. 자체적인 발굴조사가 불가능할 뿐만 아니라 중국측 발굴조사에 참여하는 길마저 막혀 있으니 무엇을 근거로 반론(反論)하고 또 의견을 제시하겠는가. 기껏해야 그들이 보여주는 고고학적 근거들만 접할 수 있을 뿐이니 연구해 보아야 그들의 대변자적 역할밖에 더하겠는가.

모린다와(니얼지)다우르족 자치기(Morin Dawa(Nirj)Dáwòěr自治旗)를 지나 너허(訥河)로 들어섰다. 원나라(元) 때 노미참(奴迷站)이라 불리던 곳으로 내모르하(納漠爾河:Nemor) 북쪽 기슭에 있다. '내모르'는 우리말 '냇물'의 전음(轉音)이고 '노미참' 역시 '냇물참'이나 '무너미 참'이 변하여 이루어진 말이 아닐까 싶다.

'완용(婉容)'이라고 하면 우리나라에서는 아는 사람이 거의 없지만 중국에서는 모르는 사람이 거의 없다. 바로 다우르족 여성으로 청나라(淸) 마지막 황제 아진교로 푸이(Ajinkjoro Puyi:愛新覺羅溥儀)의 황후이기 때문이다. 그의 고향이 바로 이곳(訥河市龍河鎭保安村莾鼐屯)이다. 그의 무덤도 여기에 있다.

〈애신각라(愛新覺羅)〉는 여진(女眞) 말 '아진교로'로 '금의 겨레' 즉 '금나라 황실의 혈족'이라는 뜻이다. 완용(婉容)은 청나라 고종[乾隆]·인종[嘉慶]·선종[道光] 세 황제 밑에서 도통(都統)을 지낸 거푸라 아나보(郭布羅阿那保)의 후예로 아버지는 청나라 궁내무부대신(淸宮內務府大臣) 영원(榮源:任源)이었고 어머니는 황족 유란베이러(毓朗貝勒)의 둘째 딸 아진교로 헝싱(愛新覺羅 恒馨)이었다. 뛰어난 미모에 일찍부터 좋은 교육을 받아 교양미까지 갖추고 있던 그녀는 피아노와 바둑, 그림과 글씨 등 못하는 것이 없었다. 1922년 12월 1일 16살 때 북경에서 푸이(溥儀)와 결혼했다. '9·18사변' 이후 일제(日帝)가 만주국(滿洲國)이라

곰내(甘河)와 아리무르(阿里河)

는 괴뢰정부를 세우고 푸이를 황제로 추대하자 완용 역시 만주국의 황후(康德皇后)가 되었다. 1935년 완용은 정치적 억압 속에 정신이 점점 허물어져 아편을 흡입하고 호위병과 밀회를 즐기며 사생아까지 낳아 푸이에 의해 냉궁(冷宮)에 감금되었다. 8·15이후 극도로 쇠약해진 그녀는 국민군에 잡혀 끌려 다니던 중 1946년 연길(延吉) 감옥에서 병사해 버려졌는데 뒤에 그이 할아버지가 살던 너허 망내둔(莽鼐屯)으로 옮겨져 묻혔다. 사람들은 그 무덤을 '낭랑분(娘娘墳)'이라고 한다.〉

곰내(甘河)와 아리무르(阿里河)

▲ 아리하박물관의 사슴꼴 관모 장식

넌장(嫩江·墨爾根:눈강)이라는 도시를 지나 옛 실위(室韋[失韋]:鮮白)의 땅 내몽고(內蒙古)로 들어섰다. 눈강의 물길은 여기서부터 상류의 곰내(甘河), 다복골무르(多布庫爾河), 나돌이물(那都里河)을 받아들이며 동류 송화강을 향해 흘러간다. 다복골무르 남쪽 기슭에는 고리(古里)라는 소도시도 있다. 해는 이미 뉘엿뉘엿 기울었다.

'넌장'이라는 도시는 그 옛날 우리조상들이 '너른 물'·'낸물'·'난무르'·'나무르'·'아리무르'·'어리무르'·'오리무르'로 부르던 물길이 눈강(嫩江:難河·那兀江·惱溫江·納水·鴨子河)으로 바뀌며 현대 한자음인 넌장으로 바뀌고 도시이름으로까지 발전한 것이다.

끝없이 펼쳐진 옥수수 밭 너머 붉은 노을이 사그라지고도 한참 뒤에 자그다치(加格達奇)에 도착했다. 도착을 알리는 어나운스멘트의 '자그다치'가 꼭 '작은 달기', 즉 '작은 대구(大邱)'라고 외치는 것 같았다. 아마도 이곳은 그 옛날 두막루(豆莫婁:투마루) 서쪽에 있었다는 '달구(達姤)'가 자리했던 곳이 아닌가 싶다.

목적지인 선비굴(鮮卑窟)로 가려면 이 역에서 내려야 한다. 이 지역에는 대흥안령(大興安嶺:大鮮卑山)에서 갈라진 이리후리(伊勒呼里) 산맥이 동쪽으로 뻗어나는데 그 첫머리에 최고봉 대백산(大白山:1528m)이 있고 그 남쪽 너미내[諾敏河:눠민허] 너머에 고리(高[槀]離), 고려(高麗)로 해석할 수 있는 고리야산(古利牙:Guliya,1394m)이 있다. 뿐만 아니다. 까막산[黑山]도 있고 윗골[上庫力]도 있고 소리재[松嶺]도 있고 어르구나[額爾古納:Ergüne]도 있고 이무르[伊木河:大水]도 있고 물돌이[圖里河]도 있고 곰내[根河·金河]도 있고 푸른호수(呼倫諾爾)도 있고 가지무르[Gazimur:支川]도 있다.

▲ 선비의 천마 장식 교구(鉸具)

▲ 알타이박물관의 천마(天馬)상

〈대백산은 단군신화 중 '삼위대백'의 대백산(大伯山)과 이름이 같고, 이리후리산은 '이리를 후리던(몰던) 산'이라는 우리말로 해석되기도 한다. 소도시 '어르구나'를 "되돌린다(舊土恢復)"는 뜻의 몽고어 '에르게흐(Ergeh)'에 빗대어 고구려말 '다물(多勿)'과 같은 것으로 보고, 이곳이 비류국(沸流國)이 자리했던 '다물도(多勿都)', 즉 고리(槀離)라고 이해하기도 한다. 그러나 '소나(松讓[王])'와 '소노(消奴[部])'가 모두 송화강(松花江)과 관계 깊은 소리로 이해되고 있으니 '어르구나→다물도'설은 「고구려사」의 기록과 많이 어그러진다 하겠다.〉

아침 일찍 곰내[甘河:간허]를 거슬러 서북쪽으로 올라갔다. 지치재[齊奇嶺:지치링]를 넘어 한참 가던 자동차는 오로천자치기(鄂倫春自治旗) 아리하진(阿里河鎭)으로 들어섰다. 곰내가 아리무르(阿里河:아리허)로도 불렸음을 알려주는 지명이다. 흑룡강(黑龍江:아무르)과 같은 뜻이다. 감숙(甘肅)지방으로 올라가면 같은 이름의 물길이 흑수(黑水:곰내)·선수(鮮水:아리물)로 표기된다.

〈오로천족(鄂倫春族)은 옛날의 에벵키족(鄂溫克族)으로 옥저(沃沮)·오소고(烏素固)·말갈(靺鞨)·물길(勿吉)·퉁구스(通古斯)·솔롱(索倫)등과 관계가 깊은 종족이다. 이들은 우리 선조들처럼 아직도 각종 자연물을 숭배하고 만물에는 혼이 있다고 믿는데 스스로를 '오로천(Oroqen)'이라고 한다. '순록을 타는 사람들', 또는 '산(숲) 속에 사는 사람들'이라는 뜻이다.〉

오로천박물관(鄂倫春博物館)으로 갔다. 무엇보다 눈길을 끄는 것은 황금으로 된 사슴뿔 가지 끝마다 영락(瓔珞)이 한들거리는 관모(冠帽) 장식과 날개달린 말이 달리는 모습이 새겨진 교구(鉸具:버클)들이고, 1천 5백여 년 전 명문(銘文)의 탁본인 알선동 축문(嘎仙洞祝文)이었다.

〈황금으로 된 사슴뿔 관모장식은 카자흐스탄 쿠르간에서 발굴된 황금전사(黃金戰士)의 고깔모자에 새겨진 장식과 모티브를 같이하고 있고 그것은 또 신라 금관으로 이어진다. 4천여 장의 황금판으로 장식된 옷을 입고 있는 황금 전사(Golden Warrior:황금인간)는 1969년 알마티 동쪽 50km 지점인 이시크(Issyk) 교외 쿠르칸(Kurgan)의 고분에서 발굴되었는데 이곳은 BC 5~4세기 사카족(Sakas:Scythians)

▲ 카자흐스탄 중앙박물관의 황금전사상(Golden Warrior)

의 문화권역이었다. 사카족은 흑해 연안의 스키타이족, 볼가강 연안의 사르마티안족과 더불어 황금문화를 일으킨 주역이다. 황금문화는 BC 5세기부터 AD 5~6세기까지 약 1천년 동안 알타이 산맥을 중심으로 동서에 광범위하게 형성되었는데 이 황금전사는 당시 이곳의 지배자였던 사카족의 왕자로 16~17세쯤 죽은 것으로 추정됐다. 이 전사가 쓰고 있는 고깔모자에는 '태양을 실어 나르는 말'이라고 하는 날개와 뿔이 달린 두 마리의 말이 새겨져 있다. 뿔과 날개는 권력의 상징물로 우리 천마총(天馬塚)에서 출토된 천마도장니(天馬圖障泥)도 '기린'이라는 등 여러 설이 있지만 나는 듯이 그려진 말머리에 뿔이 달린 것으로 보아 이와 똑같은 의미의 '말'로 보아야 옳을 것이다.〉

이 알선동 축문은 십륙국(十六國) 시기인 AD 443년 위(魏:北魏)의 황제 태평진군(太平眞君:世祖)이 자신들의 발상지인 석굴을 찾아 조상들에게 제사를 올리며 읽게 한 축문을 석벽에 새겨 놓은 것이다.

▲ 알선굴 안. 축문은 입구 오른쪽에 있다

〈중국에서는 우리가 잘 아는 삼국지(三國志) 시대가 끝나면 오호십육국(五胡十六國) 시대가 약 400년간 이어지는데 위(魏)는 우리와 조상을 같이하는 선비족(鮮卑族:拓拔鮮卑)의 나라로 서기 386년 오늘날 내몽고자치구 호흐호트 남쪽 성락(盛樂:代都)에 세워졌다. 북연(北燕)·남연(南燕)·하(夏)·후진(後秦)·남량(南涼)·북량(北涼)·서량(西涼)을 정복하고 만리장성을 넘어 산서성 대동(山西省大同:平城)지방으로 천도한 다음 오늘날 신강성(新疆省)까지 복속(服屬)시키고 중국 천하를 남북으로 나누었다. 남북조(南北朝)시대를 연 것이다. 위는 송(宋)→제(齊)→양(梁)→진(陳)으로 이어지는 남조(南朝)와 패권을 다툰 북조(北朝)의 제국으로 534년까지 약 140년간 존속하며 중국을 호령하여 북위(北魏), 또는 원위(元魏)라고 한다. 한때 도

곰내(甘河)와 아리무르(阿里河)

▲ 대흥안령(大興安嶺) 아리하진(阿里河鎭)에 있는 알선동. 석벽을 깎아 길을 냈다

교를 숭상하고 불교를 탄압했으나 이내 운강석굴(雲岡石窟)·용문석굴(龍門石窟)·막고굴(莫古窟) 등을 착성하며 찬란한 불교문화를 꽃피웠고 낙양(洛陽)으로 천도하여 서기 534년 동위(東魏)·서위(西魏)로 갈라지기까지 약 140년간 존속되었던 최초의 선비(鮮卑)족 국가이다.〉

「위서(魏書:烏洛侯傳)」 등 여러 역사책에 기록되어 있는 이 석굴을 확인하고자 청조(淸朝) 초기부터 많은 학자가 찾아 나섰고 나름대로 증거를 제시하며 "그 석실(石室)은 러시아 네르친스크 서쪽에 있다", "바이칼호 남쪽 연안에 있다", "어르구나하 유역에 있다"는 등 많은 주장을 제기했으나 결정적 증거인 축문이 발견되지 않아 이 석굴의 존재는 역사학계의 미스터리로 남아 있었다.

〈위서(魏書:烏洛侯傳)〉에는 이렇게 기록되어 있다. "오락후국(烏洛侯國)은 지두우(地豆于) 북쪽에 있는데 대도(代都)에서 4천5백여 리이다. 그곳 풍토는 저습

해서 안개가 많이 끼고 차갑다. 주민들은 겨울에는 땅을 파 방을 만들고 여름에는 초원이나 언덕에서 목축을 한다. 돼지가 많고 곡식과 보리가 있다. 큰 군장(君長)은 없고 부락마다 막불(莫弗:추장)이 있는데 모두가 대를 이어 한다. 그들의 풍속은 머리카락을 새끼처럼 꼬고 가죽옷을 입으며 구슬로 장식을 한다.···세조 진군(世祖眞君) 4년에 조정(朝廷)으로 들어와서 그 나라 서북쪽에 황실 선조의 옛터인 석실(石室)이 있는데 너비가 남북으로 90보(步), 동서로 40보이고 높이가 70척(尺)이며 실내에는 신령(神靈)이 있어 많은 주민이 기원을 드린다고 했다. 세조가 중서시랑 이창(中書侍郎李敞)을 현지로 보내어 고하고 제사를 드리게 했다. [이창은 다녀왔다는 증거로] 축문을 석실 벽에 새겨놓고 돌아왔다.">

그 미스터리가 깨진 것은 1980년 7월 30일이다. 후룬부이르멍(呼倫貝爾盟) 문물관리 팀이 오로천자치기 알선동(嘎仙洞)에서 끝내 그 축문을 찾아냈던 것이다.

흥안령(興安嶺)은 이상향(理想鄕)

박물관을 나와 대흥안령(大興安嶺:大鮮卑山) 속으로 들어갔다. 우리나라 사람들은 대부분 '대흥안령'이라고 하면 굉장히 크고 험준한 산맥으로 알고 있지만 실은 평균 높이가 해발 700m도 안 되는 구릉들이 울멍줄멍 널브러진 고원성 산계이다. 남북으로 1200km 가량 뻗어 있는데 남쪽으로 갈수록 폭이 좁아진다. 그 끝자락에 최고봉 황강령(黃崗嶺)이 있다. 높이가 해발 2029m 밖에 안 된다.

'흥안령(興安嶺:싱안링)'을 현지 주민 시보족(錫白族)이 '셴아린(西安阿林)'이라고 부른다는 것을 보면, 본디 '신성한 천혜(天惠)의 땅'이란 의미의 "현오리→헌아리→션아린→슝알링" 등으로 불리던 것이 한자로 사음되면서 '흥안령'이 된 것으로 보이는데, 그 뜻은 '검고 밝고(따사롭고) 기름져 온갖

흥안령(興安嶺)은 이상향(理想鄉)

생물이 번성하여(먹을 것이 많아) 살기 좋은 곳'이라는 의미라고 한다. 한 마디로 낙토(樂土)이고 이상향(理想鄉)이라는 뜻이다.
그러니까 이곳에서 흘러내리는 물이 맑고 찬 아리수(阿里水)이고 그 물이 신성한 물 곰내(甘河)가 되어 너른 물(嫩江)을 이루다가 풍요의 강, 속아리·송가리(松花江)가 되어 흐르는구나 싶었다.

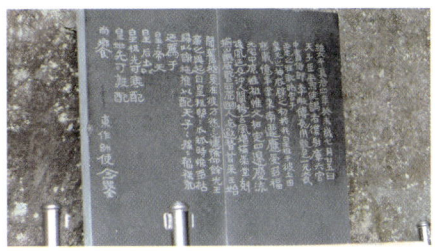
▲ 알선동 축문을 모사해 새겨 놓은 석판

그렇다면 우리의 민요「아리랑」도, 뜻 없이 이루어진 노랫말이 아니라 "자리 잡아놓고 데리러 오겠다"는 말만 남긴 채 이상향(으리)을 찾아 떠나는 가장을 잡지 못하고 멀찌감치 마지막 길이 될지도 모르는 길을 가는 가장의 뒷모습을 아이들과 함께 지켜보며 하염없이 눈물을 흘리던 아낙들의 마음을 노래한 것이 아닌가도 싶다.

▲ 알선굴 안. 끝에서 왼쪽으로 구부러진다

버스에서 내려 작은 차로 갈아타고 한참 들어갔다. 가파른 절벽 위에 석굴이 하나 보였다. 아리하진에서 서북쪽으로 10km 쯤 되는 지점이다. 비껴 설 수도 없는 좁은 석벽을 따라 올라갔다. 서남쪽으로 열린 세모꼴 동굴 입구가 상상했던 것보다 훨씬 컸다. 바닥 지름이 20m, 높이가 12m라고 한다.

동굴 입구 오른쪽 석벽에 축문은 새겨져 있었다. 그러나 철문과 철책을 만들어 석벽에 붙여 잠가놓고 그 옆에 모각석판(模刻石板)을 만들어 세워 놓았다. 사적(史跡)을 보호하고자 그렇게 했을 것이다. 발견 당시 이 축문은 누적토에 깊이 묻혀 있었다고 한다.

〈이 축문은 「위지(魏志:禮志)」에 기재되어 있는 것과 별반 다르지 않다. 내용은 "태평진군 4년 계미년 7월 25일 천자인 신 도(燾:탁발도)는 알자복야 고육관(庫六官)과 중서시랑 이창(李敞)·부준(傅瓷)에게 말과 소와 양의 희생을 바치며 감히 황천(皇天)의 신에게 고하게 하옵니다. 개벽이후 수많은 세월동안 우리 조상과 토지를 보우하사 마침내 남쪽으로 옮겨왔고 할아버님과 아버님께서 천하를 개척하시어 그 경사스러움은 후대로 이어져 저[沖人]에게까지 이르렀나이다. 현풍(玄風:道家思想)을 밝혀 선양하고 도관[崇堂:사원]을 증설하며 흉악(凶醜:佛敎)한 것들을 억눌러 제거하니 위엄이 세상 끝까지 미쳐 숨어살던 사람들이 먼 길을 마다않고 머리를 조아리며 찾아왔나이다. 옛터[舊墟:조상이 살던 곳]가 그쪽에 있다는 소리를 처음 듣자니 벅찬 감회는, 저절로 뻗쳐나는 인덕과 위엄을 우러러 사모하게 되옵니다. 제왕의 업을 이룬 것은 조상[皇祖] 때부터 시작되어 면면히 이어오며 점점 커졌으나 그때마다 많은 도움이 있었으니 그 공은 (하늘과 조상들의) '대신할 수 없는 큰 덕[謝施]'에 돌려야하겠기에 나아가 제수를 베풀고 제사를 올리며 자손 대대 복록이 영원하도록 황천(皇天)과 후토(后土), 조상 황제[皇祖]이신 가한(可寒)과 조상 황비[皇妣]이신 가돈(可敦)께 바치오니 흠향하소서!"하는 것이다. 이 축문이 발견됨으로써 고대 돌궐(突厥)·몽골(蒙古)··동호(東胡)·선비(鮮卑)가 자신들의 황제를 '가한→칸', 황후를 '가돈→카둔'이라고 불러, 같은 말을 썼음이 증명되었다.〉

허통하게 넓고 큰 동굴 안을 둘러보았다. 천여 명이 살고도 남음이 있을 것 같았다. 동굴 입구에서부터 단계적으로 형성된 바닥은 앞마당·큰 마당·높은 마당·뒷마당으로 나눌 수 있는 구조였는데 전체 길이는 120m, 너비는 20~28m, 높이는 20여m로 총면적이 2000여㎡라고 한다. 점점 높아지는 동굴 길을 따라 올라가 보았다. 굽이 길을 지나자 굴속은 이내 암흑천지로 변했다. 한 발짝 떼기가 조심스러웠다. 되돌아 나올 수밖에 없었다.

동이족은 '환 알[白卵]→하늘'의 자손

밖으로 내려와 다시 동굴을 올려다보았다. "이 동굴을 왜 '알선동'이라고 했는가"궁금했다. 현지 오로천족에게 물어보았다. "모른다"고 하더니 " '인민을 순(順)하게 만드는 신선이 사는 곳'이라는 말을 한자로 그렇게 적었다고 하더라"며 고개를 갸웃거렸다. 돌아오는 버스에 오르면서 "그것은 아니다"는 생각이 들었다.

'嘎仙(알선)'이란 글자부터 살펴보았다. '꺼르륵, 꺼르륵'우는 두루미(鶴)의 소리를 나타낸 의음자(擬音字:嘎)에 신선을 가리키는 회의자(會意字:仙)가 붙었으니 얼핏 도가(道家)사상에 빠졌던 태평진군과 관련지어 생각할 수도 있겠다 싶었다. 그러나 그것은 오로천족 유(類)의 해석밖에 나올 것이 없다는 생각이 들었다.
이곳에서 흘러내리는 물길이 '아리하'인 것을 보면 '알→아리'로 발전하는 우리의 고어(古語)를 떠올리지 않을 수 없었기 때문이다.

'알'은 바로 '희다[白:光]'는 뜻으로 '하늘', 또는 '천신(天神)'을 상징하는 말이었다.
우선 땅거미가 질 녘 뒷산에라도 올라가 하늘을 보자. 끝없이 넓다는 것은 마음으로 보는 것일 뿐 정작 눈에 보이는 것은 자신을 중심으로 하는 희고(환하고) 둥그런 하늘이다. 사방으로 널브러진 지평선(地平線)에라도 섰다면 그러한 사실을 더욱 실감할 수 있을 것이다.

인간 시력(視力)의 한계 때문임은 두말할 나위도 없다. 그러나 아득한 옛날, 둥근 것이 '알'밖에 없던 시절 우리 조상들은 그것을 보고 어떻게 생각했겠는가. '환한 알', 즉 흰 알[白卵]과 같다고 하지 않았겠는가.
그래서 '환한 알'이라는 뜻의 '환 알'이 곧 '한알→하날→하날님', '한울→

하눌님→하느님'이고 만상(萬象)의 시작과 으뜸을 의미하는 '하나'가 되었다. '태양(해)'이 곧 '환 알'이라는 의미를 함축하고 있음은 두 말할 필요가 없다. 우리 동이족(東夷族)의 위대한 조상들은 그래서 모두 '흰 알'에서 태어난다.

  부여의 시조 해모수(解慕漱)가 그러하고 신라의 시조 박혁거세(朴赫居世)가 그러하고 고구려의 시조 주몽(朱蒙)이 그러하고 석탈해(昔脫解)·김알지(金閼智)·수로왕(首露王)이 그러하다. 중국의 하(夏)왕조를 이은 동이족 은(殷:商)왕조의 시조인 설(契)이 또 그러하고 주왕조(周王朝)를 징벌하고 동이(東夷)의 천자가 되었던 서언왕(徐偃王)이 그러하며 중국 황제[漢桓帝]가 "왕으로 봉하고 공주를 주겠다"며 인수(印綬)를 싸들고 가서 간청했으나 황제가 직접 와서 항복하라며 끝내 거절했던 징기스칸(Genghis Khan) 이전의 징기스칸이라 할 수 있는 선비(鮮卑:白)의 대찬우(大單于) 단석괴(檀石槐)가 역시 그러하다. 《가락국기(駕洛國記)》에 따르면 육가야(六伽耶)의 왕이 모두 태양처럼 빛나는 알, 즉 '흰 알'에서 태어난다.〉

  '흑룡강(黑龍江)'이 '천수(天水)'라는 뜻을 가진 알난수(斡難水:아리내)·하이랄수(海剌爾水)·하리수(合勒水)를 아울러 '아(야)리수[弱水]'가 되는 것만 보아도 알 일이다.

  단군(壇君)처럼 천신(天神:환알)이 직접 세상으로 내려오는 예는 없다. 천신이 직접 현신하는 것은 단석괴와 또 다른 갈래로 보이는 모용연(慕容燕)의 시조 건라(乾羅:알라)에 관한 설화 정도이다. 그러나 '乾(건)'자가 하늘을 뜻하는 글자임을 볼 때 이 역시 '건라'가 아니라 '알라'의 사음임을 알 수 있다.

  어쨌거나 "어느 날 저녁 알라가 금은으로 장식된 옷과 투구를 쓰고, 금은으로 장식된 안장과 고삐를 지운 백마를 타고 하늘에서 내려오자 선비(鮮卑)사람 들은 신이라 여기고 추대하여 군장으로 삼았다.(乾羅忽一夕, "著金銀襦鎧, 乘白馬金銀鞍勒, 自天而墜, 鮮卑神之, 推爲君長.")"는 것이 그것이다.

그러나 이름의 '乾(건)'자나 '금은으로 장식했다'는 '金(금)'자가 모두 '알'을 뜻하는 글자이므로 이 역시 난생설(卵生說)의 또 다른 형태로 보는 것이 옳을 것이다.

백제(百濟)가 왕을 '어라하(於羅瑕)'라 부르고 왕비를 '어루(於陸)'라고 부른 것도 다른 뜻이 아니다. 천신(天神) 같은 존재라는 의미로 모두 '알'에서 가지를 친 말이다. 서남아시아에서 하느님을 '알라'라 하고 우리가 지금도 천진한 아이들을 가리켜 '알라→얼라'라고 하는 것도 다르지 않다.

단군(壇君)은 몽골에서나 생겨날 이름

지금도 알타이계 말[語]을 쓰고 있는 투르크(터키)·몽골·볼가타타르·브리야트·야쿠트족 등 대부분의 민족이 '하늘'을 '텡그리·텡게리·탕가라·팅기르·뎅기르'라고 말하고 있고 중국 역시 그들을 본 따 '톈'이라고 부르고 있지만 우리만이 유일하게 하늘을 '하날·하눌·하늘'이라고 말한다. '텡그리'를 바탕에 깔고 이루어진 '단군(壇君)'같은 명칭은 원래부터 우리의 조상들의 입에서 만들어질 수 없다는 뜻도 된다.

〈'단군'은 원래 우리말 '알곰'인데 그것이 '天君(천군)'으로 의역(意譯)되었다가 다시 '壇君(단군)'으로 사음(寫音)되었다면 우리 조상들이 만든 이름이라고 볼 수도 있다. 그러나 '단군'을 '알곰(斡君)'이나 '알검(金儉)'이라고 부른 흔적을 찾을 수 없다.〉

'알(얼)→아리'가 '하늘'이나 '신(神)'을 뜻하는 명칭(名稱)으로 발전한 예는 그밖에도 많다. '삼위대백(三危大伯)이 무엇인가'에서 설명한 '알타이'와 '아리다이(아라랏)'는 젖혀 놓더라도 '알안 고아(Alan Goa)'가 몽골의 시조 여신(女神)이고 '아리(알)산(阿里山:하느님이 강림한 산)'이 대만(臺灣)의 신산

(神山)이며 '아리디무(阿犁帝母:알집)'가 운남(雲南) 바이족(白族)의 조상신이고 '공알산(貢嘎山)'이 사천(四川)의 '신이 사는 눈 덮인 산'이다. 우리도 '조상에게 물려받은 씨'가 '씨알(하느님의 씨)'이고 '조상대대 물려받은 정신'을 '얼'이라고 한다.

이로 보아 '알선동(嘎仙洞)'은 '알슨 굴'의 사음으로 알, 즉 하느님[天神]이 강림한 곳'이고 '조상신(祖上神)이 깃든 굴'이라는 뜻이거나 '조상들이 자손을 낳아 기르며 살던 굴'이라는 의미로 해석해야 마땅하겠다.

〈'알'은 둥글고 희다(밝다)는 뜻 밖에도, 후대로 오면서 존귀하고 신성하고 기름지고 깨끗하고 아름답다는 뜻과 황금이라는 의미까지 덧붙으면서 '아리→어리→오리→우리→이리'로 발전한다. '알·낱알·콩알·팥알, 알마티(Almaty:사과의 고장)', '알탄 칸(金皇帝)', '아리마리(阿力麻里:사과의 고향)'등이 존귀하거나 둥글고 기름지다는 뜻을 가진 말들이다. 이것은 다시 '속아리→송아리→숭가리'로 발전하여 '풍요'의 뜻으로 쓰이게 되고 검거나 크고 차갑고 깨끗하다는 뜻의 '어(야)리무르(弱水·額濟納:어른물)·아(리)무르(阿里河·合黎水)·오리무르(奧婁·鴨綠)'등 물길 이름을 이루면서 '곰내→가막내[甘河·黑水]·가물내[甘勿·哥勿]' 등으로 발전하여 선수(鮮水)로 사음되기도 하고, '무르(물)'가 '미르(龍)'로 승화하여 '흑룡강(黑龍江)'이 되기에 이른다. 여진족은 흑룡강을 '사할린우라(薩哈連烏拉)', 즉 '검은 강(黑江)'이라고만 불렀다. 아리마리(阿力麻里)는 중국 서북쪽 카자흐스탄과의 국경지대인 호르고스(霍城)에 있는 고성으로 원세조(元世祖) 쿠빌라이가 자신의 성도(城都)를 세웠던 곳이다. 징기스칸의 7대손인 투글루크 티무르 칸의 모슬렘이 남아 있다. 그는 동차가타이의 칸으로 라마불교를 버리고 이슬람을 국교로 받아들여 국민들을 무슬림으로 개종시켰던 사람인데 1365년 그의 부인에 의해 이곳에 묻혔다.〉

오대연지(五大蓮池)를 거쳐 흑하(黑河:헤이허)길로 접어들었다. 오대연지는 130여만 년 전부터 200여 년 전까지 분출한 신생 및 노년기의 화산

▲ 오대연지 노흑산에서 바라본 또 다른 분화구

마그마가 백하(白河)의 물길을 막으면서 형성된 것인데 다섯 개의 석호(汐湖:빗물과 용출수가 모여 된 것)가 연결되며 분출구를 에워싸고 있어 흡사 다섯 송이 연꽃이 호수 위에 떠있는 것 같다 하여 붙은 이름이다.

화산박물관이라고 일컬릴 정도로 기이하고 다양한 화산지형이 완벽하게 보존되어 있어 지질학자들이 즐겨 찾는다. 풍부한 약수(冷泉)가 솟기도 하는데 그 맛이 우리나라 설악산 오색약수와 비슷했다.

부여(夫餘)의 북쪽 국경은 약수(弱水)

해거름에 흑하(黑河:헤이허)에 도착했다. 지난날 '아이군', '아이훈(璦琿城)'으로 불리던 곳으로 흑룡강(黑龍江:弱水)을 사이에 두고 러시아의 블라고베셴스크(Blagoveshchensk)와 마주보고 있다.

옛날 부여(夫餘)의 북쪽 국경이 얼마나 먼 곳에 있었는지 확인하기 위해 온 길이니 그냥 지나칠 수는 없는 노릇이다.

짙은 흑갈색 물이 대지를 가르며 뻑뻑하게 흘러가는 강가로 내려갔다. 배를 탔다. 석양을 한껏 받으며 물길을 따라 거슬러 올라갔다. 러시아의 경비함 들이 교대로 엇갈리며 접근하는 배들을 경계했다.

〈이 물길을 따라 약간 내려가다 러시아쪽 제야(Zeya)강을 따라 올라가면 스보보드니(Svobodnyy)가 나온다. 1921년 우리 독립군이 레닌의 붉은 군대와 교전한 흑하사변(黑河事變)이 일어났던 곳이다. 청산리전투에서 대승을 거둔 우리

고조선과 부여가 남긴 땅, 그리고 대륙 백제

▲ 중국 쪽 호텔에서 바라본 아무르 강(黑龍江). 강 양쪽에 경비정이 보인다

독립군은 일본군에 쫓겨 이곳으로 갔다가 무장해제를 요구하는 붉은 군대(赤軍)와 싸움이 벌어져 근 1500명이 피살되거나 체포돼 이르쿠츠크감옥으로 끌려가 처형되었고 시베리아로 강제 유형되어 사실상 우리의 독립군은 괴멸되고 말았다.〉

브라질 마나우스 상공에서 내려다본 아마존 강이 떠올랐다. 끝없이 펼쳐진 녹색의 수해(樹海:정글)를 가르며 구불구불 사행(蛇行)하는 강이 꼭 용과 같았다. 우리 조상들이 물과 용을 똑같이 '무르→미르'라고 한 지혜가 새삼 돋보였었다.

이 '아무르'도 그 옛날 높은 곳에서 바라보면 아마 그러했을 것이라는 생각이 들었다. 그랬기 때문에 '크고 차고 검고 깨끗하다'는 뜻의 '아리→어리' 밑에 '무르'가 붙어 '어(야)리무르[弱水]→아리무르[黑水]'가 되었다가 '리'자가 탈락되어 '아무르'가 되고 '무르'는 다시 '물[水]'이 아니라 '미르[龍]'로 변하여 흑룡강(黑龍江)이 된 것이 오늘의 이름이기 때문이다.

- 186 -

강바닥까지 새까만 흑토지대(黑土地帶:스텝)에 자리하고 있어 강물까지 검게 보이지만 이곳의 주어종이 연어[大馬哈魚:dog salmon]인 것만 보아도 얼마나 깨끗한 물이 흐르고 있는지 짐작할 수 있다. 줄철갑상어(鰉魚:huso sturgeon)도 많이 잡힌다고 한다.

중국(淸)은 아무르를 넘어 외흥안령(外興安嶺:Stanovoy Khrebet)과 우디하(烏第河:Uda)를 따라 오츠크해로 빠지는 국경을 가지고 있었으나 19세기 중후반 혼란기를 틈타 러시아가 아무르 이북과 연해주로 불리는 우수리강 이동 지역을 무단 점거하는 등 동북쪽과 서북쪽에서 한반도 면적의 6~7배에 해당하는 땅을 빼앗아갔다고 중국인들은 고까워한다.

▲ 아이훈 역사진열관에 있는 옥환(玉環)

그 점령군과 제 땅을 두고 흥정을 벌이던 곳 중의 하나가 바로 이곳 아이훈고성(璦琿古城)이다. 청조(淸朝)가 러시아의 남침(南侵)을 막기 위해 세웠던 흑룡강장군 군서아문(黑龍江將軍軍署衙門)으로 옛 망루인 괴성각(魁星閣)이 남아 있다. 그곳으로 가면 러시아군의 양민학살과 전쟁의 참상, 강제조약 체결과정, 출토 문물과 함께 이곳 토박이 에벵키 및 오로천 족의 삶과 고난을 엿볼 수 있는 애휘역사진열관(愛輝歷史陳列館)이 있다.

〈1689년의 네르친스크(Nerchinsk)조약으로 태평양 진출이 좌절된 러시아는 1858년 청나라가 태평천국(太平天國)의 난과 제2차 아편전쟁(Arrow War)으로 고충을 겪는 틈을 이용하여 강제 점령한 아무르 이북의 땅과 연해주를 제 것으로 만들기 위해 청 정부를 윽박지르고 위협해 아이훈조약을 체결했다.〉

역사 진열관으로 올라가는 긴 계단 오른쪽에 세워진 가구(架構)에는 조그만 종이 셀 수도 없이 달려 있는데 바람 따라 때 없이 울려대는 그 소리

고조선과 부여가 남긴 땅, 그리고 대륙 백제

▲ 때 없이 울어대는 수많은 종. 억울하게 죽은 생령들의 흐느낌처럼 애잔하다

는 무고하게 죽어간 수많은 생령들이 혼이 되어 "나를 좀 돌아보아 달라"고 애원하는 것처럼 애잔했다. 산사(山寺)의 풍경소리와는 달리 쉽게 잊혀 질 수 없는 소리였다. 우리의 독립기념관에도 이런 시설이 있어 잠시나마 이름 없이 죽어간 수많은 선열(先烈)들을 생각할 수 있게 했으면 더 좋았을 것이다.

웃고 있는 청동좌룡(靑銅坐龍)

하르빈으로 돌아와 흑룡강성 박물관으로 갔다. 파형동검(琶形銅劍)과 발해형 철제투구가 먼저 눈에 띄었는데, 그 옆에서 금(金) 때의 청동좌룡

웃고 있는 청동좌룡(靑銅坐龍)

(靑銅坐龍)이 우리 작호도(鵲虎圖)의 호랑이처럼 깔깔대며 웃고 있었다. 가슴 깊이 찌르르하고 전율이 일었다.

현존 궁궐이나 사찰 건물에서 흔히 볼 수 있는 무섭고 기괴하게 생긴 중국용이나 일본용에 눈익어온 사람이라면 "무슨 용이 이렇게 생겼느냐"고 되물을지 모르지만 이 용은 우리 민족의 단초를 제공하는 홍산(紅山) 옥룡(玉龍)의 간결한 선을 그대로 빼어 닮은 순수한 우리의 용으로 해맑고 순한 민족성을 그대로 담고 있었다.

그 해학성은 한반도로 내려오면서 작호도 등 민속화에 이어지고 있다고 여겨졌다.

▲ 해학스럽게 웃고 있는 청동좌룡

〈발해형 투구는 둥근 다갈 못으로 철편을 이어 붙이고 정수리에 꽃봉오리 같은 둥근 장식을 올린 구조였다.〉

일제(日帝)가 만주를 점령하고 세웠던 관동군사령부(關東軍司令部) 예하 731부대 자리로 갔다. 규모만 작을 뿐 폴란드 크라코프의 유태인 수용소 아우슈비츠(Oswiecim)와 다를 것이 없었다. 바이러스 · 곤충 · 페스트 · 콜레라 · 동상(凍傷) 등 생화학 무기를 연구하고자 이시이 시로(石井四郎)의 주도로 한국인 · 중국인 · 러시아인 · 몽골인 들을 잡아다 생체실험에 사용했던 곳이다.

잔디밭이 된 빈 터, 군데군데 남아 있는 연구용 건물터가 끔찍했던 당시를 어림하게 할 뿐 중요한 부분은 모두 태워지고 파괴되어 당시의 상황을 실감하거나 확인하기에는 미흡한 점이 너무 많았다.

〈방역급수부대로 위장했던 이 관동군 731부대는 17개의 연구반으로 구성되어 인간들을 원목(原木)이라는 뜻인 '마루타(丸太)'라 부르며 생체실험에 사용했다. 이 연구를 주도한 이시이 시로(石井四郞)는 중장으로 세균학 박사였다. 이곳에서는 해마다 600명이 생체실험에 동원되어 최소 3000명 이상이 희생된 것으로 추정되고 있다. 미 육군 조사보고에 따르면 1936~1943년까지 이 부대에서 만든 인체 표본(人體標本)만 수백 개로 페스트 246개, 콜레라 135개, 유행성출혈열 101개 등이다. 생체실험의 내용은 세균실험과 생체해부실험, 생체 총기관통실험, 가스실험 등이고 동상(凍傷) 연구를 위해 생체냉동실험, 생체원심분리실험, 진공실험, 신경실험 등이 자행됐다. 종전 후 이시이 시로를 비롯한 부대원들은 연구결과를 모두 미군에 넘기는 조건으로 전범재판에 회부되지도 않고 면책(免責)된 것으로 알려졌다.〉

금(金)나라의 첫 번째 수도가 세워졌던 아성(阿城:아청)으로 갔다. 알추카수(阿勒楚喀水:現 阿什河) 가에 있어 붙은 이름이다. [금나라가 세워질 당시 이 물길은 여진어(女眞語)로 '알초코(阿觸胡)→알추카(按出虎)'로 불렸는데 그 뜻이 금(金)이었다 한다.(金史地理志)]

상경 회녕부(上京會寧府)의 궁전 터는 남쪽 교외 낮은 구릉지에 있었다. 곡물이 무성한 너른 밭을 끼고 미루나무 사이로 오솔길이 나 있었는데 그곳이 바로 궁궐터라고 한다. 사적(史跡)을 알리는 표석(表石)마저 없었다면 찾기는커녕 어림할 수도 없는 곳이었다. 이름 그대로 '아무것도 없는 성(白城)'이었다. 하기야 지은 지 30년도 채 안되어 제 손으로 부수고 태워버려 농지로 개간된 곳(夷其址,耕墾之:金史)이니 지금까지 그 주춧돌이나마 남아있을 리가 없다.

〈금태조(金太祖) 아구다(阿骨打)가 이 황궁터에서 황제가 된 것은 아니다. 지금 소성자(小城子)라고 부르는 황제채(皇帝寨)에서 황제가 되었다. 등극한 후 그곳에는 토성(土城)이 축조되었는데 에워싼 전장이 1166m 밖에 안 되어 소성자라고 한다. "건국 초기에는 성곽도 없이 별처럼 흩어져 살며 '황제채'라 불렀다"는 기록(北宋 許亢宗奉使金國行程錄)이 이를 증명한다. 이곳 궁전은 2대 황제 오걸매(吳乞買:太宗)가 즉위한 다음해(1124)부터 북송(北宋)의 개봉부(開封府)와 요(遼)의 임황부(臨潢府)를 본 따 지은 6km^{2}에 달하는 거대한 궁성(宮城)이었는데 1149년 3대 황제 희종(熙宗)을 죽이고 제위에 올랐던 해릉왕(海陵王) 디구내(迪古乃)가 수도를 연경(燕京:北京)으로 옮긴 다음 1157년 이곳의 궁전과 종묘 등을 모두 불태우고 파괴하게 하여 폐허로 만들었다. 그는 남송(南宋)을 평정하고자 남정군(南征軍)을 일으켰지만, 거란인(契丹人:遼)의 반란이 일어나고, 사촌 동생 우루(烏祿:뒤의 世宗)가 요양(遼陽)에서 황제로 등극하자 사태가 불리하게 돌아가 양주(揚州:江蘇省)에서 부하의 손에 피살되었다. 해릉왕은 충분히 남송을 쓸어버리고 중국천하를 통일할 수 있는 배포의 인물이었지만 거란인의 반란을 무찔렀어야할 우루가 창끝을 돌려대는 바람에 '천하통일의 꿈'은 접히고 말았다.〉

금태조(金太祖)는 고려사람

금나라를 세운 아구다(阿骨打:아골타)가 '고려인 함보(高麗人函普)'의 8대손이라는 「금사(金史)」의 기록에 미련이 남아 '유구(遺構)라도 볼 수 있겠지'하고 찾은 것이 부질없다.

〈고려사(高麗史:睿宗四年)」에도 윤관(尹瓘)이 북계(北界)에 9성을 쌓자 이를 항의하러 온 여진(女眞)의 사자 요불(褭弗)과 사현(史顯)등의 말 속에 "옛날에 우리 태사(太師:족장) 영가(盈歌:잉게)께서 말씀하시기를, '우리 조종(祖宗)은 대방(大邦:고려)에서 나왔으므로 자손들도 귀부(歸附)해야 한다'고 하셨고 지금 태사 오아속(烏雅束:우아슈)께서도 대방을 '부모의 나라'로 알고 있사옵니다"하는 대목이 있다. '영가'와 '오아속'은 금태조 아구다의 숙부와 형이었다. 「송막기문(松漠紀聞)」에는 "여진추장(女眞酋長)은 신라(新羅)사람"이라는 기록도 있다.〉

이 땅에서는 현재 붉은 껍질 마늘과 통배추가 많이 생산되는데 씨를 넣으러 밭을 갈다 보면 부서진 기와 쪽이 지금도 많이 보인다고 한다.

인근에 있는 금태조릉(金太祖陵)으로 갔다. 참장대(斬將臺)라 불리는 곳으로 아구다가 처음 묻혔던 곳이다.

▲ 포용감 넘치는 금의 보살상

〈아구다는 1120년 송(宋)과 손을 잡고 요(遼: 契丹)의 상경(上京:巴林左旗)과 중경(中京:寧城), 남경(南京:北京), 서경(西京:大同)를 함락하고 요의 천조제(天祚帝)를 협산(夾山)으로 깊숙이 쫓아버렸다. 회녕부로 돌아오던 길에 병이 나자 동생 오걸매(吳乞買)를 불러 뒷일을 부탁하고 1122년 8월 28일 농안(農安) 서쪽 파라포(婆羅泡) 인근에서 56세로 죽었다. 그는 소금 속에 묻혀 돌아와 1123년 9월 이곳에 묻혔는데 능침 위에 영신전(寧神殿)을 짓고 태조묘(太祖廟), 또는 태묘(太廟)라고 했다. 종묘(宗廟) 구실을 한 것이다. 그래서 1125년 요를 멸망시키고 천조제(天祚帝)를 사로잡자 이곳 영신전 앞으로 끌고 와서 무릎으로 기는 견양례(牽羊禮)를 올리게 했고 1127년에는 약속을 어기고 세폐(歲幣)를 제대로 바치지 않는 송의 수도 개봉(開封)으로 쳐 들어가 휘종(徽宗)과 흠종(欽宗) 두 황제와 황족, 대신 등 3천여 명을 사로잡아 이곳으로 끌고 와서 역시 무릎으로 기며 충성을 다짐하는 견양례를 올리게 했다. 이로써 송은 양자강 남쪽으로 쫓겨나 남송(南宋)이 되었고 금(金)은 만주 전역과 내몽고, 화북(華北) 지역을 통할하는 거대한 정복왕조로 자리를 굳혔다. 그러나 이 능침에는 지금 아구다의 유골이 없다. 북경으로 수도를 옮긴 해릉왕(海陵王)이 1155년 12월 방산(房山:북경교외 九龍山)으로 이 능침과 오걸매의 능을 파 옮겼다.〉

만든 지 얼마 안 되는 중국식 건물과 석물들이 중국식으로 배열되어 있을 뿐 원래의 모습이 어떠했는지 가늠할 수 있는 것은 아무것도 없었다.

듬성듬성 큰키나무가 자라고 있는 황량한 봉분 "저 위에 영신전(寧神殿)이 있었겠지"하고 생각하게 할 뿐이었다.

〈무덤 위에 신전(神殿)을 지은 것은 고구려의 전례를 계승한 것으로 보인다. 고구려의 옛 수도 집안(輯安)으로 가면 지금도 장군총(將軍塚)이란 적석총(積石塚:피라미드) 위에 있는 사당 자리를 볼 수 있다.〉

금 상경 역사박물관(金上京歷史博物館)으로 갔다. 앞마당에 아구다의 기마상(騎馬像)이 세워져 있는 곳이다.

아구다(태조)·오걸매(태종)·하라(合剌:희종)·디구내(해릉왕) 등 이곳에서 등극했던 네 황제의 대리석 흉상이 실내의 분위기를 압도했다. 최근에 만들어진 것이지만 각자의 개성이 잘 표현되어 있었다. 좀 더 안으로 들어갔다.

하르빈에서 보았던 청동좌룡(靑銅坐龍:높이 19.6mm, 무게 2.1kg)이 출토지를 자랑하듯 진열되어 있었고 그 옆에 조금씩 모습을 달리하는 청동좌룡 들이 앉아 있었다. 만든 솜씨가 똑같았다.

▲ 상경회녕부 궁터에서 나온 마노 술잔

용·기린·사자·개의 모습과 특징을 띠 같은 듯 다르게 주조된 독특한 예술품들이었다. 1964년 상경유지(上京遺址) 흙담(土墻) 밑에서 함께 발견되었다 한다. 황제가 타던 수레[金輅大輦]에 장식되었던 '손잡이'로 추정되고 있다.

전성기 당(唐)나라 미인도(美人圖)를 능가할 만큼 풍만하고 아름다운 보살상(菩薩像)과 공녀상(供女像)도 있었고 옥기(玉器)와 자기(瓷器), 다양한 내용을 담고 있는 동경(銅鏡)들도 있었다.

고조선과 부여가 남긴 땅, 그리고 대륙 백제

미투나는 동경(銅鏡)에도

가장 놀라게 한 것은 '비희경(秘戱鏡)'이란 이름의 둥근 거울이었다. 거울 뒷면을 ×형태로 4등분하여 남녀의 일(男女相悅之事)을 적라라하게 표현하고 있었는데 표현 방법이 꼭 인도 엘로라에 있는 카일라시(Kailash) 사원 석벽(입구 상단 오른쪽 방)에 새겨진 미투나(Mithuna)와 그렇게 같을 수가 없었다.

얼굴만 반반하면 조카고 숙모고를 가리지 않고 남편을 죽이고라도 빼앗아 갖고 논 것이 해릉왕이니 그에게 잘 어울리는 물건이라는 생각이 얼핏 들었다. 그러나 더하고 덜한 차이가 있을 뿐 역대 어느 전제군주가 그런 일에서 초연했을까 싶어 피식 웃고 말았다. 옛날에만 그랬던 것이 아니다. 근래 우리 주위에서도 딸을 너무 사랑해온 죄책감에 빠져 유명 대사(大使)가 스스로 목숨을 끊은 사례도 있다.

▲ 궁터서 나온 비희경(秘戱鏡).

'남녀사(男女事)에 있어서는 어느 누구도 떳떳할 수 없는 것이 사내들'이란 말이 그래서 생겨났다. 일본에서는 예부터 '허리띠 밑의 일은 논하지 않는 것이 무사도(武士道)'라고도 한다. 여성과 관련된 일로 남성의 됨됨이를 평가하려 든다면 도학군자가 아닌 이상 '쓸 만한 사람은 하나도 없다'고 결론나기 때문이라 한다.

고속도로로 들어서 무단장시(牡丹江市 : 목단강시)로 향했다. 해방 전 (1930~1940년) 이화자(李花子)의 「목단강(牧丹江) 편지」라는 노래가 애절한 목소리를 타고 전국에 울려 퍼지며 널리 알려진 강 이름이다. 우리 항일 독립군의 후방기지 역할을 했던 곳이다. 김좌진(金佐鎭) 장군도 이곳에서 순국(殉國)했다.

〈이화자는 인천(仁川)의 작부출신 여가수로 불우한 삶을 살았다. 그가 부른 「牧丹江 편지」는 이러하다. "한 번 읽고 단념하고 두 번 읽고 맹세했소/목단강 건너 가며 보내주신 이 사연을/낸들 어이 모르오리 성공하소서.//밤을 새워 읽은 편지 밤을 새워 감사하며/여자의 마음 둘 곳 분접시가 아닌 것을/깊이깊이 깨달아서 울었나이다."〉

다섯 시가 다 되어 해림(海林:하이린)에 도착했다. 무단장시 채 못 미쳐 있는 도시다. 해가 떨어지기까지 남은 시간은 겨우 1시간쯤이었다. 서둘러 한중우의공원(韓中友誼公園)으로 갔다. 김좌진장군과 홍범도(洪範圖)장군 및 동북항일연군(東北抗日聯軍)의 생애와 투쟁 자료들을 볼 수 있는 전시관이 있는 곳이다.
퇴근한 관리인을 찾아 문을 열고 가까스로 둘러보았다. 택시(다마스형의 소형삼륜차)를 타면 30분밖에 안 걸린다는 말에 용기를 내어 산시진 도남촌(山市鎭陶南村)으로 향했다. 김좌진장군이 숨어살던 집과 한족총연합회(독립군총사령부)가 있던 곳이다. 각 계열의 사람들이 '항일 독립'을 내세우며 사분오열(四分五裂), 주도권 쟁탈전으로 피가 튀던 곳이다. 현장에 도착하니 저녁 8시가 지나고도 한참 뒤였다.

가로등마저 없는 마을은 지척을 분간하지 못할 만큼 어두웠다. 고샅을 헤매며 물어물어 찾아 들어갔다. 장군이 거처하던 초가와 방앗간(금성정미소)이 복원되어 있고 대리석 흉상도 세워져 있었다. 손녀[金乙童]가 자비로 부지를 매입하여 복원한 것이라고 한다. "아무나 쉽게 할 수 없는 일을 해냈구나"싶었다.

충청도 부잣집에서 태어나 평생 호사스럽게 살 수 있는 길을 버리고 스스로 민족교육과 항일 독립운동에 뛰어들어 간난(艱難)의 세월을 살다가 비명에 간 장군을 생각하면 손녀가 나서기 전에 정부나 유관단체에서 나서서 복원했어야 마땅했을 것이다.

〈김좌진 장군은 1920년 10월 20~23일 청산리(靑山里) 전투에서 일본군 3300명을 섬멸하고 이곳 해림시 산시진(海林市山市鎭)으로 숨어들어 정미소를 경영하며 숨어 살았는데 1930년 1월 24일 정미기계를 고치다가 고려공산청년회 김일성(金一星)에 세뇌당한 부하 바상실(朴尙實)의 흉탄을 맞고 순국했다.〉

목단강(牧丹江)은 '물안이'

자정이 넘어 무단장시에 도착했다. 민국(民國) 초(1910년대)까지 사르코(薩爾胡城:싸리골성)라고 불리던 조그만 촌락이었는데 철도를 따라 많은 사람이 몰려들고 점점 커져 시내를 관통하는 강 이름을 따라 무단장이라고 부른 것이 1937년 정식으로 시 이름이 됐다고 한다. 〈이곳에 사는 조선족들은 꼭 '목단강'이라고 부른다.〉

그러나 이 강의 원래 이름은 '무단장'도, '목단강'도 아니다. 만주어의 '구부러진 강(灣曲的江:강굽이)'이라는 뜻의 '무단우라(ula, ura는 물)'가 무단장이 된 것이라 하지만 그것은 더더욱 아닐 성싶다. 세상에 구부러지지 않는 강이 어디 있는가. 그 말이 맞다면 주위 강굽이에 있는 숱한 도시가 모두 무단우라(무단강)가 되어야할 터인데 각각 이름이 다른 것만 보아도 그런 뜻이 아님을 알 수 있다.

「요사(遼史:契丹)」에 홀한하(忽汗河:골안내)라고 기록되어 있는 이 물길이 '홀하하(瑚爾哈河)·후리개강(胡里改江)·부칸내(僕干水)' 등으로 변해온 것과는 아무런 관련 없이 '모단강(牡丹江:무단장)·목단강(牧丹江)'으로 불리고 있는 것을 보면 '무단우라'에 어원이 있는 것이 아니라 이 강의 수원인 '무란산(牡丹山[嶺])', 즉 우리말 '물안이(마을) 산'이라는 '물안이'에 바탕

목단강(牧丹江)은 '물안이'

▲ 목단강[牧丹江] 가 공원에 있는 '팔녀 투강 기념비(八女投江紀念碑)'

을 두고 이루어진 말로 " '물안 마을:골안내'을 싸고 흐르는 강"이라는 뜻으로 보아야 할 것 같다. 해랑하(海浪河:海瀾河)가 무란강에 합류하는 두 물머리에 자리하고 있는 것만 보아도 이 도시가 그 옛날 우리 조상들이 '무라니'라고 부르던 작은 촌락에서 시작되었음을 알 수 있다.

아침 일찍 강변공원(濱江公園)으로 나갔다. 강변은 온통 유원지화 하여 있고 관리가 부실하여 온갖 잡동사니로 지저분했다. 정성스러운 손길이 닿는 부분은 '팔녀투강기념비(八女投江紀念碑)' 주변이었다. 13세 소녀까지 충동여 일제(日帝)의 총알받이로 만들었던 공산당의 항일업적을 자랑하기 위해 1986년 세운 기념물이다. 등영초(鄧穎超:周恩來의 아내)의 필적이 눈길을 끌었다.

그러나 이 기념비는 여기에 세워질 것이 아니었다. 훨씬 하류(林口縣과 依蘭縣 경계 지점)의 무란강 지류인 우스훈허(烏斯渾[運]河) 가에 세워져야 할 것이 엉뚱하게 이곳으로 올라와 앉은 것이다.

- 197 -

《임구현지(林口縣志)》에 따르면 "1938년 10월 20일. 서정(西征)에 실패했다. 오군(五軍) 1사단 사단장 관서범(關書範)이 살아남은 병사 100여명을 이끌고 임구현 지역으로 돌아왔다. 부대가 흥륭진(興隆鎭) 서북쪽 작목강(柞木崗) 산 밑 우스훈허(烏斯渾河:오사혼하) 가에서 숙영(宿營:야영)을 하고 있었는데 적들에게 발각되었다. 적들은 1000여명의 대부대가 출동하여 포위했다. 냉운(冷雲) · 양귀진(楊貴珍) · 호수지(胡秀芝) · 안분복(安順福) · 곽계금(郭桂琴) · 황계청(黃桂淸) · 왕혜민(王惠民) · 이봉선(李鳳善) 등 여전사(女戰士) 8명이 주력부대가 빠져나가도록 엄호하며 있는 힘을 다해 저항했다. 부대가 모두 빠져나간 뒤 그녀들은 총탄도 떨어지고 지원군도 없자 의연히 우스훈허로 뛰어들어 장렬하게 순국했다."고 기록하고 있다. 아무리 포위된 채 사격을 당하고 있었다 해도 '주력부대'라는 사내들이 어린 여대원들을 팽개친 채 저 살기에 바빠 메뚜기 튀듯 도망쳤다는 것을 여실히 보여주는 기록이다. 뒤늦게 돌아와 강변에 널브러져 있는 소녀들의 시체를 보고 미안한 마음에서 쓰게 된 것이 "부대원들이 빠져나가도록 엄호하고 강으로 뛰어들어 자결했다."는 소설이 아닌가 싶다. 어찌 어물거리다 뒤쳐져 총을 쏘던 여성들이 일본군의 집중사격을 받지 않았겠는가. 그녀들의 마지막 모습을 본 것은 일본군뿐이었고 '익사'를 증명하는 기록도 없기 때문이다. 다만 그중의 안순복 · 이봉선이 조선족의 딸이라고 하니 '일본군의 총에 맞아 죽었다'는 말보다 '의연히 강물로 뛰어들어 자살했다'는 소리가 듣기는 좋다.〉

▲ 발해 궁전 기단에 설치됐던 석수(石獸).

발해(渤海) 궁터는 조작되었는가

영안(寧安)을 거쳐 발해(渤海)의 도읍지 동경성진(東京城鎭)으로 갔다. 발해진(渤海鎭)으로 더 잘 알려진 곳이다.

발해(渤海) 궁터는 조작되었는가

▲ 발해 상경 용천부 궁성이 있던 자리. 축대는 영흥전(永興殿) 기단이라 한다.

먼저 발해상경유지박물관(渤海上京遺址博物館)을 찾았다. 무슨 유물을 어떻게 벌여놓고, "고구려의 한 종족(高麗別種)"이라는 사서(史書) 들의 기록을 무시한 채 대조영(大祚榮)을 '말갈족(靺鞨族)'이라고 하고 발해를 중국의 '지방정권(地方政權)'이라고 하는지 알아보기 위해서였다.

ㄷ자형 건물 한 중간 입구로 들어갔다. 발해 석등(石燈)을 중심으로 출토유물이 좌우에 전시되고 있었는데 작은 건물이 휑하니 비어 있는 듯 바람이라도 한 자락 맨봉당을 쓸고 지날 것 같았다.

〈제1 궁전 터 기단에서 출토된 석수(石獸)가 있었고 글자가 찍힌 기와 쪽과 연꽃무늬 수막새, 보상화(寶相華)무늬 전돌, 회색도기, 채색 귀면(鬼面), 동인(銅印:天門軍之印), 동경(銅鏡), 금동불상(金銅佛像), 전불(塼佛), 철제 투구와 흥륭사(興隆寺)에서 발굴된 철제 어문(魚紋)향로 등등이 있었는데 이 투구는 흑룡강성 박물관에서 본 투구만 못했다.〉

원래 이곳을 처음 발굴한 것이 만주 점령기의 일본이고 출토 유물 대부분이 일본으로 건너가 현재 동경대(東京大)에 소장되어 있는 형편이니 이곳의 유물이 빈약할 수밖에 없는 것은 당연한 일이다.
  그러나 대표적 발해유물이라는 석등은 중국 것과는 구조부터가 다른 우리 것으로 지금도 한반도 곳곳에서 볼 수 있는 모습이었고 틀로 찍어 구워낸 전불(甎佛)들 역시 형태와 의상표현 등이 고구려 불상과 크게 다르지 않았다.

  발해 상경용천부 궁성유지(上京龍泉府宮城遺址)로 갔다. 현무암으로 쌓은 시꺼먼 궁장(宮墻)이 앞을 가로막았다. 유석 중 가장 잘 남아 있는 오문(午門:남문) 터라고 한다.

  궁장 안으로 들어섰다. 광활하게 널브러진 밭에는 콩과 옥수수, 들깨 등 곡물이 무성했고 참외를 재배해 즉석에서 팔기도 했다.
  밭둑을 따라 직선으로 뚫린 좁은 길 끝에 나지막한 현무암 기단(基壇)이 보였다. 제 1 궁전 터라고 한다. 그 말이 맞다면 「요사(遼史)」가 기록하고 있는 영흥전(永興殿)으로 유추된다.
  그곳으로 올라갔다. 그 뒤로 또다시 제 2 궁전 기단이 보였다. 군데군데 불규칙하게 들어선 큰키나무들이 시야를 가려 전체 구조를 파악할 수가 없었다.
  다시 더 안으로 들어가려 했다. 현지 안내인이 막아서며 안 된다고 했다. 아직 발굴이 끝난 것이 아니어서 일반 공개는 여기까지라는 것이다. "얼마 전 한국 대학생이 몰래 들어가 사진을 찍었다가 공안에게 체포되어 필름을 빼앗기고 구금되는 등 자칫 외교문제로 확대될 뻔한 사건까지 있었다"고 겁을 주었다.
  어쩔 수 없이 되돌아 나와 문루(門樓)자리로 올라갔다. 여기서도 그 이상은 보이지 않았다. 수북한 옥수수 대와 나무의 수관(樹冠)들이 제 2 궁전 기단을 끝으로 시선을 차단하고 있었다.
  정말 이 궁전이 그들의 발표(항공사진)대로 장안성(長安城)을 본 따 지은 것인지 아니면 장안성처럼 기단을 조작해놓고 찍은 것인지 현재 재현해 놓은 유구(遺溝)만으로는 확인하기가 불가능했다. 그들의 동북공정(東北工程)과 맞물려 의심만 불러일으키기 때문이다. (동호족의 궁전은 보통 동향으로 되어 있는 경우가 많다.)

진국(震國)을 버린 수수께끼

중국인들은 어째서 대조영을 말갈족이라고 하고 발해를 당나라의 한 지방정권이라고 하는가 살펴보자.

「구당서(舊唐書:渤海靺鞨傳)」에 "발해말갈의 대조영이라는 자는 본래 고구려의 별종(別種)이다"하는 대목이 있고 「신당서(新唐書:北狄傳)」에는 "발해는 본래 속말말갈(粟末靺鞨)로 고구려에 붙은 자인데 성은 대(大)씨이다"하는 구절이 있으며 「오대사(五代史:四夷附錄)」에는 "발해의 본이름은 '말갈'인데 고구려의 별종이다"라고 기록하고 있다.

이 '별종'이라는 말을 우리는 '우리말을 쓰던 고구려의 한 부족(遺民)'이라 이해하고 중국은 '고구려에 속해 있던 다른 종족'이라고 해석하여 말갈로 적은 것이다. 근래에는 에벵키족이라고도 한다.

말갈족과 고구려족은 같은 '맥족'으로 '구리(句驪)'에 바탕을 두고 이루어진 명칭인데, 중국 사람들이 '고구려'와 '말갈'·'옥저' 등으로 나누어 적는 바람에 다른 종족처럼 이해되는 것이다.

〈고구려라는 이름이 처음 역사에 기재된 것은 현토군(玄菟郡)을 설치할 때(BC 107) 그 속현(屬縣)의 하나로 고구려현(高句麗縣)이 생기면서부터이다. 그곳에 살던 맥족(貊汗:마한)이 '괵구르(Gökgur)'라고 자칭하던 말을 따 읍락의 이름을 정함으로써 '고구려현'이 생긴 것으로 보인다. 그 뒤(기원전 75년) 현토군이 퇴축된 이후 이 읍락을 중심으로 고구려 연맹체가 형성되었고, 국호로 사용되었다. 5세기 중엽 이후에는 구리(句麗:구려)와 같은 말인 '고리(高麗:고려)'를 공식 국호

고조선과 부여가 남긴 땅, 그리고 대륙 백제

▲ 발해투구(渤海鐵)

로 삼았다. 「삼국사기」에서는 왕건(王建)의 고려와 구분하기 위해 '고려(고리)'를 모두 고구려라 기술하였다.〉

그뿐 아니다. 대조영의 아버지 사리걸걸중상(舍利乞乞仲象)은 측천무후(則天武后)가 진국공(震國公)에 봉했으나 받지 않았는데, 대조영은 진(震:振)이라는 나라를 세우고 스스로 왕이 되었지만 당나라가 '진국(震國)'이나 '발해국(渤海國)'이 아닌 '발해군왕(渤海郡王)'으로 봉하자 넓죽 받아들여 조공을 바치며 나라 이름까지 '진'을 버리고 '발해'라고 했으니 중국의 지방정권이 아니고 무엇이냐는 투다.

꼭 "너희들은 스스로 '중국효자(中國孝子)'라며 조선조 500년 동안 우리를 받들어 모시고 우리의 비호 속에 살아온 속국(屬國)이고 지방(藩臣) 정권이니 여차하면 이북 5도라고 접수하여 경영하겠다"는 속셈을 드러내는 것이 아닌지 의심스럽다.

그러나 1980년 요동(吉林省和龍縣龍頭山)에서 발견된 정효공주묘비(貞孝公主墓碑:발해 제3대 국왕 文王의 딸)의 기록을 보면, 발해는 중국 황제의 연호(年號)를 쓰지 않고 독자적인 연호를 썼으며, 왕을 '황상(皇上)'이라는 뜻의 말로 호칭했다. 발해가 국왕을 중국의 황제와 동등하게 인식할 정도로 막강한 세력을 구사한 독립국가였음을 증명하는 기록이 아닐 수 없다. 어찌 지방정권이 독자적인 연호를 쓰고 국왕을 '황상'이라는 뜻으로 호칭할 수 있겠는가.

문루 자리 초석 위에 앉아 대조영이 나라를 세울 당시의 기록을 더듬어 보았다.

〈「신·구당서」와 「오대사」의 기록을 종합하면 대조영의 건국과정은 이러하다.

진국(震國)을 버린 수수께끼

"발해말갈의 대조영(大祚榮)이란 자는 본래 고구려의 별종(別種)이다. 당고종 [李治]이 고구려를 멸망(668)시키고 그곳 사람들을 중국 각지로 강제 이주시키자 그는 가솔을 이끌고 영주(營州:현 朝陽)로 옮겨와 살았는데, 측천무후(則天武后) 때(696) 거란(契丹:遼)의 이진충(李盡忠)이 반란을 일으키자 대조영의 아버지 사리걸걸상중(舍利乞乞仲象)과 말갈추장 걸사비우(乞四比羽) 및 고구려의 살아남은 종내기 들은 제각기 졸개를 이끌고 동쪽으로 달아나 고구려의 옛 땅을 나누어 갖고 왕노릇을 하며 공략하기 어려운 곳에 성을 쌓고 지켰다. 이

▲ 발해 용천부에서 출토된 유물

진충이 죽은 뒤 측천무후는 걸사비우를 허국공(許國公)에 봉하고 걸걸중상을 진국공(震國公)에 봉하며 그들의 죄를 용서하려 하였으나 그들은 받지 않았다. 측천무후는 우옥검위대장군 이해고(李楷固)와 중랑장 색구(索仇)에게 토벌하게 하여 먼저 말갈을 무찌르고 걸사비우의 목을 쳤다. 이때 중상은 이미 죽었고 그의 아들 대조영이 군사를 이끌고 있었는데 어기차게 용감하고 전술에도 뛰어나 말갈의 무리와 고구려의 패잔병들이 그에게로 모여들었다. 이해고가 뒤쫓아 천문령(天門嶺)을 넘어 압박하자 대조영은 고구려와 말갈의 병사를 통합하여 거느리고 반격했다. 이해고는 크게 패하여 목숨만 살아 돌아왔다. 이것을 본 거란과 해(奚)등이 모두 돌궐(突厥)에 붙는 바람에 왕사(王師:황제의 군대)의 정벌길이 막혀 측천무후는 토벌할 수 없었다. 대조영은 무리를 거느리고 나라를 세워(698~700) 스스로 진국왕(震國王)이라고 칭했으며 사신을 보내 돌궐(突厥)과도 수호(修好)했다. 동모산(東牟山)에 웅거하여 성을 쌓고 살았는데 그곳을 '구국(舊國)'이라 했다. 그의 땅은 5천리로 주민이 10여 만호이고 팔팔한 병사가 수만 명이며 풍속은 고구려 및 거란과 같고 문자가 있어 쓸 줄도 알았다. 부여(夫餘)와 옥저(沃沮), 번한(番韓), 조선(朝鮮) 등 바다 북쪽(요동)에 있는 나라들

을 모두 차지했다. 중종 때(705) 시어사 장행급(張行岌)을 보내어 귀순을 종용하자 대조영은 아들을 보내 입시(入侍)케 했고 예종 때(713)에 사신을 보내 대조영을 좌효위대장군 발해군왕(左驍衛大將軍 渤海郡王)으로 봉하여 홀한주도독(忽汗州都督)을 겸하게 하자 이때부터 '말갈(靺鞨)'이라는 국호를 버리고 '발해'라고만 불렀다.">

동모산(東牟山)은 어느 산인가

이 용천부 궁성은 대조영이 진(震:振)이라는 나라를 세우고 살았던 도성(都城)이 아니다. 이곳은 제 3대왕인 문왕 때(755년께) 동모산(東牟山) 밑 구국(舊國)에서 이곳으로 옮겨와 발해가 망할 때까지 160년가량 수도 자리를 지켜온 곳이다.

그러나 오늘날 만주에는 '동모산'이란 이름의 산은 없다. 또 동모산에 대한 의견도 엇갈려 종전에는 돈화의 오동성(敖東城)이 발해의 첫 도읍지라 했다가 최근에는 길림성 돈화시 성산자산(吉林省敦化市城山子山)을 동모산이라고 한다. 방어적 산성을 갖고 있고 인근에서 정혜공주묘(貞惠公主墓)등 발해왕족과 평민들의 무덤인 '육정산(六頂山) 고분군'이 발견되었기 때문이다.

발해 석등의 진품을 보기위해 흥륭사(興隆寺)로 갔다. 석등만 남아 있던 발해 절터에 청나라 강희제 때(1713) 세운 절이다. 처음에는 삼중불전(三重佛殿)으로 재건되었는데 그 후 화재로 일부가 소실되어 확대 증축(1861)되었다고 소개되고 있다.

경내로 들어섰다. 석비(石碑)와 귀부(龜趺) 등이 바깥마당에 벌려서 있었고 마전(馬殿)-관제전(關帝殿)-천왕전(天王殿)-대웅보전(大雄寶殿)-삼성전(三聖殿:石佛殿)등 오중불전이 100m 쯤 되는 거리에 줄지어 서 있었다.

동모산(東牟山)은 어느 산인가

▲ 흥융사(興隆寺) 뒤편에 있는 '발해사 팔각 석등(渤海寺 八角石燈)'. 오직 하나뿐인 유물이다.

 전각들을 지나 곧장 안으로 들어갔다. 발해 팔각석등(八角石燈)은 맨 뒤편 삼성전 앞에 있었다. 6m 쯤 되는 키에 우람한 몸집은 주위의 분위기를 압도하고도 남음이 있었다. '오직 하나 남은 발해의 대 석조 예술품'이라는 기림이 조금도 부끄럽게 느껴지지 않았다.

 크고 작은 40여개의 현무암 덩어리를 깎아 네 부분으로 나누어 끼워 맞춘 것인데 각 접합 부분이 일호의 틈도 없이 서로 맞물려 하나의 돌처럼 견고하기 때문에 1300여 년의 세월동안 비바람을 겪으면서도 오늘날까지 의연히 버티고 서서 우리에게 당당한 모습을 보여주고 있는 것이다.
 석불사(石佛寺)라고 불리기도 하는 이 절의 석불을 보려고 삼성전으로 들어갔다. 그러나 그곳에 있는 석불은 옛날 석불이 아니었다. 그보다는 목조건물인 대웅보전의 비첨두공(飛檐枓拱)이 눈길을 끌었다. 흑룡강성에 단 하나뿐인 청나라 초기 건물이라 한다.

 머리도 식힐 겸 잠시 경박호(鏡泊湖)에 들렀다. 경파박(鏡波泊) · 경파호

(鏡波湖)로 불리던 곳으로 좁고 긴 고산 언색호(高山堰塞湖)이다. 1만여년 전 화산 폭발로 무란강 물줄기가 막혀 형성된 것이다. 광재령(廣才嶺)과 노야령(老爺嶺) 사이 산속에 있다.

높이 20~25m, 너비 40~45m의 현무암 직벽이 북쪽 무란강으로 이어지는 부분을 막고 있는데 이곳이 바로 마그마가 흘러내려 강을 덮친 곳이다. 우기에는 호수 물이 이곳으로 흘러넘쳐 거대한 폭포를 이룬다고 한다. 조수부 쏙포(弔水樓瀑布)라는 것이 그것이다. '백발삼천장(白髮三千丈)'식 중국 표현을 빌면 "브라질의 이과수폭포를 방불케 한다"고 한다.

호수 중류 소고산(小孤山) 정상에 있다는 발해산성을 가볼 수 없는 것이 안타까웠다. 가파른 절벽 위에 자리하고 있어 거의 원형을 잃지 않고 있다는 성이다.

호변에 세워져 있는 홍라녀(紅羅女)의 상을 쳐다보다 차에 올랐다. 전설 속의 인물을 실제화해 놓은 것이다.

▲ 경박호의 막힌 부분. 우기에는 폭포가 된다

〈이 호수 주변에는 홍나녀(紅羅女)에 얽힌 여러 가지 전설이 떠돈다. 하늘에서 홍라산성(紅羅傘星)을 타고 홍라녀가 경박호(鏡泊湖)로 내려왔는데 그녀는 발해왕자와 결혼한 후 거란을 무찌르고 대홀한(大忽汗)을 구했다든가, 3대왕 대흠무(大欽武)의 외동딸로 태어나 슬프면서도 아름다운 사랑을 했다든가, 동생 녹라녀(綠羅女)와 함께 출전하여 큰 공을 세우고 여황제가 되었다든가, 국왕이 아름다움에 반해 왕비로 삼으려 했으나 정혼한 남성이 있던 그녀는 이를 마다하고 호수로 뛰어들어 자살했다는 등의 이야기이다. 홍라녀는 화산 폭발로 흘러내린 용암이 의인화(擬人化)된 것으로 보인다.〉

들던 빗방울이 점점 굵어졌다. 백두산 등정계획을 또 접었다. 돈화(敦化)를 거쳐 곧바로 가면 저녁 8시 전에 길림(吉林)에 도착할 것을 공연히 느적이다가 이튿날 새벽 2시에 엉뚱하게 장춘(長春)으로 가 닿았다. 기왕 이렇게 된 것을 어찌하겠는가. 동경성(東京城)-춘화(春和)-왕청(汪淸)-안도(安圖)-만보(萬寶)-대포시하(大蒲柴河)-화전(樺甸) 길을 택한 탓이었다.

장춘(長春)은 '긴배미'

선잠을 털고 일어났다. 창밖을 내다보았다. 다행히 날은 맑게 개어 있었다. 이곳은 19세기 러시아가 동청철도(東淸鐵道:블라디보스톡-치타간)부설권을 따내기 이전까지만 해도 송요평원(松遼平原) 한 구석의 '진배미→긴배미→긴보미'라는 우리 이름으로 불리던 조그만 촌락이 아니었을까 싶다. 그것을 한자로 표기하다 보니 '長春(장춘:긴 봄)'이 된 것이다. 전설 꾸미기 좋아하는 중국 사람들도 장춘이라는 지명에 곤혹스러워하는 까닭이 여기에 있다.

시내로 나갔다. '만주국(滿洲國)시절 국무원 자리'라는 등의 옛 건물이 많이 보였다.
만주국 황궁(滿洲國皇宮)으로 갔다. 중국 사람들은 '위만황궁박물원(僞

滿皇宮博物院)'이란 간판을 붙여놓고 있었다. '가짜황궁'이란 뜻이다. 일본의 괴뢰정권이었음을 뜻하는 말이다.

1912년 신해혁명(辛亥革命)으로 청의 마지막 황제 푸이(溥儀:宣統帝)는 자금성에서 쫓겨나

▲ 평민 신분으로 죽기 5년전 재혼했던 푸이

천진(天津:톈진)의 일본 조계(租界)에서 망명생활을 하다가 만주국 황제로 추대되어 이곳으로 옮겨와 살았다.

〈일본은 제1차 세계대전 이후 '마적단의 두목'으로 불리던 봉천군벌 장작림(奉天軍閥張作霖)을 원조하며 중국관내의 침략을 노렸다. 그러나 장작림이 피살되고 그의 아들 장학량(張學良)이 장개석(蔣介石)의 국민정부에 합류한 이후, 공업원료 공급기지이며 일본의 상품시장이던 만주에서도 일본상품 배척과 이권회수(利權回收)운동이 거세지는데다 국민정부에 의해 만주철도마저 위협 당하자 일본은 1931년 9월 18일 심양(瀋陽:奉天) 북쪽 유조구(柳條溝)에서 일본군의 만철선로(滿鐵線路)를 스스로 폭파하고 그것을 장학량 군대의 소행이라며 중·일 전쟁(中日戰爭)을 촉발시켰다. 뒤이어 남만주를 점령하고 북만주로 치고 올라가 11월에는 치치할(齊齊哈爾)을 점령하고, 1932년 2월에는 하르빈(哈爾濱)을 함락시키는 등 북만주의 주요도시를 모두 점령했다. 당초 만주와 몽골을 차지하려했던 일본은 이때 지배방식을 괴뢰국가 수립으로 변경하고 1932년 천진(天津)에 망명중이던 청나라 마지막 황제 푸이(溥儀)를 탈출시켜 만주국(滿州國)의 원수[執政]로 추대했으며 수도를 장춘에 정하고 신경(新京)이라 했다. 1945년 8월 제2차 세계대전이 끝나자 만주국은 황제였던 푸이가 체포되면서 역사에서 사라졌다.〉

먼저 집희루(緝熙樓)로 올라갔다. 건물을 반으로 나누어 동쪽은 황제 푸이(溥儀)의 공간, 서쪽은 황후 완용(婉容) 및 귀인 담옥령(譚玉齡)의 공간으로 꾸며져 있었는데 완용은 아편에 취해 소파에 누워 있는 모습으로 표현되어 있었었다.

담옥령은 푸이의 둘째 부인 문수(文綉:13살 때 완용과 같은 날 결혼한 부의의 후궁)가 "황후자리도 싫다"며 자유를 찾아 떠난 뒤 사생아를 낳은 완용에 대한 처벌의 표시로 간택된 당시 15세의 셋째 부인이다. 서태후(西太后)에 반항하다 우물에 생매장 되었던 진비(珍妃:光緖帝의 부인)의 조카로 상귀인(祥貴人)이 되었었는데 22세 때인 1942년 급사했다. 일본 관동군사령관 요시오카(吉岡)에 의해 암살되었다 한다. 그 뒤를 이어 1943년 3월 1일 얻은 넷째 부인이 복귀인 이옥금(福貴人李玉琴)이다. 그녀의 방은 동덕전(同德殿)에 마련되어 있었다. 이 방은 원래 완용의 방으로 설계되었으나 완공

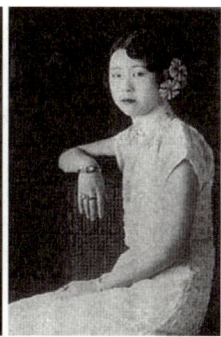

▲ 푸이의 둘째 부인 문수(文綉)와 담옥령(譚玉齡)

되었을 때는 완용이 버려지다시피 되어 당시 15세였던 이금옥이 살게 된 것이다. 그녀는 1957년 푸이와 이혼했다.

〈푸이는 죽기 5년 전인 1962년 평민신분으로 1924년생의 이숙현(李淑賢)과 다섯 번째의 결혼을 했는데 1997년 사망하자 청조구황실에서는 그녀를 효각민황후(孝恪愍皇后:완용)에 이은 효예민황후(孝睿愍皇后)로 추존했다.〉

푸이의 집무실과 접견실·연회장 등이 있는 근민루(勤民樓)를 둘러보고 어화원(御花園)을 거쳐 밖으로 나왔다.

한 국가나 한 인간의 종말을 되짚어 본다는 것이 때로는 즐거움보다 애

잔함을 느끼게 하는 경우가 많지만 '위로부터의 개혁'을 위해 강유위(姜有爲)와 양계초(梁啓超)가 앞장섰던 '광서제(光緒帝)의 백일유신(百日維新)'이 성공했어도 이들이 이러한 결과를 맞았을까 곱씹어 보게 했다.

〈중국은 청일(淸日)전쟁에 패하자 일본이 이긴 것은 서양의 근대적 정치제도를 일찍 도입하여 국민통합을 이루어 내었기 때문이라며 중국도 기존 제도를 개혁하지 않으면 안 된다는 변법(變法:維新)운동이 일어났다. 지도자 강유위(姜有爲)와 양계초(梁啓超) 등은 개혁의 근거를 '춘추공양학(春秋公羊學-소양학)'에서 찾으며, "공자(孔子)가 이상(理想)으로 추구했던 것은, 만민이 평등한 대동(大同)의 세계, 즉 '민주공화제(民主共和制)'이지만 지금은 때를 고려하여 왕권(王權)과 민권(民權)을 조화시킨 '입헌군주제(立憲君主制)'만이 진정으로 공자의 뜻에 따르는 것이라고 주장했다. 이 주장은 당시 광서제(光緒帝)의 인정을 받아 1898년 강유위 등은 황제의 브레인으로 개혁방안을 속속 수립해 나갔으나 서태후(西太后)를 중심으로 하는 수구파의 반발에 부닥쳐 개혁은 불과 100일만에 좌절되고 말았다. 이것이 이른바 '백일유신(百日維新)'이다. 광서제는 이로 인해 이화원(頤和園)에 연금되었다가 독살되었다.〉

두말할 것 없이 이들 모두는 기득권과 기성관념만 지킬 뿐 변하려하지 않았기 때문에 망국(亡國)을 불러왔고 자신들마저 파멸했다. 새삼 양계초의 말이 떠오른다. "변하려 해도 변하고 변하지 않으려 해도 변한다."

장춘영화제작소(長春電影制片場)로 갔다. 중국 최초로 세워진 영화 찰영소이다. 6개의 스튜디오에는 노구교(蘆溝橋)사건을 다룬 듯한 철교 세트와 북경의 자금성(紫禁城)을 옮겨온 듯한 미니어처 등이 남아 있었고 소도구실, 의상실 등도 금방 다시 쓸 수 있는 상태로 보존되고 있었다.

우리가 「이수일과 심순애」같은 신파극이나 꾸미고 있을 때 이들은 이미 이런 도구들을 이용하는 영화를 만들고 있었다니 「붉은 수수밭」같은 영화가 나오는 것도 우연히 이루어진 것은 아니구나 싶었다.

그러나 이 나라의 영화가 옛 영광을 되찾기 위해서는 많은 통제에서 벗어나 자유로운 사고를 펼칠 수 있게 되어야 하지 않을까 싶다. 작가와 예술가들이 국가에서 월급을 타먹는 구조 속에서는 불상과 능묘의 석물까지 다 때려 부순 문화혁명의 허울을 깨끗이 벗어 던질 수 있다고 보이지 않기 때문이다.

"아마도 그때쯤이면 건물 앞에 버티고 서 있는 저 모택동(毛澤東)의 석상도 퇴락해 있겠지" 싶어 혼자 웃었다.

지르미→길음이가 길림(吉林)

정월담(淨月潭)을 거쳐 길림(吉林) 길로 들어섰다. 정월담은 만주국 시절(1935년) 수도 신경(新京:長春)의 식수를 공급하기 위해 요참둔(腰站屯) 일대의 산골 소하천 들을 막아 조성한 수원지(水源地)로 일대 산지(山地)의 개간과 출입을 막고 지속적으로 조림을 하여 오늘날 국가생태시범구역이 된 곳이다. 유수지(遊水池) 형태가 반달 같다하여 그런 이름이 붙었다.

길림시내의 송강동로(松江東路)로 접어들어 문묘(文廟)로 향해 갔다. 송화강 철교 옆으로 동단산(東團山)이 건너다 보였다. 부여(夫餘) 초기 도읍지라는 속칭 남성자(南城子)가 있는 곳이다. 홍산문화(紅山文化)를 꽃피웠던 구려(九黎)의 예맥(濊貊:예삭)족이 동북쪽 송눈평원(松嫩平原)에 세운 나라이다.

그러나 부여가 "고리(高離)에서 탈출한 동명왕(東明解慕漱)이 엄시수(掩㴲水:施掩水)를 건너 세운 나라"라고 했으니 이곳이 부여의 초기 도읍지가 맞다면 북류 송화강(北流松花江)이나 눈강(嫩江)이 '엄시수'라는 말이 된다. 따라서 치우(蚩尤)의 나라 구려(九黎)와 '고리(高離)'가 오늘날 하북(河北)이나 내몽고 지방에 있었다는 해석이 가능해진다. 아쉬운 것은, 아직 엄시수가 어느 물길을 지칭한 것인지 정확히 밝혀지지 않고 있다는 점이다.

'도관고금(道冠古今)'이라고 쓰인 문묘의 솟을대문을 들어서자 영성문(欞星門)이 나타났고 그 뒤로 공자상(孔子像)과 분부(門樓)·대성전(大成殿)이 벌려서 있었다. 중국 어디서나 볼 수 있는

▲ 길림(吉林) 문묘(文廟) 돌난간에 달린 자물통과 붉은 띠

똑같은 구조와 똑같은 상이다. 하르빈 문묘보다 오히려 빈약해 보였다.

근래 중국 어느 관광지에서나 볼 수 있는 자물통과 붉은 띠가 이곳 역시 돌난간 사슬에 빼곡하게 매달려 녹슬고 있었다. 젊은 연인들이 '영원한 사랑'을 빌기 위해 잠가놓고 열쇠를 버린 때문이라고 한다. 잘못 도입된 풍속이 아닌가 싶다.

〈시리아 다마스쿠스에 있는 우마야드 모스크 안에는 '요한의 목무덤'이 있다. 다마스쿠스 시민들은 오래 전부터 가족 중 누가 중병에 걸리면 이곳으로 와서 "낫게 해 달라"고 빌며 자물통을 유리창 밖 철 구조물에 달아놓고 돌아갔다. 그리고 병이 나으면 다시 와서 자물통을 벗겨 갔다. 중국은 근래에 이 풍속을 잘못 받아들여 전국 산천을 자물통과 열쇠로 오염시키고 있다.〉

그러나 보다 근본적인 문제는 자물통이 아니라 대성전 안에 금칠갑을 하고 앉아있는 우상(偶像)들로 보였다.

허수아비까지 사람을 닮았다고 하여 "그것을 만든 사람은 대가 끊길 것(始作俑者其無後乎)"이라고 저주할 만큼 우상을 싫어한 것이 공자인데 그 공자의 토우(土偶)까지 만들어 놓고 복을 비는 것이 중국 사람들이기 때

문이다.
 그러한 예는 북산공원(北山公園)으로 가면 한술 더 뜬다. 호수건너 산마루에는 커다란 '佛(불)'자가 2층 통벽을 채우고 있는 사원이 있었는데 정작 올라가보니 부처(불상)들은 간곳없고 그 자리를 재백신(財帛神)이 된 관우(關羽)의 무리가 차지하고 앉아 연신 향불을 피워들고 꾸벅거리는 사람들을 맞고 있었다.
 가관(可觀)인 것은 이 고모군(古廟群) 중 "더 영험하다"고 말하는 건물마다 주인이 따로 있고 입장료도 별도로 받는다는 점이었다. 인간들의 '저 잘되겠다고 하는 욕심'을 이용하여 돈 좀 벌어보겠다는 속내를 그대로 드러내고 있었다.
 하기야 우리의 사찰이나 가톨릭성당, 개신교회등도 모두 기복신앙화하여 가정대사나 입시철만 되면 북새통을 이루며 무당들의 '손비빔질'을 방불케 하니 더 말해 무엇 하겠

▲ 부여의 옥갑으로 보이는 중국의 은루옥의

는가. 긁어모은 돈으로 제 집만 늘리지 말고 못가진 자들을 위해 보다 많이 쓰이기를 바랄 뿐이다.

용담산성(龍潭山城)이 부여왕성(夫餘王城)

 송화호(松花湖:수력발전용 댐)를 거쳐 용담산산성(龍潭山山城)으로 갔다. 고구려(高句麗) 광개토대왕(廣開土大王:好太王)이 부여에게서 빼앗은 산성이다. 둘레는 2396m이고 제일 높은 곳은 10m에 이른다고 한다. 응회암

고조선과 부여가 남긴 땅, 그리고 대륙 백제

▲ 길림(吉林) 용담산(龍潭山)에 있는 용담. 부여와 고구려 병사들의 생활용수이다

자갈을 섞기도 하고 황토만을 다져서 쌓기도 했다. 많은 병사가 주둔해 있던 요새였다.

용담산역(龍潭山車站) 및 동단산산성(東團山山城)을 포함하는 이 일대는 한(漢)나라 때의 부여(夫餘) 유물이 가장 많이 출토된 곳이다. 석기(石器)와 골기(骨器)·옥기(玉器)·도기(陶器)·동촉(銅鏃)·동경편(銅鏡片) 이외에도 한나라 때 화폐인 오수전(五銖錢) 및 쇠도끼[鐵斧]·철촉(鐵鏃) 등이 나왔고 왕망(王莽) 때의 화천전(貨泉錢)의 무늬가 찍힌[押印] 도편(陶片)도 나왔다. 이것들이 한대(漢代)의 부여 왕성(王城)이 이곳에 있었다고 추정하는 근거로 제시되는 것들이다.

남쪽으로 바라보이는 모아산(帽兒山:모얼산) 일대에서는 토광목곽묘(土壙木槨墓)가 많이 발굴되었는데 "시체를 남산 위에 널어놓고(尸之國南山上)"라는 기록이 '남산이 공동묘지'였음을 시사하고 있고 부여인들은 장사 지낼 때 "덧널[槨]만 쓸 뿐 관(棺)은 쓰지 않는다(有槨無棺)"고 한 기록 그대로였으므로 이곳에 전기 왕성이 있었다고 보는 것이다. 그러나 도성을 의미하는 각자편(刻字片)등이 나와 증명된 것은 아니다.

- 214 -

용담산성(龍潭山城)이 부여왕성(夫餘王城)

"부고(府庫)에는 온갖 명주(明珠)가 쌓여 있고, 왕이 죽으면 옥갑(玉匣)에 넣어 장사지냈으며 100여명 이상을 순장(殉葬)했다"는 화려한 역사를 가진 700년 부여 왕성터의 유물이 어찌 옥관인(玉官印) 하나 없이 이렇게 초라하겠는가.

고구려와 백제, 신라는 기록도 남아 있고 왕릉 등 유적들도 발굴되어 역사가 어떻게 점철되어 왔는지 알 수 있지만 부여는 그렇지 못하다. 기록도 거의 없고 '왕궁 터[王宮址]'나 '왕릉(王陵)'이라고 볼만한 무덤도 발굴된 것이 없어 중국사서(史書)에 비치는 단편적인 내용들과 근래 발굴된 몇몇 유물들 이외에는 700년 역사를 가늠할 길이 없다.

▲ 오수전(五銖錢)

1970년대 이후 발굴된 중국의 고분(古墳)들을 돌아보면서 동북쪽 부여의 옛 터에서도 곧 세상을 놀라게 할 문물(文物)들이 쏟아지겠지 하고 바란 것도 그 때문이다.

장사(長沙)에 있는 마왕퇴(馬王堆)에서는 방금 죽은 듯 피부의 탄력도 가시지 않은 3천 년 전 여인 미라와 로마인들이 만금(萬金)을 주고라도 사고자 줄을 섰을 비단 실물이 '리창옥인(利蒼玉印)' 및 악기·칠기들과 함께 쏟아져 나왔지만 그보다도 함께 출토된 「역경(易經)」·「노자(老子)」·「전국책(戰國策)」·「천문(天文)」·「상마(相馬)」·「의학(醫學)」등의 백서(帛書) 20여종 12만 여자(字)를 보면서 부여 왕릉에서도 이러한 문서들이 쏟아져 나와 잃어버렸거나 개악(改惡)된 우리 고대사를 바로잡게 해 주었으면 얼마나 좋을까 생각했고,

〈마왕퇴는 BC 2세기(西漢初) 대후 리창(軟侯利蒼)과 그의 아내 및 아들의 무덤을 지칭하는 말이다. 1972~1974년 사이 두 번에 걸쳐 발굴되었다. 이 무덤

고조선과 부여가 남긴 땅, 그리고 대륙 백제

들은 장사(長沙)시에서 동쪽으로 4km쯤 떨어진 곳에 있는데 1972년 발굴 조사된 1호분 광중(壙中)에는 3중 목곽(木槨) 속에 3중 목관(木棺)이 들어 있었으며 시신은 그 속에 안치(安置)되어 있었다. 목관 위에는 채색의 백화(帛畵: 비단에 그린 그림)가 놓여 있었고, 목관 안에는 50세 가량의 부인 유해(遺骸)가 들어 있었는데 금방 죽은 사람처럼 조금도 손상되지 않았고 피부의 탄력까지 유지되어 있었다. 부장품(副葬品)은 거의 목곽과 목관 사이에 있었는데, 목우(木偶:나무로 만든 인형)·악기·칠기를 비롯, 큰 대바구니 속에서 다수의 견직물과 식량 등도 발견되었다. 이 미라는 세계를 놀리게 했고 해부되어 현재 유물들과 함께 호남성 장사(長沙)에 있는 박물관(湖南省博物館)에 전시되고 있다. 해부당시 위속에서는 참외 씨 100여개가 나와 여름에 죽었음을 알게 했다. 이 미라를 싸고 있던 3중의 관곽(棺槨) 중 외곽(外槨)의 길이는 7m, 너비는 5m, 높이는 3m이다. 이 관곽은 5톤가량의 숯(木炭)을 다져 감싸고 다시 1m 두께의 다진 백색 진흙으로 싸여 있었다. 2호분에서는 '대후지인(軑侯之印)'이라는 동인(銅印)과 '이창(利蒼)'의 옥인(玉印)이 출토되었고 3호분에서는 「역경(易經)」·「노자(老子)」·「전국책(戰國策)」등 백서(帛書)와 많은 죽간(竹簡)이 출토되었다.〉

증후을묘(曾侯乙墓) 출토물 앞에서는 세계 음악사상 대 기적이라는 3755자의 명문이 새겨진 편종(編鐘) 보다, 더욱 앞선 문명을 증명하는 문물들이 부여 땅에서도 출토되어 중국과 완전히 다른 별개의 문명을 꽃피웠던 사천성 광한(廣漢)의 삼성퇴문명(三星堆文明)과 쌍벽을 이뤄 주기를 내심 바랐다.

▲ 마왕퇴에서 출토된 백화(帛畵)

용담산성(龍潭山城)이 부여왕성(夫餘王城)

▲ 증후을묘(曾侯乙墓)에서 출토된 편종(編鐘). 종틀과 종에는 많은 글자가 새겨져 있다.

〈❶증후 을묘(曾侯乙墓)는 1977년 공군의 레이더기지 확장공사 중 발견된 것으로 '증국(曾國)의 제후 을(乙)의 묘'라는 뜻이다. 1978년 발굴 조사되었다. 호북성수주(隨州)시 뇌고돈고분군(擂鼓墩古墓群) 남쪽 운하(澐河) 가에 있다. 동·중·서·북 4개로 나누어져 있는 묘실(墓室)에서는 1만 5천여 점의 부장품(副葬品)이 출토되었는데 그중에는 고도의 기술을 요하는 청동 예기(靑銅禮器)·악기(樂器)·병기(兵器)·금기(金器)·옥기(玉器)·차마기(車馬器)·칠목죽기(漆木竹器)와 죽간(竹簡)등이 포함되어 있다. 4개의 묘실은 구멍이 뚫려 있어 서로 통하게 되어 있다. 동쪽 묘실에는 증후을의 관과 8개의 배장관(陪葬棺) 및 개관[狗棺] 1개와 금석기(金石器)·칠목기(漆木器), 약간의 무기(武器)와 악기(樂器)가 들어 있었는데 배장관 안의 뼈들은 모두 20세 안팎의 여성들로 밝혀져 순장(殉葬)된 증후을의 시첩(侍妾)들로 추정되었고 개는 애견(愛犬)이었던 것으로 짐작되었다. 가운데 묘실에는 대부분의 예기(禮器)와 악기(樂器)가 들어 있었는데 거대한 편종(編鐘)과 편경(編磬), 구정팔궤(九鼎八簋)·동존반(銅尊盤)·동빙감(銅氷鑒)등이 그곳에 있었다. 서쪽 묘실에는 13개의 배장관이 들어 있었는데 순장된 사람들의 나이가 모두 미성년자로 밝혀져 악기 연주자나 춤을 추던

고조선과 부여가 남긴 땅, 그리고 대륙 백제

▲ 광한의 삼성퇴(三星堆) 출토 인물상

사람들로 추정되었다. 북쪽 묘실에는 창[戈]·모(矛)·극(戟)·수(殳)·활[弓]·화살[箭]·방패[盾]·갑옷[甲] 등의 병기(兵器)와 차마기(車馬器) 및 240장의 죽간(竹簡)이 들어있었는데 죽간에는 장의물목과 장의규모 등이 기록되어 있었다. 호북성박물관으로 가면 실물들을 볼 수 있다. ❷
사천성 광한(廣漢)의 압자하(鴨子河:오리물) 가에서 나온 삼성퇴(三星堆) 유물은 80년대 우물을 파다 발견된 것으로 중국 선사시대에 대한 기록을 다시 쓰게 한 유적이다. 3000~5000년 전에 번성했던 이 문명의 주체는 현 중국의 주류 세력인 하화족(夏華族)의 제사용 그릇과 무기류를 주축으로 하는 황하문명(黃河文明)과는 완전히 다른, 사람의 얼굴과 신목(神木) 등으로 요약되는 독자적인 문명을 약 1000여 년간 꽃피운 것으로 추정되고 있다. 그러나 그들이 어떤 종족이고 또 높은 문명을 이룩했으면서도 무슨 이유로 갑자기 어디로 사라졌는지 밝혀지지 않고 있다. 20세기 전 세계에서 발견된 고고유적 중 가장 주목받는 유적이다.〉

그러나 아직 부여의 모습을 세계에 과시할 수 있는 능묘나 유적지는 모습을 드러내지 않고 있다. 그 유적지가 송눈평원이나 삼강평원 어느 곳 두꺼운 화산재 밑에 묻혀 있거나 이집트 왕가의 계곡처럼 내몽고 어느 산속 깊숙이 자리하고 있어 아직 찾아내지 못하는 것이 아닌가 싶다. 어찌 "나라가 은부(殷富)하여 선대이래로 한 번도 [외적에게] 파괴(破壞)된 적이 없다"고 한 제국이 번듯한 왕릉 하나 남기지 않았겠는가.
징기스칸의 무덤처럼 찾지 못하고 있을 뿐이라고 생각하며 그곳에는 주천(酒泉)의 정가갑묘군(丁家閘墓群)이나 가욕관의 과원위진신성묘군(果園魏晉新城墓群)의 벽화들처럼 고구려 벽화총의 벽화를 방불케하는 벽화들도 있을 것이고 홍산 문화(紅山文化)와 우하량(牛河梁)의 내력을 밝혀주

용담산성(龍潭山城)이 부여왕성(夫餘王城)

는 기록이 있을지 모른다는 희망까지 품게 되었다. 부여는 '마왕퇴의 대후 이창(軑侯利蒼)'이나 '증후 을(曾侯乙)'과 같은 시대를 살아온 나라이기 때문이다.

부여가 멸망하게 된 데는 집안싸움이 큰 몫을 했던 것은 사실이다. 역대 기록에 따르면 서남쪽에 있던 백제(百濟)가 국력을 소모시켜 놓자 서쪽에 있던 모용선비(慕容鮮卑)가 마구 짓밟았고, 동남쪽에 있던 고구려(高句麗)마저 불시에 쳐들어와 많은 땅을 빼앗자 동북쪽에 있던 물길(勿吉)이 마지막 숨통을 끊었기 때문이다.

▲ 과원 위진 신성묘군(果園魏晉新城墓群)에 그려진 벽화 가운데 하나

〈백제는 부여에서 갈려나온 나라로 진(晉)나라 말 요서(遼西)를 차지하고 급격히 대국으로 성장하며 부여를 공격하자 부여는 견디지 못하고 도성을 서쪽으로 옮겼는데 모용선비(慕容鮮卑)는 백제에 쫓겨 가까이 온 부여를 짓밟아 재기불능상태로 만들어 갔다. AD 285년 모용외(慕容廆)가 부여로 쳐들어오자 의려왕(依慮王)은 자살하고 1만여 명의 백성이 잡혀가 팔렸으며 346년에는 모용황(慕容皝)이 쳐들어와 부여왕 현(玄)과 국민 5만여 명을 또 잡아갔다. 고구려는 부여가 이처럼 힘도 못 쓰던 410년 느닷없이 "동부여는 옛날 추모(주몽)왕의 속민이었는데 중간에 반기를 들며 공납하지 않았다(東夫餘舊是鄒牟王屬民,中叛不貢)"는 구실로 대거 밀고 들어와 동부여의 왕성등 많은 땅을 점령했다. 바로 지금의 용담산(龍潭山) 일대에 있던 구왕성(舊王城)으로 추측된다. 부여는 그전인 348년에 이미 왕성을 서쪽으로 옮겼다는 기록이 있다. 고구려군이 철수할 때 부여의 관원[味仇婁鴨盧・卑斯麻鴨盧]들이 따라오자 고구려는 그들을 계속 임용했고 성 이름도 이전대로 부여성(夫餘城)이라 부르며 북쪽 변방의 요새로 삼았다. "선대로부터 한

번도 패한 적이 없었다"던 부여는 이렇게 쇠잔하여 끝내 물길(勿吉)의 손에 최후를 맞았다. 물길은 선진(先秦)시대 숙신(肅愼)이라고 불렸고 한(漢)나라 때는 읍루(挹婁)라고 불렸는데 오랫동안 부여의 지배를 받았다. 읍루는 대체로 오늘의 목단강(무란강) 상류 동쪽에서 곧장 흑룡강 하류 지역을 차지하고 있었는데 남쪽으로는 수분하(綏芬河) 유역에서 옥저(沃沮)와 맞닿아 있었다. 읍루는 부여가 무거운 세금을 부과하자 삼국(三國)시대 조조(曹操)의 아들 비(丕)가 왕[文帝] 노릇을 하던 때(220~226) 반기를 들었고 10여년 사이 완전히 부여의 통제에서 벗어나 독자적으로 중국 왕조들(曹魏·晉·趙·宋)과 조공관계를 수립했다. 읍루는 남북조 때 물길이라고 칭했는데, 그들은 추운 곳에 살고 있었기 때문에 따뜻한 남쪽 지역을 무엇보다 갈구했고 군사력을 키워 부여를 밀어내고 차지했다. 5세기 후반(471~476) 물길은 대거 남하하여 '고구려의 부락을 110곳이나 쳐부쉈는데(破高麗百十落)'이때 물길은 남쪽으로 장백산(長白山)까지 세력을 넓혀 고구려와 국경을 맞대고 서쪽으로는 타오얼하(洮兒河) 및 실위(室韋)와 국경을 맞댔으며 동쪽으로는 바다에 이르고 북쪽으로는 흑룡강 하류의 광대한 지역을 포괄한 것으로 보인다. 당시 물길은 원교근공(遠交近攻) 정책을 써서 부근의 다른 부족은 철저히 쳐부수고 북위(北魏) 등 중국의 정권과는 시종 우호관계를 유지했다. 물길은 백제와 공모하여 고구려를 공격했으나 소망을 이루지 못했고 부여로 대거 진격해 들어가자 부여는 지탱할 힘을 잃고 494년 최후의 부여왕이 가솔(家率)을 이끌고 고구려로 망명함으로써 부여국은 완전히 멸망했다.〉

용봉사(龍鳳寺)를 지나 내려갔다. 맑은 물이 가득한 장방형의 못이 나타났다. 바로 '용담(龍潭)'이다. 중국에서는 속칭 수뢰(水牢)라고 한다. 주둔 군사들이 일용하던 생활용수이다.

〈길림성 문물국이 세워놓은 안내 각석(刻石)에 의하면 이 못은 이지방의 토착민족 예맥족의 한 갈래인 −부여인들이 가장 먼저 이곳에 성(軍事城堡)을 쌓았는데 AD 410년 예맥족의 다른 갈래인−고구려인들이 광개토왕(廣開土王)의 영도 아래 부여인들의 용담산성을 점령했고 668년에는 당나라의 대장 설인귀(薛仁貴)가 고구려를 격파하고 이 산성을 점령한 이후 발해(渤海)·요(遼)·금(金)·해

용담산성(龍潭山城)이 부여왕성(夫餘王城)

서여진(海西女眞) 등이 잇따라 점령해 식수나 용수로 이용했다. 이 못의 동서길이는 47m, 남북너비는 22m로 돌로 쌓아올렸으며 가장 깊은 곳은 11m, 가장 얕은 곳은 3.6m로 가물어도 물이 마르지 않고 장마가 져도 물이 넘치지 않는다고 덧붙이고 있다.〉

이 용담산성은 고구려성 중 가장 북쪽 당(唐)과의 국경지대에 있던 성으로 당의 침략을 막기 위해 쌓은 천리장성의 하나라고 한다. 고구려 당시 부여성으로 보는 견해에 따른 것이다.

길림을 떠나면서 '길림'이 무엇을 뜻하는지 알아보았다. 만주어로 '지린(吉林)'은 '가장자리'를 뜻하는 말이고 '오라'는 '강'을 뜻하는 말인데 이 둘이 붙어 '지린오라(幾林烏喇, 吉臨烏喇)', 즉 '강 가'라는 뜻으로 불리던 것이 줄어 '지린'이 되었다고 한다. 강을 끼고 있지 않은 도시가 없다는 것을 간과한 풀이이다.
'지린오라'라는 말이 '강가마을'을 뜻하는 것이 아니라 '길림강', 즉 길림 주위를 흐르는 송화강을 가리키는 말이라는 점에 주목해야 한다. '강가마을'은 '다린(dalin)'이라고 한다.
더더욱 청의 건륭제(乾隆帝)는 '길림(吉林)'과 '계림(鷄林)'의 중국 음이 '지린'으로 똑같은 점을 들어 "신라(新羅)와 백제(百濟)가 한반도에 있었던 것이 아니라 이곳에 있었다"고 단정하기까지 했다. '만주백제설(滿洲百濟說)'을 주장한 첫 기록이다.
그러나 이런 것은 모두 원말인 우리말의 '질음→질음이→길음→길음이'를 모름으로써 빚어진 결과가 아닌가 싶다.
미아리 고개 너머 길음(吉音)에서 보듯 전국에 퍼져 있는 길음이나 장림(長林)은 물가 저습지로 땅이 매우 질기 때문에 붙은 이름으로 '질음·질음이'로 불리다가 '질'과 '짐'이 '길'과 '김'이 되듯 '길음·길음이'로 변하여 吉音(길음)·長林(장림)·吉林(길림) 등 한자로 표기되게 된 것이기 때문이다. 그래서 건륭제도 '길음이(吉林)'와 '달구숲(鷄林:지린)'을 분간할 수 없었던 것으로 보인다.

〈미아리(彌阿里)는 원래 '묘아래→메아래'가 변하여 된 이름인데 미아리 삼거리 인근에 있던 석물거리가 그곳이다. 60년대 초까지 주막집 등 몇 채의 초가가 있었다. 지금 미아시장이 있는 정릉천 지천 가의 저습한 동네는 '질음이→길음이'라고 불렀다. 다리 아래쪽 정릉천 연변은 거의가 해감탕 미나리 밭이었고 숭덕 초등학교 옆에서부터 미아 삼거리 뒤편까지의 산지는 모두가 다닥다닥 붙은 공동묘지였다. 미아리고개의 원 이름은 '되넘이(敦岩)고개'인데 '되놈들이 넘어온 고개'라는 뜻이라고 한다. 충무로의 '진고개' 역시 땅이 질어서 붙은 이름이라는 것을 많은 사람이 알고 있다.〉

고구려는 고르(高爾:고이)가 되고

옛 부여(夫餘)의 노른자위라는 공주령(公主嶺)-사평(四平)-창도(昌圖)-개원(開原)-철령(鐵嶺)을 거쳐 푸순(撫順)으로 들어섰다. 고구려 개모신성(蓋牟新城)이다. 시가지 뒤편으로 불쑥 솟아오른 고르산(高爾山)이 위압적으로 다가왔다. '고구려산'이라는 뜻이다.

먼저 푸순전범관리소(撫順戰犯管理所)로 갔다. 일제 강점기 일본이 세운 감옥으로 중국과 우리의 항일열사(抗日烈士)들을 감금했던 곳이다. 안중근 의사도 한때 이곳에 갇혀 있었다. 그 감옥을 수리하여 1950년 7월 러시아로부터 인수받은 푸이(溥儀)등 만주국과 일본의 전범 982명을 수용하고 "중화인민공화국이 얼마나 관대하고 인도주의적인지 세계만방에 보여주는 선전 창구"노릇을 단단히 하게 했던 곳이다.

〈푸순(撫順)에서는 1932년 9월 16일 일제 관동군에 의해 무고한 탄광촌주민 3천여 명이 벼랑 끝으로 끌려나와 남녀노소 가릴 것 없이 기관총탄으로 학살되어 불태워지고 다이너마이트로 절벽을 폭파해 매몰하는 사건이 벌어졌다. 이른

바 평정산사건(平頂山事件)이다. 그 전날 만주사변을 계기로 조직된 항일자위단(抗日自衛團) 1200명이 평정산촌(平頂山村)을 거쳐 관동군 보급로를 불태우고 푸순탄광을 습격, 일본인 소장등 여러 명의 일본인을 학살한 보복차원에서 빚어진 사건이었다. 평정산순난유골관(平頂山殉難遺骨館)으로 가면 지금도 아무렇게나 뒤엉킨 유골들을 볼 수 있다. 그만큼 가슴아픈 사연을 갖고 있는 푸순이 가해자인 일본 병사 들을 "전쟁은 미워하지만 인간은 미워하지 않는다"며 따뜻하게 감싸 안아 새로운 인간으로 태어나도록 교화한다고 선전했다.〉

이곳을 거쳐 간 일본 전범들이 너무나 감격하여 다시 찾아와 세웠다는 사죄비(謝罪碑) 앞을 지나 안으로 들어갔다. 푸이의 일생을 더듬을 수 있는 온갖 사진과 공간들이 정연하게 갖추어져 있었고 항일 지사들이 고초를 겪은 감방들도 잘 보존되어 있었다.

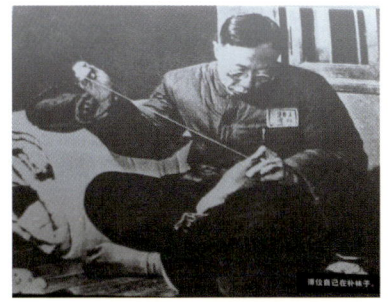
▲ 전범 관리소에서 수감생활을 하던 푸이

〈청나라 마지막 황제 푸이(溥儀:선통제)는 1906년 1월, 순친왕(醇親王)의 아들로 태어나 만 3살도 되기 전에 서태후(西太后:慈禧太后)의 결정에 따라 청조의 제10대 황제[宣統帝]가 되었다. 그는 자신의 말처럼, "입을 벌리면 음식이 들어오고, 팔을 벌리면 옷이 입혀지는 생활 속에 궁중법도는 잘 알았으나 자활능력은 없었다. 그는 1911년 신해혁명(辛亥革命)이 일어난 후 원세개(袁世凱)의 압박으로 제위에서 물러났으나 자금성에 살고 있었는데 베이징을 점령한 광동군벌 풍옥상(馮玉祥)에 의해 자금성(紫禁城)에서 쫓겨나 일본 공사관으로 망명했고 일본에 의해 천진(天津)으로 호송되어 일본 조계(租界)에 머물렀다. 이로 인해 푸이는 일본의 제약을 받을 수밖에 없었다. 1945년 8월 만주국 황제가 되어 있던 그는 일제가 패망하자 일본군에 끌려 탈출로를 찾아다니다 만주로 진격해온 소련군에 의해 8월 17일 선양(瀋陽) 비행장에서 체포되었다. 치타로 후송되었고 하바로프스크로 옮겨져 5년간 억류되었다. 그 후 1950년 8월 초 중국으로 압송되어 이곳 푸순전범관리소에 수감되었는데 넷째부인 이옥금(李玉琴)이 이따금 찾아와 밤을 함께 보냈다는 방에는 이부자리까지 그대로 남아 있다. 실제로 사용한 것인지 확인할 수는 없었다. 푸이는 1959년 12월 4일 특별사면으로 풀려났다.〉

고르산성(高爾山城)을 찾아 시가지 뒤편으로 갔다. '고구려산성'이라는 말에서 '구'자를 빼고 '高麗山城(고리산성)'이라는 뜻으로 중국 사람들이 붙인 이름인데 우리는 '고이산성'이라고 잘못 따라 부르고 있다. 바로 고구려 천리장성(千里長城)의 하나인 개모신성(蓋牟新城)이다.

高尔山山城(고르산산성)이라고 쓰인 표지석이 수북한 풀밭에 쓰러져 있었다. 동행과 함께 일으켜 세워보려 했다. 그러나 기초가 다 파여 나가 일으켜 세운다고 해결될 문제가 아니었다.

성의 북문자리로 올라갔다. 길옆으로 끊어진 토성이 고르산 산등성이를 향해 희미하게 이어져 있었다. 남쪽 능선 정상 봉수대(烽燧臺) 자리쯤에는 요탑(遼塔)이 서서 시내를 굽어보고 있었다.

이곳은 고구려의 주요 철(鐵) 생산지였음을 증명하듯 철제 투구(頭鎧)와 흉갑(胸甲)·도끼(斧)·요도(腰刀)·화살촉(鏃)·창(矛)과 수많은 갑옷 철편(鐵片)등 철제 무기류가 다량 출토되었다. 푸순 박물관으로 가면 실물들을 볼 수 있다.

〈이 고구려성(高句麗城)은 중국의 동진로(東進路)를 가로막고 있을 뿐 아니라 철의 생산지였기 때문에 수(隋)와 당(唐)의 집요한 침공을 받아왔다. 관구검(毌丘儉)이 침공(244)한 이래 모용외(慕容廆)에게 수모(293)를 겪었고 수양제(隋煬帝:613), 당태종(唐太宗:645), 이적(李勣:667)의 침략을 받는 등 613년 이후에만도 6차례나 수와 당의 침략을 받았지만 667년 함락되기 전까지 5차례나 막아낸 강력한 산성이었다. 이 성은 3개 야산을 하나로 묶은 환상성(環狀城)으로 총 길이는 4km에 달한다. 남쪽에는 혼하(渾河), 동쪽에는 무서하(撫西河)가 천연적 해자를 이루고 있다. 고구려 천리장성의 하나인데 동북쪽 '부여성'에서 시작된 천리장성은 이곳을 거쳐 서남쪽 끝점인 바다(海)로 이어진다. 전체 길이가 약 1천리에 달한다. 학자들 사이엔 정확한 위치와 형태, 기능 등을 놓고 의견이 엇갈린다. 토성의 흔적이 남아 있는 농안(農安)에서 영구(營口)까지를 천리장성의 시작점과 끝점으로 보기도 하고 요동반도의 대련(大連)을 끝점으로 보기도 한다.〉

푸순에는 이곳 말고도 고구려성이 하나 더 있다. 혼하(渾河:瀋水)를 가운데 두고 이 성과 마주보고 있는 노동공원(勞動公園)의 고성(古城)이 그것이다. 고구려의 개모산성(蓋牟山城)으로 비정되고 있는 곳인데 고층 건물들이 빽빽하게 들어서 있어 산성이라기보다 도심속 공원이라는 표현이 오히려 잘 어울린다.

원수림(元帥林)은 고구려 병마원수의 군영(軍營)

▲ 푸순현 장당향(章黨鄕) 고려촌 입구의 표지

푸순시를 벗어나 선수(瀋水:渾河)를 따라 동쪽으로 가다가 장당향(章黨鄕)으로 들어섰다. 고려촌(高麗村)은 이내 나타났다. 고려영자촌(高麗營子村), 즉 '고구려 군영(軍營)이 있던 마을'이라는 뜻인데 차를 세우고 한동안 둘러보았으나 우리말을 쓰는 사람이 있을 것 같지 않았다.

마을을 지나 산속으로 들어갔다. 원수림(元帥林)이라는 곳이다.

이 솔숲을 왜 '원수림'이라 했고 또 언제부터 그렇게 불렸는지 확인할 길은 없지만, 푸순 문물국은 장작림(張作霖)의 미장묘(未葬墓:시신이 묻히지 못한 묘)가 있어 그렇게 부른다는 듯이 커다란 안내간판을 세워놓고 있었다. 장작림은 한때 중화민국 해육군 대원수(中華民國海陸軍大元帥)라고 자칭했기 때문이다.

먼저 마적단(馬賊團) 두목으로 온갖 나쁜 짓 가리지 않은 장작림 부자가 어째서 이렇게 대단한 대접을 받고 있는지 그 이유부터 알아보자.

장학량은 중국공산군이 국민군에게 쫓기다가 연안(延安)으로 몰려 마지막 숨을 헐떡일 때 동북군(東北軍) 부사령관으로 있었다. 그는 "공산군을 토벌하라"는 사령관 장개석(蔣介石)의 명을 어기고 오히려 독려하러 온 장개석을 서안(西安) 화청지(華淸池)에 감금하고 체포된 공산당 정치범 석방과 '국공합작(國共合作)'을 강요함으로써 실질적으로 공산당을 되살려낸 사람이다.

▲ 장작림(張作霖)이 묻히려다 묻히지 못한 무덤.

그 때문인지 '장학량기념관(張學良紀念館)'입구 벽에는 "애국주의 장령 장학량장군과 그의 애국주의를 널리 드날리기 위해 세상을 놀라게 했던 황고둔사건(皇姑屯事件)·동북군사료(東北軍史料)·구일팔사변(九一八事變)·서안사변(西安事變)등과 관련된 진귀한 자료들을 대량 전시하여 사람들이 애국장령을 깊이 이해하고 추모하게 하기 위해 이 기념관을 지었다"고 쓰여 있었다.

기대를 갖고 안으로 들어갔다. 중문 앞에는 단고쓰봉을 입은 장학량의 동상이 서 있었고 잡초가 수북한 본관과 회랑의 문들은 잠겨 있었다. 흐릿한 유리창 사이로 들여다보았다. 무슨 전시품이 있는지 확인할 수 없었다.

〈장학량은 만주 마적단(馬賊團) 두목 장작림(張作霖)의 맏아들이다. 일본군에 만주를 내어주고 중국 북서부 섬서성(陝西省)으로 쫓겨 와 있던 그는 국민당 정부의 동북군부사령관(東北軍副司令官)으로, 연안으로 내몰려 꼼짝 못하던 공산군을 포위하고 있었는데 뒷구멍으로 공산당과 비밀협정을 맺은 듯 진격을 않고

원수림(元帥林)은 고구려 병마원수의 군영(軍營)

있었다. 장개석이 눈치 채고 토벌을 독려하기 위해 서안(西安)으로 오자 그는 1936년 12월 12일 무력으로 장개석을 감금하고 국공합작(國共合作)을 강요했다. 이것이 중국의 운명은 물론 세계사의 흐름을 바꿔놓은 서안사변(西安事變)이다. 장학량이, 싸워보았자 자신에게 득될 것이 없어서 그랬는지 공산당의 회유공작에 넘어가서 그랬는지는 알 수 없지만 그는 공산당과의 내전을 중단하고 공산계열 정치범을 석방하며 국공합작(國共合作)으로 일본을 먼저 무찔러야 한다고 요구했고 장개석은 공산당을 먼저 소탕한 후에 일본과 싸워도 결코 늦지 않다고 맞서다가 다급하게 달려온 송미령(宋美齡)이 남편을 살리려고 장학량의 요구를 반 강제로 들어주었다. 장학량은 장개석을 풀어주고 친히 국민당 정부가 있는 남경(南京)까지 배웅하러 갔다. 당시 주은래(周恩來)는 장학량의 남경행을 만류하러 비행장으로 나갔으나 떠난 뒤였다 한다. 장학량은 그 뒤 돌아오지 못하고 국민당을 따라 끌려 다니다가 1949년 대만(臺灣)으로 갔고 장개석과 그 아들 장경국(蔣經國)이 죽을 때까지 연금 상태로 살았다. 1977년 석방되어 잠시 고향을 둘러보고 하와이로 망명해 지내다가 2001년 100세로 죽었다.〉

유원지로 조성되면서 옮겨진 것으로 보이는 명·청대 석물군(石物群)을 따라 장작림의 미장묘로 갔다.

심양(瀋陽)에 있는 동릉(東陵:福陵)을 모방하여 지었다는 말 대로 황제의 능을 방불케 하는 거대한 규모로 조성되었는데 1929년 5월 짓기 시작하여 1931년 9·18사변으로 채 마치지 못한 것을 1982년 푸순시 정부가 막대한 자금을 들여 개발했다고 한다.

뻥 뚫린 널길[羨道]를 따라 들어갔다. 현실이 나왔다. 배수시설이 갖추어진 널찍한 원통형 방이었다. 그 가운데 관을 넣을 구덩이가 파여 있고 일부가 판석으로 덮여 있었는데 물이 흥건했다.

〈장작림(張作霖:1875~1928)은 요녕 해성현(海城縣)에서 태어났다. 어려서 아버지를 여의고 개가한 어머니를 따라 갔다가 가출했고 길림성으로 올라가 마적단(馬賊團)에 투신했다. 두목이 되자 아편 밀매로 큰돈을 벌고 만주가 전쟁터가 되자 러시아의 스파이로 활동하다가 일본군에 체포되어 일본의 스파이로 많은 정보를 제공했다. 러·일전쟁 이후 청조(淸朝)가 마적들을 군대로 임용하며 귀순을 종용하자 장작림은 2000여 명의 졸개를 이끌고 귀순하여 부대장(部隊長)이 되었다. 마적들은 더욱 많이 그에게로 모여들어 커다란 세력을 형성했다. 이것을 본 청조의 북양대신 원세개(北洋大臣袁世凱)는 장작림을 자신의 세력으로 끌어들였다. 1911년 공산당의 무창기의(武昌起義) 이후 동3성에서도 공산세력의 봉기가 잇따르자 장작림은 동3성의 통치책임자 조이손(趙爾巽)을 도와 반도 토벌에 앞장섰다. 이 공적으로 장작림은 중장(中將)·육군사단장(陸軍師團長)으로 빠르게 승진했다. 1916년 원세개가 죽자 이것을 좋은 기회로 보고 장작림은 조이손 대신 동3성 총관으로 와 있던 단지귀(段芝貴)를 실각시키고 봉천성의 지배권을 획득했으며 세력을 더욱 넓혀 1919년에는 흑룡강성과 길림성을 포함하는 동3성 전역을 세력아래 두고 '만주의 패자(覇者)'로 군림했다. 그는 '만주왕'이라고 불릴 정도로 위세가 대단했다. 실질적으로 군사를 통솔한 것은 그의 큰아들 장학량(張學良)이었다. 일본군의 후원을 받던 장작림은 일본의 경고를 무시하고 난징(南京)의 민족주의 정부와 손을 잡았다. 군벌간의 전쟁이 벌어지자 1917년에 단기서(段碁瑞)를 도와서 공화국 회복에 조력했고, 1927년에 국민군을 북경 밖으로 몰아내고 스스로 대원수가 되었으나, 장개석의 북벌군(北伐軍)에 패하여 봉천[瀋陽]으로 돌아가던 중 일본(日本) 관동군에 의해 황고둔(皇姑屯)역 인근에서 폭사했다.〉

그뿐만이 아니었다. 앞을 감아도는 혼하(渾河:阿利水·耶里水)에 대화방댐(大伙房水庫)이 들어서면서 묘 입구의 석조 삼문루(三門樓)등 건물들이 모두 물속에 잠겨 있었다.

조선원병도 피흘린 살수대전(薩水大戰) 옛터

맑은 수면을 건너다보았다. 철배산(鐵背山)이 앞을 가로막고 길게 뻗어 있었다. 고구려의 남소성(南蘇城)이 있던 곳으로 비정되는 곳이다. 바로

조선원병도 피흘린 살수대전(薩水大戰) 옛터

▲ 원수림 앞에 있는 대화방(大伙房)댐. 수양제(隋煬帝)의 30만대군이 수장된 곳이다

계번성(界蕃城)이다.

그러고 보니 이곳은 한가롭게 마적단 두목 부자이야기나 하고 있을 곳이 아니었다. 이곳은 고구려의 심장부로 을지문덕(乙支文德)이 수양제(隋煬帝)의 30만 대군을 처박아 수장시킨 바로 그 살수(薩水:싸리내)이고 또 누르하치(努爾哈赤)가 명나라의 사로군(四路軍)을 깡그리 도륙내고 청나라의 기초를 세운 바로 그 싸리물(薩爾滸)이었다.

〈우리 역사책은 '살수(薩水)'를 '청천강(淸川江)'에 비정해 쓰고 있다. 지난날 우리의 역사가 우물안 개구리식으로 기록돼 있는데다 그 해석까지 일제의 식민사관을 여과없이 준용하여 '패수(浿水)'와 '납록수(納綠水:小遼水·蛤蜊河)'가 바로 한반도의 '대동강'이고 '압록강'이라고 단정함으로써 그렇게 된 것이다. 패수는 국천(國川)이라는 뜻의 '벼라내', '퍼라내'로 대릉하(大凌河)도 되고 요하(遼河)도 되며 '납록수(하리물)'는 '야루물'이라는 뜻으로 송화강(松花江:아리물)도 되고 혼하(渾河)도 된다. 더욱이 혼하를 납록수(納綠水·納嚕水)라고 이름하기도 했는데 이것은 '나루어지(納嚕窩集)' 삼림지대에서 흘러내리는 물길이라 해서 그렇게 부른 것이다. 수군(隋軍) 30만은 오늘의 요양(遼陽)인 평양(平壤)으로 뚫고 들어

- 229 -

가려다가 이곳에서 을지문덕(乙支文德)에게 수장되었다. 수양제가 건넜다는 '요수'를 유수(濡水)나 유수(柳水·渝水)로 보고 요동성(遼東城)을 당시 해(奚)와 거란(契丹)이 영향력을 행사했던 노룡(盧龍)이나 연군(燕郡) 및 그 인근으로 보는 견해에 따른 것이다.〉

수(隋)나라가 고구려로 쳐들어 올 때 양군은 지금의 진황도(秦皇島) 서쪽 갈석산(碣石山) 인근의 임유관(臨渝關)에서 처음 맞붙어 싸웠는데 이 전투에서 고구려 병마원수 강이식(姜以式)은 요서총관 위충(韋沖) 및 수군총관 주나후(周羅睺)의 군대를 격파하고 개선했다.

〈신채호(申采浩)의 「조선상고사(朝鮮上古史)」에 이런 내용이 있다. "597년(嬰陽王 8) 수(隋)나라가 중국을 통일한 후 국력을 과시하면서 고구려에 모욕적인 국서(國書)를 보내왔다. 영양왕이 이 글을 받고 크게 노해, 여러 신하들을 모아 어떻게 회답해야 할지를 물었다. 강이식(姜以式)이 '이런 오만 무례한 글은 붓으로 회답할 것이 아니라 칼로 회답해야 하옵니다'하고 즉시 개전(開戰)할 것을 주창했다. 왕이 그 말을 쫓아 강이식을 병마원수(兵馬元帥)로 하여 정예병 5만을 거느리고 지금의 창려(昌黎)인근 임유관(臨渝關)으로 나가게 했다. 먼저 예병(濊兵) 1만 명에게 요서(遼西)로 침입하여 수나라 군사를 유인하게 하고 거란 군사 수천 명에게 바다를 건너가 지금의 산동(山東)을 치게 했다. 이로써 양국의 제1차 전쟁이 시작되었다. 「삼국사기」는 「수서(隋書)」내용만 뽑아 기록했기 때문에 강이식의 이름이 보이지 아니하나 「대동운해(大東韻解)」에는 강이식을 살수(薩水)전쟁의 병마도원수(兵馬都元師)라 했고, 「서곽잡록(西郭雜錄)」에는 강이식을 임유관(臨渝關) 전쟁의 병마원수(兵馬元師)라고 기록하여, 두 책이 내용이 같지 않다. 그러나 살수(薩水)전쟁에는 왕의 아우 건무(建武:榮留王)가 해안을 맡고, 을지문덕(乙支文德)이 육지를 맡았으니 어찌 병마도원수 강이식이 있었겠는가. 그러므로 서곽잡록의 기록을 따른다."〉

그 강이식 장군의 무덤이 이곳 원수림(元帥林)에 있다고 한다. 장작림의 무덤 때문에 원수림이 된 것이 아님을 시사하는 대목이다. 그러나 강이식

원수의 무덤으로 추정되는 곳에서 그의 후손(晉州 姜氏)들이 거북대좌[龜趺]와 비석 파편들을 발견했다고 전해질 뿐 비명(碑銘)이나 지석(誌石)이 발견되지 않아 사실을 증명하기에는 어려움이 있을 것 같다.

그러나 이 싸리물[薩爾滸:小遼水・蛤蜊水・耶里水・阿利江・南蘇水・蘇子河・瀋水・渾河・佟家江・大伙房水庫]에서 목숨을 잃은 것은 고구려를 침범했던 수양제(隋煬帝)의 30만대군 뿐이 아니다. 조선조 연산군(燕山君) 때 명나라를 위해 파견됐던 강홍립(姜弘立)이하 13000명의 조선원병(朝鮮援兵)도 5천 명만 살아 돌아오고 나머지는 모두 이곳에서 후금(後金:淸)의 누르하치에게 목숨을 잃었다.

〈후금(後金:淸)이 일어나 명(明)을 칠 당시 명군(明軍)의 총사령관은 양호(楊鎬)였는데 명과 조선의 연합군 25만, 호왈 47만을 이끌고 네 갈래로 나누어 누르하치의 본영(허투아라)으로 쳐들어갔다. 명나라 군사는 실제로는 두송(杜松)의 1로를 주축으로, 전군은 7~8만 정도였는데, 두송의 1로가 심양(瀋陽)으로부터 푸순관(撫順關)을 나와 소자하(蘇子河) 계곡을 따라 후금군의 대본영인 허투아라(赫圖阿剌:지금의 興京)로 진격하였다. 1619년 3월 1일 푸순에서 60리 떨어진 싸르후(薩爾滸)에서 양군은 맞붙었고 10일 동안 3차의 접전 끝에 명군은 45800여 명이 전사하는 대참패를 했다. 조선이 파견한 지원군도 유정(劉綎) 등이 이끄는 4로군으로 참전했으나 명군의 참패가 계속되자 도원수 강홍립(姜弘立)은 휘하 조선장병 13000명 중 살아남은 5천 명을 이끌고 후금군에 투항했다. 이 한 판의 싸움으로 명과 후금은 처지가 뒤바뀌어 후금은 방어에서 진격으로 돌아섰고, 명군은 진공에서 후퇴길로 들어서 멸망을 향해 달려갔다.〉

되놈이 '되놈'이라고 욕하고

저녁 늦게 선양(瀋陽)으로 들어왔다.
한사군(漢四郡)이 설치됐을 때는 낙랑(樂浪)의 군치(郡治)였고 북위(北

고조선과 부여가 남긴 땅, 그리고 대륙 백제

魏) · 수(隋) · 당(唐) 때는 고구려 땅이었던 곳이다.

1616년 여진(女眞) 추장 누르하치(努爾哈赤)가 만주를 통일하고 허투아라(赫圖阿剌:興京)를 수도로 하여 후금(後金)을 세운 이후 요양(遼陽:1621)을 거쳐 옮겨온 세 번째 수도 성경(盛京:瀋陽)이다. 병자호란(1636.12.10)이 일어나던 그해 궁궐들이 준공되어 옮겨오면서 나라 이름까지 청(淸)으로 바꾸었다.

병자호란 이후 수많은 조선인 포로가 이곳으로 잡혀와 노예로 팔리면서 (현 南塔公園) 말로 못 다할 고초를 겪었고 남송(南宋)의 악비(岳飛)처럼 버틸 힘도 없으면서 척화(斥和:화친 반대)만을 주장하다 전 국민을 어육(魚肉:고기떡)으로 만들었던 홍익한(洪翼漢) · 윤집(尹集) · 오달제(吳達濟)가 처형(현 中山公園)된 곳이기도 하다.

〈1627년(인조5) 정묘호란 때는 누르하치(奴兒哈赤)의 둘째 아들 다이샨(代善:佟介佛)이 우리나라로 쳐들어왔고 병자호란 때는 그가 중군(中軍)을 지휘했는데 강화(江都)를 함락한 것은 열넷째 아들 도르곤(多爾袞:攝政王)이었다. 여기서 우리는 꼭 잊지 말아야할 것이 있다. 누르하치의 맏아들 추잉(褚英:貴永介)은 아버지가 죽자 이복동생 홍타이지(皇太極:洪太時)에게 황제 자리를 넘겨주었다. 홍타이지의 영향력이 자신보다 훨씬 웃돌았기 때문이다. "추잉(귀영개)은 뜻을 얻지 못해 우울해하다가 처자를 이끌고 우리나라로 망명해 왔다. 우리나라에서는 한낱 항복한 포로쯤으로 대했다. 그는 굶주리고 곤궁하여 의지할 데마저 없었다. 자식의 혼인도 마음대로 하지 못해 딸을 무인(武人) 박륵(朴玏)에게 첩으로 주어 아들 둘을 낳았다. 병자호란 때 남양 부사(南陽府使) 윤계(尹棨)를 죽이고 청나라에 항복했는데, 홍타이지는 예전처럼 대해 주고 박륵의 두 아들까지 심양으로 데려갔다."는 「청성잡기(靑城雜記:醒言)」의 기록이다. 영조 때 성대중(成大中)이 쓴 것이다. 인조반정에 성공하여 연산군을 내쫓고 집권한 서인(西人)들이 후금과 맺은 '형제의 의'를 치욕으로 여겨 숭명반청(崇明反淸)만 외치지 말고 망명해온 추잉을 신분에 맞게 예우하며 잘 이용했어도 병자호란과 같은 참변은 안 당해도 되었을 것이란 깨우침이다.〉

그러나 우리는 여진족(女眞族)을 좋게 말해 '야인(野人)'이라 했고 나쁘게 말해 '되놈(胡虜)'이라고 멸시했다. 그래서 중국 사람을 '되국 놈', 또는 '뙤놈'이라고 불렀는가 하면(大國 놈이라는 뜻이 아니다.) 욕설로까지 발전시켜 중국과 아무런 상관이 없는 사람에게까지 '호로 새끼'라고 막말을 퍼부었다. '어미가 되놈과 붙어 낳은 자식'이라는 뜻이다.

누르하치는 그렇게 하지 않았다. 나라를 세우자 '후금(後金)'이라 했고 자신의 성을 '아진교로(愛新覺羅)'라고 했다. '후금'이란 '금(金)나라를 이은 금나라'라는 뜻이고 '아진교로'는 여진 말로 '금나라 황실의 혈족(血族:겨레)'이라는 뜻이라고 한다. 그러니까 누르하치는 금태조 아구다의 후손이라는 말이고, 아구다가 고려인의 후손이니 청 황제도 우리의 겨레라는 뜻이다.

그렇다면 '금(金)'의 뜻은 무엇인가. 원음이 '진'으로 진한의 '진(辰)', 즉 동쪽을 가리키는 말이다. 대조영(大祚榮)이 동모산(東牟山)에서 나라를 세우고 '진(震:振)'이라 하고 궁예(弓裔)가 철원에서 나라를 세우고 '마진(摩震)'이라 한 것도 같은 의미이다. '남쪽에 있는 진나라'라는 뜻이다. 지금 우리는 '진'이라는 소리가 '짐'으로 바뀌었다가 다시 '김'으로 변하는 바람에 '짐씨'가 '김(金)씨'가 되었지만 후금은 이곳으로 천도하며 나라 이름(國號)을 바꾸었지만 '진'과 비슷한 소리인 '칭(淸)'이라고 했다. 그러나 우리는 같은 호족(東胡)이면서 호족이 아닌 체, 그들을 '胡(호:되놈)'로 규정한 명칭을 끝내 바꾸지 않았다.

조선조 500년 동안 우리가 명나라에 빠져 제 뿌리도 잊은 채 우리만 못하다고 여겨지는 옛 이웃들에게 얼마나 잘난 체 으스대며 얕잡아 보았는지를 보여주는 좋은 예가 아닌가 싶다.

지금도 우리는 종종 "그 옛날과 달라진 것이 없다"고 느껴질 때가 많다.

괴어 바치는 상대가 바뀌었을 뿐 겉모습이 우리만 못하다싶은 곳에 서면 그곳이 어디든 30년 전 제 모습도 잊은 채 기고만장(氣高萬丈)이다. 그렇다가도 서구인만 나타나면 어느 나라 사람인지도 모르면서 버쩍 얼어 금방 기가 죽고 꼬리부터 내린다. 이 얼마나 부끄럽고 한심한 작태인가.

우리는 언제나 항심(恒心)을 갖고 자중(自重)하는 법을 배워 남들 앞에 의연하고 남들이 괴어 바치는 의젓하고 영예로운 조국을 후손들에게 물려줄지 정말 아득하다.

할머니 방 같은 심양궁(瀋陽宮) 내전(內殿)

시내 중심부에 있는 심양고궁(瀋陽故宮)으로 갔다. 누르하치가 황제(太祖)로 등극한 이후 그의 아들 홍타이지(皇太極:太宗)와 손자 세조(世祖: 福臨)가 1644년 북경(北京)으로 다시 수도를 옮길 때까지 살던 곳이다. 1625년 짓기 시작하여 1636년 봄 완공했다. 베이징의 자금성(紫禁城) 다음으로 큰 궁궐이다. 총 면적 6만㎡, 90여 동 300여 칸의 건물이 지은 지 370여년이 지난 현재까지 완벽하게 보존되어 있다.

〈청세조 복림은 태종 홍타이지의 아홉째 아들로 순치제(順治帝)라 한다. 태종이 후계자를 정하지 않고 죽자 왕들의 회의에서 추대되었다. 즉위할 때 나이는 6세였다. 당시 최대 실력자인 예친왕(睿親王) 도르곤(多爾袞:태조의 제14자)과 정친왕(鄭親王) 지르하란(濟爾哈朗:태조의 동생 슈르가치의 제6자)이 보정왕(輔政王)이 되어 모든 국사를 처결했다. 북경(北京)을 함락하고 중국을 지배하게 된 것은 거의 도르곤이 해낸 일이다.〉

가장 눈길을 끈 것은 숭정전(崇政殿)이나 대정전(大政殿)이 아니었다. 봉황루(鳳凰樓)뒤에 있는 내전(內殿)이었다. 천장에 매달린 요람과 강아지 모양의 장난감, 반 온돌식의 소박한 구조는 천하를 호령하던 그들의

할머니 방 같은 심양궁(瀋陽宮) 내전(內殿)

▲ 심양궁 봉황루(瀋陽宮鳳凰樓). 황후들의 내전이다

내실이었지만 우리 할머니와 할머니의 어머니들의 방처럼 호화나 사치와는 거리가 먼 거칠고 투박했던 동북인의 삶을 고스란히 보여주고 있었다.

〈청태종 홍타이지의 배우자는 15명이었는데 그중 황후(皇后)와 비(妃)로 책봉된 5명의 거처가 청녕궁(淸寧宮:皇后 哲哲)을 중심으로 동서로 갈라져 배치되어 있었다. 관저궁(關雎宮:宸妃海蘭珠)과 연경궁(衍慶宮:淑妃巴特馬璨)은 동쪽에 있었고 인지궁(麟趾宮:貴妃娜木鍾)과 영복궁(永福宮:莊妃布木布泰)은 서쪽에 있었다. 이들은 모두 몽고족이며, 성씨도 같은 벌치키트(博爾濟吉特)씨다. 황후는 관저궁 신비와 영복궁 장비의 친고모였고, 신비와 장비는 친자매였다. 장비 푸무푸타이는 순치제(順治帝)의 어머니인데 어린 아들을 제위에 앉히기 위해 시숙인 예친왕 도르곤(睿親王多爾袞)과 결혼했다. 형제가 죽으면 형수나 제수를 아내로 거두는 것이 여진의 풍속이었으니까 흉볼 일은 아니다. 우리도 그런 풍속을 갖고 있었다. 그녀는 순치제가 제위를 버리고 출가(出家)하여 중이 되자 8살 손자인 현엽(玄燁)을 강희제(康熙帝)로 등극시켜 나라를 안정시키고 청나라의 유일한 태황태후(太皇太后)가 되었다.〉

소현세자(昭顯世子)와 봉림대군(鳳林大君)이 8년간 볼모살이를 했던 '조선관(朝鮮館)' 앞을 지나게 되었다. 붉은 기와를 올린 2층 구조의 서양식 석조(石造) 건물이 우람하게 서 있었고 '심양소년아동도서관(瀋陽市少年兒童圖書館)'이란 간판이 커다랗게 걸려 있었다. 건물 중간에 안마당으로 통하는 아치형 통용문이 뚫려 있었는데 형태로 보나 노후도로 보나 370여 년 전의 그 건물은 아니었다.

18세기 「사행록(使行錄)」에 "거의 무너졌다"든가 "기둥 세 개만 남았다"는 등의 기록이 보였으니 크게 기대한 것은 아니었지만 그래도 허탈한 생각이 드는 것은 어쩔 수 없었다.

〈소현세자는 1636년 2월에 서울을 떠나 1645년 2월 북경을 거쳐 돌아올 때까지 이곳 조선관에서 살았다. 봉림대군은 청에 머무르다가 먼저 귀환한 세자가 4월에 갑자기 죽자 그해 5월 돌아와 세자가 되었고 인조(仁祖)의 뒤를 이어 효종(孝宗)이 되었다. 심양에서 낳은 아들이 바로 그의 뒤를 이은 현종(顯宗)이다.〉

나쁜 일 안했다는 마적단(馬賊團) 두목

장학량의 집(張學良舊居)으로 찾아갔다. 장씨수부박물관(張氏帥府博物館), 또는 요녕성근대사박물관(遼寧省近代史博物館)이라고 불리는 곳이다.

집 앞 광장에는 예의 단고쓰봉에 군모까지 갖추어 쓴 장학량의 동상이 서 있었고 집안으로 들어서자 장작림과 그의 다섯째 첩 수의(壽懿)의 사진을 비롯하여 황고둔 사건, 유조구사건, 서안사변과 관계되는 여러 자료들이 전시되고 있었는데 친일행적을 가늠할만한 자료는 보이지 않았다. 있어도 숨겼을 것이다.

가장 눈에 띄는 것은 장작림의 중국식 당옥(堂屋:주인 거실 겸 응접실)에 걸려 있는 족자였다. 칠언(七言) 한 귀를 두 개의 족자로 만들어 좌우에 걸어두고 있었는데 그 내용은 이러했다.

"내가 미처 못 읽은 책은 있겠지만(書有未曾經我讀)"
"내가 남에게 말 못할 일을 한 적은 없다(事無不可對人言)"

참으로 후안무치(厚顔無恥)한 마적단 두목답다는 생각을 했다. 꼭 요즘 우리 정치가들의 속내를 들여다보는 것 같았다. 안으로 들어갈수록 건물과 방은 점점 호화롭고 사치스러워졌다. "살길을 찾아 만주로 떠나갔던 우리 동포들의 때 묻은 이불보퉁이까지 빼앗았던 도적놈들의 괴수가 황제보다 더 호사를 누리며 떵떵거렸구나"싶어 억막감(抑寞感)이 앞섰다.

〈이곳은 장작림(張作霖) 부자가 관저 겸 사택으로 사용하던 곳으로 1916년부터 살았다. 1914년 짓기 시작한 이후 계속 증축하여 4원(東院·西院·中院·外院)으로 구성된 방대한 건물군을 이뤘다. 중국식 사합원(四合院)과 수사정대(水榭亭臺)·화원(花園)이 있는가 하면 유럽식 석조건물과 북구식 건물 및 일본식 건물 등 다양한 양식의 건물을 갖추고 있다. 총면적은 3.6만㎡, 건축면적만 2.76만㎡다. 전람공간은 1600㎡.〉

▲ 청태종(홍타이지)의 소릉. 봉분이 특이하다

청태조 누르하치와 예허나라씨의 합장 무덤인 복릉(福陵:東陵)을 거쳐 청태종 홍타이지와 그의 황후 벌치키트 저저씨가 묻힌 소릉(昭陵:北陵)으로 갔다. 천주산(天柱山)을 지고 혼하(渾河)에 접해 있는 복릉과는 달리 소릉은 시가지 북쪽에 거대한 공원으로 조성되어 있었다. 청나라가 태종으로부터 시작됐다는 것을 상기시키려는 것 같았다.

정홍문(正紅門) 안 신도(神道)로 들어섰다. '대백(大白)·소백(小白)'과 독특한 모양의 보정(寶頂)이 눈길을 끌었다. 대백·소백은 홍타이지가 생전에 조각해 놓았던 두 마리의 애마(愛馬)상이고, 보정은 보성(寶城)의 정상, 즉 봉분을 이르는 말인데 다른 능묘들과 달리 모래에 백회를 섞어 발라놓아 풀 한 포기 없는 뽀얀 속살을 드러내고 있었다.

 희고 거대한 반구(半球) 위에 큰키나무 한 그루가 달랑 자라나 있는 모습이 꼭 투구를 형상화한 것도 같고 몽골백탑을 형상화한 것도 같았다. '보성'이란 명칭이 '거리낌 없이 자유로운 세계'를 뜻하는 불교 용어임으로 보아 무관하지 않을 것으로 보인다. 그러나 그러한 모양을 갖게 된 정확한 까닭은 산릉도감의궤(山陵都監儀軌) 같은 관련 문건을 보지 않고는 쉽게 단정할 수 없을 것 같다.

〈홍타이지가 52세에 죽어 이곳에 묻힌 뒤 황후 벌치키트 저저(博爾濟吉特哲哲) 씨도 51세에 죽어 이곳에 합장됐다. 그러나 저저씨는 홍타이지의 첫부인이 아니었다. 1614년 그녀가 홍타이지에게 시집올 당시 그녀의 나이는 15세였는데, 23세였던 홍타이지에겐 이미 두 명의 부인이 있었다. 첫 부인은 개국공신 어이두(額亦都:건주여진)의 딸 뉴푸루(鈕祜祿)씨로 이미 아들이 하나 있었고, 둘째 부인은 우라나라(烏拉納喇:우라여진)씨로 아들 둘이 있었다. 이런 상황에서 그녀가 황후가 될 수 있었던 것은 당시의 정치적인 이유 때문이었다. 그녀의 부친은 몽고 커얼친(科爾沁)부의 왕족 망구스(莽古斯)로 원태조 징기스칸 동생[하사르]의 18세손이었다. 건주여진의 세력이 점차 강성해지자 누르하치에 항복하고 누르하치의 아들인 홍타이지에게 딸을 시집보냈는데 홍타이지는 몽고 커얼친부가 정치적으로 매우 중요했기 때문에 원래의 부인들을 제치고 그녀를 황후로 책봉하였다. 그로 인해 홍타이지는 '대원 전국옥새(大元傳國玉璽)'를 손에 넣고 국호를 대청(大淸)으로 바꾸었고 연호도 바꾸었다. 저저씨는 딸만 셋을 낳아 모두 몽고 귀족에게 시집보냈다. 뉴푸루씨와 우라나라씨는 사후에 황후로 추존되었다.〉

유조호(柳條湖)에는 호수가 없고

 만주사변의 시발점 유조구(柳條溝)로 갔다. 중국침략의 신호탄이 터진

▲ 유조호(柳條湖) 기념비. 만주사변의 시발점이다

곳이다. 지금은 유조호(柳條湖:류탸오후)라고 부르지만 호수는 없다. 일본 관동군(關東軍) 관할하의 남만(南滿)철도 유조구 구간을 스스로 폭파하고 중국측 소행이라며 장학량의 동북군(東北軍) 주둔지 북대영(北大營)과 봉천성(奉天城:瀋陽) 및 비행장을 기습점거하고 전광석화(電光石火)처럼 며칠 사이에 20여개 도시와 그 주변의 광범한 지역을 장악했다.

〈일본군이 만주일대를 장악할 수 있었던 것은 당시 공산군 토벌에 전력을 기울이던 국민당 정부가 장학량군(동북군)에게 "절대 저항하지 말고 산해관(山海關) 안으로 철수하라"고 지시한데 따른 것이다. 오늘날 키르기스스탄의 이시쿨 호수와 카자흐스탄 발하슈쿨 동북부가 중국 영토였으나 러시아가 차지했던 것처럼 러시아가 한번 차지하면 영원히 되찾을 수 없지만 일본이 차지하면 되찾을 수 있다는 판단 아래 공산군을 무찌를 때까지 잠시 일본에게 만주를 맡겨 지키게 하겠다는 이이제이(以夷制夷) 전략에 따른 것이었다. 이로 인해 일본군은 선양을 함락한 후 1932년 1월까지 요녕(遼寧)·길림(吉林)·흑룡강(黑龍江)성 등 동북3성을 대부분 차지했다. 일본으로서는 중국을 병탄하여 아시아 태평양 지역의 패권국가가 되겠다는 세계전략의 일환으로 이루어진 조치였다. 총리대신 다나카 기이치(田中義一)가 상주문에서 "중국을 정복하려면 반드시 먼저 만주와 몽골을 정복해야 하고 세계를 정복하려면 중국을 정복해야 한다"고 말한 것이 바로 그것이다.〉

탁상일력(卓上日曆) 모양으로 만들어진 10m 높이의 석조 기념탑에는 '1931 9月 小 18 星期五 農曆辛未年'이라고 비극의 그날을 커다랗게 새겨 놓았고 왼쪽 일력 뒷장에 해당하는 부분에는 "밤 10시께 일본군은 남만철로 유조호 구간을 스스로 폭파하고 도리어 중국군 짓이라며 북대영을 공격, 점거했다. 우리 동북군은 저항하지 말라는 명령을 받고 있었으므로 분통을 참고 물러났다. 국난이 닥치자 인민들은 분연히 일어나 저항해 싸웠다"고 적혀 있었고 총알구멍과 대포알 구멍을 상징하는 둥근 구멍이 여기저기 나 있었다.

경세종정(警世鐘亭) 옆에는 꽤 큰 석비 등이 옮겨져 아무렇게나 넘어져 있었다. 이 비석은 일본 야스구니신사(靖國神社)의 분사(分社)인 봉천 충령사(奉天忠靈祠:瀋陽市中華路)에 서 있던 것으로 러·일전쟁에서 만주사변 때까지 일본군 전사자의 유골을 받들며 의식을 치르던 곳이다. 비문은 혼조 시게루(本庄繁) 일본 관동군 사령관이 직접 짓고 쓴 것이었다. 일제 군국주의자들의 동북침략 야욕을 그대로 담고 있었다.

서탑가는 홍등가(紅燈街)가 되고

동포(朝鮮族)들이 밀집해 사는 서탑가(西塔街)를 지나 요양(遼陽)으로 향했다. 지난 시절 부인들이 국밥장사를 하여 남편들의 독립운동 자금을 대었다는 그 거리가 지금은 중국 사람들이 홍등가(紅燈街:색주집)라고 부르는 거리가 되었다고 한다. "평균 세 집 중 두 집이 한국에 나가 산다"는 재중(在中) 동포들이 정작 고국으로 와서 무엇부터 배웠는지를 보여주는 것 같아 자꾸 시선이 땅바닥으로 쏠렸다.

요양 시내로 들어섰다. 고구려(高句麗)의 수도 평양(平壤)이었고 최대의 방어기지였던 요동성(遼東城:오리골)이다. 한들물[大梁河:太子河]을 끼고 있다. 수양제(隋煬帝)의 백만대군이 석 달 동안이나 공격했으나 정복하지 못한 못한 성이다. 이세민(李世民)의 당군(唐軍)에 의해 이 성이 무너지고 나서 고구려는 멸망했다.

「요사(遼史:地理志)」에 따르면 "동경 요양부(東京遼陽府)는 원래 고구려의 평양성(平壤城)이다"라고 하면서 "한(漢) 때는 패수현(浿水縣)이라했고 고구려 때는 구려현(句麗縣)이라 했고 발해(渤海) 때는 상락현(常樂縣)이라 했다"고 했는데(東京遼陽府;…晉陷高麗,後歸慕容垂,子寶,以句麗王安,爲平州牧居之,元魏太武遣使至其所居平壤城,遼東京本此. 本渤海國金德縣址,漢浿水縣,高麗改爲句麗縣,渤海爲常樂縣.)「중국역사지도집」은 양평(襄平)이라는 이름을 붙여놓고 있다. 그러나 '한(漢)의 양평성은 노룡(盧龍)에 있었다'는 주장이 설득력을 얻고 있다. 유수(濡水)・류수(灅水:治水)・란수(灤水) 동쪽이 원래 요동(遼東)이었기 때문이다.

⟨례수(洌水)를 중국에서는 치수(治水)라고도 적고 있다. 이 물길에 붙었던 다른 이름들을 참고하면 '오리물→야리물'의 사음으로 治水(치수)는 冶水(야수)의 잘못으로 보인다. 그래서 야수(冶水)로 적었다.⟩

문제는 진(晉)나라 때 평주(平州:晉平)가 이곳이라는 점이다. 그 말이 맞다면 "고구려가 요동을 공략하여 차지하자 백제(百濟)도 요서(遼西)를 공략하여 진평[晉平郡晉平縣]을 차지했다든가, 녹산(鹿山)에 있던 부여(夫餘)를 공격하여 연(燕) 가까이 서쪽으로 옮겨가게 했다."는 「송서(宋書)」 및 「자치통감(資治通鑑)」의 기록과 앞뒤가 맞지 않는다. 고구려가 차지하고 있던 요동의 '평주'를 요서의 백제가 또 차지한 것이 되는 등 불합리한 점이 많이 불거지기 때문이다.

'고구려와 부여 사이에 백제가 있었다'는 등의 설이 대두되는 것이 이 때

▲ 요양(遼陽)에 있는 백탑(白塔). 전돌로 쌓았다

문이다. 아마도 진평(晉平)은 북위(北魏)가 설치했던 평주(平州)로 비여[肥如]에 있던 요서군(遼西郡)과 노룡(盧龍)에 있던 북평군(北平郡)을 싸잡아 이른 것이 아닌가 싶고, 또 "유성(柳城)에는 백록산(白鹿山)이 있고 백록산 동남쪽에는 복부리현(僕扶犁縣:북부여)이 있다.《柳城縣, 有白狼山白狼水. 又有僕扶犁縣故城, 在東南.〈資治通鑑〉》"고 했으니 평주를 차지한 백제(百濟)가 그 북쪽 "녹산[白鹿山]에 있던 북부여[僕扶犁]을 공격해 서쪽으로 쫓았다"는 말이거나 "부여[肥如]를 계현(薊縣) 쪽으로 쫓았다"는 것을 「송서」가 잘못 해석하여 기재하는 바람에 각 사서(史書)들이 따라 적어 역대 학자들에게 엉뚱한 곳을 헤매며 골치를 싸매게 하는 것이 아닌지도 모르겠다.

어쨌든 진평(晉平) 등 십륙국시대의 지역과 부여의 역대 강역이 정확히 파악되지 않는 한 대륙백제(大陸百濟)는 여전히 수수께끼가 될 수밖에 없을 것 같다.

조선조 숙종 때(1721) 사행(使行)을 따라갔던 김창업(金昌業)은 「연행일기(燕行日記)」에서 '구요동(舊遼東)이라고 적었다. 고구려가 요동성을 세웠던 곳이기 때문이다.

백탑(白塔)공원 문간으로 들어섰다. 사행길에 나섰던 사람들이 이 탑을

서탑가는 홍등가(紅燈街)가 되고

보기 위해 신요동에서 자고 큰물을 다섯번이나 건너 왕상령(王祥嶺)·석문령(石門嶺)을 넘어 먼 길을 마다않고 일부러 찾아왔던 곳이다.

팔각형 13층의 우람한 전탑(甎塔)이 너른 마당을 압도하고 서 있었다. 면마다 아치형 감실 속에 정좌한 부처가 도드라지게 표현되어 있고 양옆에 협시보살이 모시고 서 있는 구조였다. 높이는 70.5m라 한다. 탑이라고 해야 고작 한 두길 쯤 되는 것이나 보며 자라온 사람들이 이것을 보았으니 얼마나 놀랐겠는가.

"석문(石門)을 나서자 비로소 앞이 탁 트이면서 하늘과 맞닿은 들판이 끝없이 널브러졌는데, 오직 요양(遼陽)의 백탑만이 연기와 구름 속에 우뚝 서 있는 것이 보였다. 북행(北行)길 중에 제일가는 볼거리였다."는 감격이 홍대용(洪大容) 혼자만의 것은 아니었을 것이다.

〈홍대용은 영조42년(1766) 정월 1일부터 약 70일간 북경여행을 했는데 일기형식의 여행기가 그의 문집 「담헌서(湛軒書)」에 연기(燕記)라는 이름으로 실려있다. 요양(遼陽)은 우리나라 중국 사행로(使行路)의 중요한 길목 중 하나다. 명나라 때는 요양성 남문밖 조선관(朝鮮館:懷遠館)에서 하룻밤을 묵고 주필산(駐蹕山)과 해주위(海州衛:海城)·광녕(廣寧:北鎭)을 거쳐 북경(北京)으로 향해 갔으나 청나라 때는 요양 시내로 들어서지 않고 태자하(太子河)를 건너 영수사(映水寺)에서 묵고 성경(盛京:瀋陽)으로 갔다.〉

「조천기(朝天記)」에서 허봉(許篈:荷谷)은 "떠도는 말에 당태종[李世民]이 고구려를 정벌한 뒤 울지경덕(尉遲敬德)에게 명해 이 탑을 쌓았다고 한다"고 적고 있었지만 당탑(唐塔)의 닮은꼴은 쉽게 찾아지지 않았다. 훨씬 후대에 벽돌로 쌓아올린 전형적인 요탑(遼塔)이었다. 서안(西安)의 대안탑(大雁塔)과 소안탑(小雁塔)을 본 사람이라면 쉽게 판별할 수 있을 것이다.

허봉은 430여 년 전(선조 7년:1574) 서장관(書狀官)으로 사행길에 따라나섰다가 이 탑을 보았고 "금 글자로 된 '光流碧漢(광류벽한:부처의 빛이 하늘까지 뻗친다)'이라는 현판이 달려 있었다"고 기록했는데, 아무리 탑을 돌면서 찾아보아도 보이지 않았다. 박지원(朴趾源)은 "층마다 모서리 처마에 물통만한 풍경이 달려 있어 바람이 일 때마다 그 소리가 멀리 요동벌에 울린다"고 했는데 풍경의 크기는 질정할 수 없었으나 종소리는 밑에서도 들리지 않았다. 번잡한 대로가 붙어 있어 그러려니 싶었다.

〈최근에 들으니, 요양 백탑(遼陽白塔)에는 "금자(金字)가 아니라 백자(白字)로 된 현판이 걸려 있더라"고 한다. 아마 우리의 기록을 참조해 걸어 놓은 것이 아닌가 싶다.〉

크고 웅장했다는 백탑사(白塔寺)와 광우사(廣祐寺)는 어떻게 되었는지 보이지 않고 탑 뒤로 새로 지은 원통선원(圓通禪院)이 비스듬히 자리하고 있었다. "흔적만 남았더라"는 고구려의 연주성(燕州城:白岩城)이 지금은 어떻게 되었고, 우리 사신들이 오며가며 폐를 끼쳤다는 영안사(永安寺)는 어디쯤에 있는지 찾아볼 겨를이 없었다.

옛사람이 갔던 길을 따라

안산(鞍山)에서 밤을 보내고 일찌감치 천산(千山)으로 갔다. '남쪽에는 황산이 있고 북쪽에는 천산이 있다(南有黃山 北有千山)'고 자랑이 대단한 곳이다. 허봉은 "이산에는 999개의 봉우리가 있어 천산이란 이름을 얻었다 한다"고 적고 있는데 안내문 어디에도 그런 말은 보이지 않는다.

홍대용(洪大容:1766)과 이정구(李廷龜:1780)가 갔던 길을 따라 조월사(祖越寺) 앞을 거쳐 용천사(龍泉寺)로 향했다. 길은 점점 좁아지고 숲은 무성하게 길 위를 덮어 영락없는 녹색동굴을 이뤄내고 있었다. 다른 나무는 거의 없고 '좌우가 모두 배나무였다'고 했는데 배나무는 거의 눈에 뜨이지 않았다.

오른쪽으로 꺾어들었다. 일주문을 지나 바위 사이로 올라갔다. 왼쪽 절벽 밑에 조그만 신당이 있었고 바위 위에는 '鍾靈毓秀(종령육수:천지간의 빼어난 영기가 모두 이곳에 모였다)'라는 네 글자가 새겨져 있었다. 중국공산당 원로로 요녕성장(遼寧省長)을 지낸 보이보(博一波)가 1983년 이곳에 왔다 새긴 것이라 한다.

아담한 전축 아치문이 하나 올려다 보였다. 그곳에는 김창업(金昌業:1712)의 기록대로 '勅建龍泉寺(칙건용천사:황제의 명으로 세운 용천사)'라고 쓰여 있었고 절벽을 끼고 좀 더 가다가 또 하나의 중문을 들어서니 오른쪽 석벽에 '漱瓊(수경)'이란 글자가 새겨져 있었다. 그밖에도 중문 머리에 '용천동천(龍泉洞天)'이란 각자도 있었고 아치문 안에 왕이열(王爾烈)의 용천사시(龍泉寺詩)도 쓰여 있었는데 18세기 당시에는 없었기 때문에 기록될 수 없었을 것이다.

〈왕이열은 청나라 건륭(乾隆)황제 때의 대학자로 가경(嘉慶)황제의 선생이었는데 이 절 서각(西閣)에서 공부했다 한다. 그의 용천사시는 이러했다.

새소리 따라 꽃마중 받으며 산사에 와보니	鳥引花迎到山門
푸른 산들이 병풍처럼 사찰을 둘러쌌네	翠屛環擁紺宮尊
일천 봉우리에 걸린 연하는 보기에 좋고	一千峰裡煙霞勝
열여섯 경관 그림 속에 서 있는 것 같네	十六景中圖畫存
절벽에 달린 집은 때때로 구름 위에 얹히고	絕壁時懸雲外屋
고괴한 소나무는 모두 돌틈으로 뿌리를 뻗네	怪松皆走石間根
올 때마다 언제나 서쪽 당으로 가서 자니	來遊總向西堂宿
조정에 매임 없어 꿈자리가 쾌적하네	瓊島虛舟愜夢魂〉

마당으로 올라섰다. 옛 마구간[廩舍] 자리에는 사찰의 관리동이 들어서 있고 본 건물 들은 저만큼 경사진 계단 위에 덜름하게 자리 잡고 있었다. 굴곡진 계단 길을 따라 법왕전(法王殿)으로 올라갔다. 우리로 치면 사천왕문(四天王門) 같은 곳인데 비곗살에 맹꽁이배를 한 중국의 대두미륵불(大肚彌勒佛)이 개기름을 번들거리며 통로를 막고 앉아 커다란 복전통(福錢筒)을 지키는 바람에 뒷문이 없어져 되돌아 나올 수밖에 없었다.

뒤로 돌아갔다. 두어 길쯤 되는 축대 중간에 3층 구조의 작은 신당이 돌과 전돌로 세워져 있었다. 상층은 도좌관음(倒坐觀音), 중층은 용왕전, 하층은 조그만 홍문(虹門:拱門)으로 구성되어 있었다. 홍문 속을 들여다보았다. 흰 대리석 용머리에서 용천수(龍泉水)가 쉴 새 없이 입을 통해 흘러 떨어지고 있었다. 그것이 용왕전에 새겨진 '龍泉演梵(용천연범)'이란 네 글자의 뜻이라 한다. '용천이 불경을 외고 있다'는 것이다. 졸졸거리는

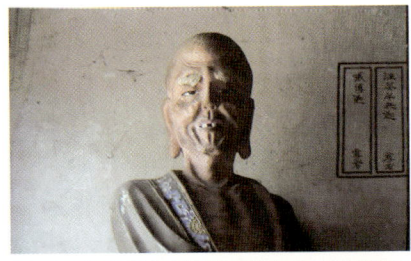

▲ 대웅전 왼쪽에 있는 고승(高僧)들의 소조상

물소리를 '불경을 외는 소리'로 표현한 것이다.

그 물을 받아 마셨다. 김창업의 기록에 따르면 "용천은 이절에서 1리(400m)쯤 올라간 곳에 있는데 사철 마르지 않는다"고 했으니 아마도 그곳에서 파이프를 통해 끌어온 것이 아닌가 싶다.

다시 계단을 올라갔다. 대웅전(大雄殿)은 그곳에 있었다. 벌려 앉은 삼존불을 협시보살 들이 모시고 서있는 구조였는데 북위(北魏)와 당(唐)나

라 이후 만들어진 중국 불상들에서는 옛것이나 요즘 것을 막론하고 청아(淸雅)한 기색을 찾아보기 쉽지 않다. 불상을 주문하거나 만든 사람들의 심성이 닦여있지 않은 까닭일 것이다.

불만한 것은 대웅전 왼쪽 벽을 지고 늘어서 있

▲ 용천사 서각(西閣). 왕이열(王爾烈)의 서당이다

는 고승(高僧)들의 소조상(塑雕像)이 아닌가 싶다. 각자의 개성이 잘 표현되어 있을 뿐 아니라 당장이라도 나와 앉아 법론을 시작할 것 같은 표정들이다.

우리의 사행들이 묵었다는 동쪽 요사(寮舍)를 찾아갔다. 대웅전을 끼고 옆으로 돌아가니 그것이 하나의 능선이었고 요사채는 그 너머에 있었다. 그러나 옛 건물은 보이지 않고 채 공사가 끝나지 않은 새 건물이 규모를 늘려 들어서고 있었다.

능선 끝 '진산보저(鎭山寶杵:항마 공이)'라는 돌기둥이 서 있는 곳까지 내려갔다. 돌산 마루에 수령 100년이라는 석구송(石臼松)이 한그루 서 있었고 건너편 서각(西閣:王爾烈書房) 앞의 정병봉(淨甁峰) 돌산이 잡힐 듯 다가왔다. 그 석벽에는 '屛藩獨峙(병번독치)'라는 네 글자가 새겨져 있었는데 "국가 중신으로서 혼자 맞섰다"는 뜻이다.

이것은 우리와도 관계 깊은 일로, 1894년 우리의 동학란(東學亂)을 평정하기 위해 파병했던 청·일 두 나라가 전쟁을 일으켜 전선(戰線)이 요동(遼東)으로까지 확대되자 요양주지사 서경장(遼陽知州徐慶章)은 민병대를 그러모아 대항했으나 마관조약(馬關條約)으로 허사가 되자 허탈함을 표시

고조선과 부여가 남긴 땅, 그리고 대륙 백제

▲ 천산 오불정(千山五佛頂) 동쪽의 불수봉(佛手峰). 멀리 노천광 지대가 보인다

하기 위해 새겨놓은 글자였다.

〈마관조약(馬關條約)은 시모노세키조약(下關條約)이라고도 한다. 동학란(東學亂)을 평정하기 위해 조선에 파병했던 청국과 일본 사이에 전쟁이 벌어져 전선이 요동으로까지 확대되었고, 연전연패하던 청국은 미국의 중재로 1895년 2월 1일부터 휴전·강화를 위해 협상에 들어갔다. 양국은 이홍장(李鴻章)과 이토히로부미(伊藤博文)를 앞세워 3월 30일에 먼저 6개 조항의 휴전협정을 체결하고, 휴전기간 동안 강화협상을 진행하여 4월 17일 전문 11개 조항의 강화조약 등을 체결하였다. 내용은 ①청국은 조선국이 완전한 자주독립국임을 인정한다, ②청국은 요동반도(遼東半島)와 대만(臺灣) 및 팽호도(澎湖島)등을 일본에 할양한다, ③청국은 일본에 배상금 2억 냥을 지불한다, ④청국의 사시(沙市)·중경(重慶)·소주(蘇州)·항주(杭州)의 개항과 일본 선박의 양자강 및 그 부속 하천의 자유통항을 용인하고 일본인의 거주·영업·무역의 자유를 승인할 것 등이다. 이로써 일본은 한반도를 그 세력권에 넣어 대륙진출의 기반을 확고히 다질 수 있었다〉

고구려 철장(鐵匠)들이 비지땀 흘리던 곳

등정시간을 줄이기 위해 곤돌라를 탔다. 천산 북쪽의 7부 능선에서 내려 험한 길을 올라갔다. 보안관(普安觀)이 나왔다. 도교사원이다. "원래 이름은 서명암(西明庵)으로 1596년 '보안(普安)'이라는 법호를 가진 중이 창건한 불교암자였는데 그가 죽은 뒤 돌보는 이가 없어 피폐해진 것을 무량관(無量觀) 도사 전내길(錢來吉)이 수리하여 살며 보안관이라고 이름을 바꿨다"고 적혀 있었다.

그러니까 왜병이 우리나라의 종묘를 불태우고 홍산에서는 이몽학(李夢學)이 반란을 일으켰으며 풍신수길(豊臣秀吉:도요토미히데요시)이 조선 재침을 명령하여 정유재란(丁酉再亂)을 촉발시킨 바로 그해 이 암자가 세워졌다는 말이다. 암자 앞을 지나 칼날 같은 능선을 따라 위태로운 돌길을 올라갔다. 군데군데 계단이 파여 있고 보호 철책이 가설되어 많은 도움이 되었다.

산마루로 올라섰다. 너럭바위 위에는 오석(烏石)으로 된 다섯 기의 불상이 남쪽을 향해 앉아 있었다. 천산의 제2 고봉(高峰) 오불정(五佛頂)이다. 펑퍼짐한 바위로 이루어진 너럭은 남북 길이가 20m, 동서 너비가 15m라고 한다.

이 불상들은 당태종 이세민(李世民)이 고구려(高句麗)를 침공(侵攻)할 당시 이곳 천산(주필산)에 머무르고 있었는데 승려들에게 숭산 소림사(嵩山少林寺)로 가서 불상을 얻어오라고 하자 승려들은 먼 길을 마다않고 소림사로 가서 얻어온 1.7m짜리 다섯 기의 불상을 이곳 불두산(佛頭山) 정상에 안치했는데 그로부터 이름이 '오불정'으로 바뀌었다 한다.

소황산(小黃山) 관경정(觀景亭)으로 더 올라가 가없이 펼쳐진 요동벌을

고조선과 부여가 남긴 땅, 그리고 대륙 백제

바라보다 검은 속살을 드러내고 있는 거대한 노천 철광(露天鐵鑛:鞍山大孤山鐵礦)쪽을 내려다보았다. 저 어느 곳에서 고구려의 철장(鐵匠)들은 비지땀을 흘리면서 풀무질을 하고 메질을 하였을까.

사막지방 고성(古城)에 걸터앉아 지는 해를 바라보며 느꼈던 억막(抑寞)함이 가슴 저리게 북받쳐왔다.

〈천산(千山)은 '천화산(千華山)'으로도 불렸다. 신인대(仙人台)·오불정(五佛頂)·연꽃봉(蓮花峰) 등 110여개의 봉우리에서는 산경(山景)을 한 눈에 바라볼 수 있다. 1400년 전 북위(北魏)시기의 불교 유적이 남아 있고, 당(唐) 때의 건축된 불당(佛堂)과 요(遼)·금(金)시기의 사찰도 있다. 청(淸)나라 때는 도교(道敎)가 들어와 불교와 같은 산에서 흥성했다. 현재는 조월사(祖越寺)·용천사(龍泉寺)·무량관(無量觀)·대안사(大安寺) 등 20여개 사원만 남아 있다.〉

옥불원(玉佛苑)을 거쳐 탕강자(湯崗子)로 가서 쉬었다. 아쉬운 것은 "우리는 왜 옥불원 대웅전 지붕 같은 구조를 먼저 생각해내어 신축 사찰 등 큰 건물에 적용하지 못하느냐"하는 점이다. 전통건축의 계승이라는 것이 옛 건물을 모사하는데 있는 것이 아니라 옛 건물의 모티브를 그대로 살리면서도 새로운 모습의 건축물을 만들어내는데 참뜻이 있다고 믿기 때문이다.

안시성은 금단의 땅, 여순 가면 불법침입자

아침 일찍 해성(海城:하이청)을 거쳐 심대(瀋大)고속도로로 들어섰다. 개모성(蓋牟城:蓋州)이 있던 곳이다. 이곳 동남쪽에 있는 영자성(英子城)이 양만춘(楊萬春)이 지켜낸 안시성(安市城)일 수 있다하여 잠시 들러보고 싶었으나 한국 사람들은 갈 수 없다고 한다. 곧장 여순(旅順:뤼순)으로 향했다. 여순 역시 해군기지이기 때문에 외국인은 출입이 금지된 곳이라 한다. 시민들이 신고라도 하면 즉시 공안에게 체포될 수 있으니 각별히 신경 써 달라고 안내인은 겁을 주었다.

▲ 안중근 의사가 순국한 여순감옥 구지(舊址)

여순에 도착하자 군용 점퍼의 빵빵한 사람이 오토바이를 타고 남의 눈에 안 뜨일 만큼 멀찌감치 앞에서 우리가 탄 차를 유도했다. 벌어진 체격에 돌아가는 눈자위가 어느 기관원 같았다.

한적한 가로수 뒤에 차를 숨기고 먼저 여순 감옥을 찾아 갔다. 여순 일아감옥구지 박물관(旅順日俄監獄舊址博物館)이라는 간판이 붙어 있었다. 관리하는 사람도 보이지 않았다. 일부러 못 본 체하고 나타나지 않는 것이 아닌가 싶었다.

바람만 스치고 지나가는 적적한 곳을 한참 걸어 들어갔다. 붉은 벽돌로 지은 일본식 감방 건물이 낡은 모습을 드러내었다. 줄줄이 늘어선 똑같은 건물이 몇 개 동이나 되는지 쉽게 판별되지 않았다. 좁은 통로를 지나 안중근(安重根) 의사가 갇혀 있었다는 방으로 갔다. 여느 감방과 크게 다를 것이 없었다. 안의사는 이곳에서 '동양평화론'을 쓰다가 미처 다 마치지 못하고 형이 집행되었다.

이 감옥에는 교수형 집행장이 3곳이나 있다고 하는데 언덕 위에 있는 건물이 안의사의 형이 집행된 곳으로 유추된다 하여 가보았다. 가장 끔찍한 것은 시체 압축통이었다. 조그만 통에 시신을 넣고 압축하여 처리하였다한다. 이런 악랄한 도구는 아우슈비츠에서도 본 적이 없었다. 가뜩이나 묻힌 곳도 모른다는 의사들의 무덤을 어떻게 찾아내어 시신이나마 편히 쉬게 할 수 있을지 아득하기만 했다.

이곳에서 유명을 달리한 분은 안의사만이 아니다. 신채호(丹齋申采浩) 선생은 복역 중 병사했고 백범(金九)의 지시를 받고 일본 관동군 사령관 혼조 시게루(本庄繁)를 암살하러 대련(大連:따렌)으로 왔던 최흥식(崔興植)·유상근(柳相根)지사는 거사 전 왜경에 잡혀 이곳에서 복역하다 광복 전날 살해되었다.

머쓱한 기분으로 되돌아 나왔다. 여순 박물관(旅順博物館)으로 갔다. 상(商)·주(周) 때의 세발솥과 네발솥, 진(秦) 때의 명령문판 등 청동기와 우하량(牛河梁) 출토품 비슷한 옥결(玉玦)과 옥룡(玉龍) 등이 눈길을 끌었다. 세발솥은 동이(東夷)족의 솥이고 네발솥은 화하(華夏)족의 솥이라고 보면 거의 틀리지 않는다.

지나칠 수 없는 것은 너른 현관을 차지하고 있는 동종(銅鐘)이었다. 전형적인 중국종 형태를 띠고 있어 지

▲ 여순박물관에 있는 옥룡(玉龍)

나치려다 설명문을 흘끗 보았다. 그냥 지나칠 것이 아니었다. 우리나라에 있던 종인데 일제(日帝)가 이곳으로 옮겨 놓은 것이었다.

〈기복종(祈福鐘)이라는 이름을 달고 있는 이 종의 유래는 이러했다. "원(元)나라 지정 6년(1346) 조정에서는 불법(佛法)을 널리 펴기 위해 사신에게 자금을 주어 기술자와 함께 고려(高麗)로 파견하여 이 종을 주조하게 하였다. 1906년 일본 사람들은 이 종을 조선 인천(仁川)에서 대련(大連)으로 운반해와 대련 동쪽 본

러일전쟁[露日戰爭]의 격전지

▲ 고려에서 만들었던 중국 종. 일본인들에 의해 인천을 거쳐 대련으로 옮겨졌다

원사(本願寺)에 설치했었다. 1958년 이 종은 대련에 있는 노동공원(勞動公園)으로 옮겨졌었고 2007년 3월 31일 우리 박물관으로 들어왔다. 이 종의 높이는 2.20m, 구경은 1.36m, 무게는 1.67톤인데 몸통에는 렙차체 산스크리트 문자로 된「다라니경(陀羅尼經)」경문이 주조되어 있다. 내용은 부처에게 '평안하도록 보살펴 달라'고 비는 것이므로 이름을 '기복종'이라고 했다."〉

러일전쟁[露日戰爭]의 격전지

동계관산(東鷄冠山)으로 올라갔다. 1904~1905년 벌어졌던 러·일전쟁의 격전장이다. 러시아와 일본은 조선과 만주를 빼앗아 점령하고 지배하기 위해 남의 나라에서 식민지 쟁탈전을 벌였는데 그것이 바로 러·일전

▲ 얼링산(爾零山:203고지) 기념탑.

쟁(俄日戰爭)이고 주전장이 바로 이곳 여순이었다.

러시아가 먼저 차지하고 앉아 지었던 지하 병영(兵營)과 탄약고등이 그대로 보존되어 있고 기관총 진지와 러시아군 소장 콘트라친코(Kontrachinko)가 전사한 장소도 표시되어 있었다.

밖으로 나왔다. 화강암 돌덩이로 쌓아올린 커다란 기념비가 서 있었다. '東鷄冠山北堡壘(동계관산북보루)'라고 쓰여 있었다. 러·일전쟁이 끝난 뒤 일본의 '만주전적보존회'가 1916년 세운 것이다. 육군 중장으로 이 전쟁을 지휘했던 교도(鮫島重雄:사메지마 시게오)가 쓴 것이었다.

내친김에 203고지(高地)로 갔다. 해발 203m의 산마루인데 러·일전쟁 당시 여순 서부전선의 주요격전지로 일본군은 203고지라고 불렀다.

전쟁을 지휘하던 일본군 대장(大將) 내목(乃木希典:마레노기스케)은 이 고지를 점령하기 위해 6만여 명의 사상자를 내고 두 아들까지 잃었다. 정상에는 러시아 해군을 무력화시킨 일본의 280mm 유탄포(榴彈砲)와 함께 러시아의 150mm 카농포(Canon砲)도 남아 있었다.

가장 눈길을 끈 것은 일본군 구구식 소총 실탄을 닮은 10.3m 짜리 기념탑이었다. 탑 위에 '爾零山(이령산)'이라고 쓰여 있었는데 중국 음으로는 '二○三'과 똑같은 '얼링산'이 된다. 러·일전쟁을 승리로 이끈 일본군이 전장에 남아 있던 못쓰게 된 무기와 탄피등을 녹여 만든 탑인데 내목이 '얼링산'이라고 이름을 붙였다고 한다.

〈노기 마레스케(乃木希典)는 일본 3군사령관으로 203고지를 점령하기 위해 1904년 9월 19일 2개 사단 병력과 중화기를 동원하여 공격을 개시했으나 4800명이 전사자만 남긴 채 실패하고 2차 공격에서 역시 2800명이 전사를 내는 등 참패를 거듭하다가 12월 5일 3차 공격 끝에 6만 2백여 명의 사상자를 내고 고지를 점령했다. 이 전쟁에서 노기 대장은 두 아들 노기가츠스케(乃木勝典)와 노기야스스케(乃木保典)를 모두 잃었다. 일본군은 고지를 점령하자 즉시 포병관측소를 세우고 230mm 유탄포(榴彈砲)를 장치하여 여순 항구에 정박해 있던 러시아 군함을 모조리 침몰시켜 해군력을 무력화시켰다. 이로 인해 보급로가 끊긴 러시아군은 힘을 잃었고 일본군은 북진하여 봉천(奉天:瀋陽)을 점령할 수 있었다.〉

대련(大連:따롄)으로 올라와 쉬었다. 올 때마다 달라지는 것이 근래 중국의 모습이지만 상해(上海)를 비롯한 바닷가 도시들은 정말 공산주의 중국의 한계가 어디까지인지 흥미를 느끼지 않을 수 없게 만들고 있다.
이 화려한 그늘 속에 드러나는 도농간 소득격차와 그로 인한 상대적 박탈감을 무엇으로 메워 중국 공산당의 기반(농민)을 튼튼하게 다질지 자못 궁금하다.
그러니, 인공위성이 지구위의 신문도 읽어내는 이 시대에 군함 몇 척 매어 있다고 외국 관광객을 불법침입 범법자로 주눅 들게 만들면서 뒤로는 받을 돈 다 받아 챙기는 그 속내를 이해할 수가 없는 것은 당연한 일이 아니겠는가.

요동 벌은 대유전(大油田)

아침 일찍 길을 떴다. 도로표지판은 개주(蓋州:까이저우)와 영구(營口:잉

커우)을 거쳐 반금(盤錦:반진)으로 가고 있다고 가리키고 있었다. "이곳에서 동북쪽으로 조금만 올라가면 신개하(新開河)인데…"하는 생각이 났다. 그 곳은 바로 왕험성(王險城:險瀆)으로 연(燕)나라 사람 만(滿)이 기자조선(箕子朝鮮)의 마지막 왕 준(準)을 내쫓고 위만조선(衛滿朝鮮)을 세웠던 곳이다. 지금은 그 유지(遺址)가 어떻게 관리되고 있는지 알 수가 없다. 우리와 관련된 유적지는 철저하게 한국인을 배제한 채 자신들 멋대로 발굴조사하고 제 입맛에 맞도록 복원하여 개방하고 있는 것이 요즘 중국의 추세이기 때문이다.

끝없이 이어지는 광막한 요동평야(遼東平野)를 가로지르며 우리 선조들이 이 땅을 '벌한(發·潘·發干·發韓·番汗·弁韓)'이라고 밖에 표현할 수 없었던 까닭을 다시 한 번 음미해 보았다. 아무리 둘러보아도 조그만 언덕 하나 보이지 않았으니 그렇게 밖에 부를 수 없었을 것이다. 모두가 '벌판의 나라'요 '벌판의 환국'이라는 말인데 중국책을 잘못 베낀 우리의 역사책은 '벌한(弁韓)'이 전라도 구석에 있었다고 쓰고 있다.

요하(遼河)를 건넜다. 고구려의 1천3백여 년의 한이 흐르는 강이다. 원래는 '고구려강'이라는 뜻으로 구려하(句驪河)라고 불리던 물길인데, 청나라 때는 거류하(巨流河)라 불렸고 요즘은 요하라고 부른다. "금년에는 가물어 물이 적은 편"이라고 안내인은 말한다. 그러나 이 넓은 들판을 다 적시고도 넘쳐 이렇게 많은 물이 흐르다니, 그 옛날에는 지금보다 훨씬 큰 물길이었을 것으로 짐작되었다.

〈수양제(隋煬帝)는 돌궐(突闕)을 무찌른 뒤 113만 대군(大軍)을 몰고 고구려로 침공해 들어왔다. 고구려는 중국에 맞서 독자적인 세력을 구축하고 있던 유일한 나라였기 때문에 고구려를 복속(服屬)시키지 않고는 천자(天子)로서의 위엄을 내외에 과시할 수 없었기 때문이다. 그는 요수에 다다르자 부교(浮橋)를 만들어 건너려고 하였지만 부교가 짧아 많은 군사를 잃고 나서야 겨우 건널 수 있

요동 벌은 대유전(大油田)

▲ 드넓은 요동벌에 줄줄이 늘어선 석유 채굴기. 기름진 농토 밑은 검은 황금 밭이다

었다. 그러나 당시 '요수'는 이곳이 아니라 대릉하나 난하를 지칭한 것으로 학자들은 보고 있다. 〉

많은 것은 물뿐이 아니었다. 잘 가꾸어진 벼논 중간 중간에 세워진 수많은 유정탑(油井塔)에서는 쉴 새 없이 원유(原油)가 올라오고 있었다. 말라가는 대경유전(大慶油田)과는 반대로 이곳에서는 풍부한 원유가 솟아나고 있다고 한다. 신강(新疆)의 크라이마 유전과 함께 쌍벽을 이룬다는 설명이다. 광대한 요동평야는 생산성 높은 농지일 뿐 아니라 거대한 유전을 품고 있는 '검은 황금의 땅'이라는 말이다.

반산(盤山)을 지나고 구방자(溝帮子:꺼우방즈)를 거쳐 북진(北鎭)으로 들어섰다. 광녕(廣寧)이라고도 불리던 곳이다.

후연(後燕:黃龍國)은 이곳을 '숙군(宿軍)'이라고 했는데 3대왕 모용성(慕容盛)이 고구려의 남소성(南蘇城)과 신성(新城:盖牟新城)으로 쳐들어와 5천여 세대를 끌고 가자 광개토대왕은 요하를 건너 이곳으로 진격하여 복수전을 벌였고(402년) 이곳을 지키고 있던 평주자사(平州刺史) 모용귀(慕容

歸)는 이 성을 버리고 달아났다.

명(明)나라 때부터는 몽골과 여진 등 북방종족의 침입을 막기 위해 대규모의 군사를 주둔시켰던 군사요충이다. 지금은 북녕시(北寧市:베이닝시)라고 한다.

우리 사행(使行) 길의 한 거점이기도 했는데 기록에 따르면 18세기 초 이곳은 심양(瀋陽)보다 컸다고 한다.

병자호란 이후 볼모로 잡혀와 있던 봉림대군(鳳林大君:孝宗)은 소현세자 대신 북경(北京)으로 진군하던 청군(淸軍)을 따라다닐 수밖에 없었는데 그는 이곳 성루(城樓)에서 힘없이 무너져 달아나는 명군(明軍)들을 지켜보았다 한다.

이여송(李如松)이 살던 마을

이곳에는 임진왜란(壬辰倭亂) 때 명(明)의 원군으로 우리나라에 파견되어 무던히도 유세를 부리던 이여송(李如松)의 아버지 이성량(李成梁)을 기리는 패루(牌樓:돌이나 나무로 만든 네 기둥의 장식용 건물)와 그가 살았던 도독부(都督府) 터에 '총독부제명기비(總督府題名記碑)'가 아직도 남아 있다고 하였는데, 별로 흥미를 느끼지 못해 지나치기로 했다.

▲ 북진묘(北鎭廟)의 석사자 상

『명사(明史)』에 따르면 이성량은 조선에서 넘어가 철령(鐵嶺)에 자리를 잡았던 이영(李英)의 고손자로 많은 전공(戰功)을 세워 요동총병관(遼東總兵官)이 되었던 사람이다. 한집안에서 여러 명의 장군(李如松·李如柏·李如楨·李如樟·李如梅)이 나와서 그 세력은 엄청났다. 그는

이여송(李如松)이 살던 마을

▲ 옆에서 바라본 북진묘 정전(北鎭廟正殿). 현판이 없어져 전각이름을 알 수 없다

1583년 건주우위(建州右衛)의 장수 아타이의 반란을 정벌하다 길안내를 맡았던 사람을 잘못 죽였는데 그들이 바로 누르하치의 아버지와 할아버지였다. 이성량은 당시 15세였던 누르하치에게 미안한 생각이 들어 그를 거두어 길렀다. 누르하치가 군사를 일으킬 때도, 다른 부족을 병합할 때도 그는 모르는 체하고 눈감아 주었다. 이성량은 명·청 역사에서 중요한 의미를 갖는 인물이다.〉

의무려산 북진묘(醫巫閭山北鎭廟)로 갔다. 의무려산이 동북쪽의 진산(鎭山)이 되면서 역대 제왕들이 산신(山神)에게 국태민안(國泰民安)을 빌던 사당이다. 현재 중국에 남아 있는 진산묘(鎭山廟) 중 보존상태가 가장 좋다고 한다.

주 건물은 다섯 단으로 조성된 대지 위에 7중 건물이 북쪽에서 남쪽을 향해 늘어서 있었다. 여러 차례 중수된 건물 들이다. 앞뒤로 늘어선 전각(殿閣)에는 한 결 같이 현판이 없어 우리기록에 보이는 '울총가기전(鬱葱佳氣殿)'이 어느 건물인지 알 수가 없었다. 산신의 이름도 '의무려산진덕자왕지신(醫巫閭山眞德慈王之神)'이 아니라 '의무려산지신(醫巫閭山之神)'으

로 되어 있었다. 총면적은 5만m². 명·청 시기의 수많은 석비(石碑)가 앞 마당과 옆 마당에 늘어서 있었다.

무엇보다도 눈길을 끈 것은 패루 앞뒤에 놓여 있는 석사자상(石獅子像)이었다. 앞에 놓인 2기는 비교적 만든 연대가 짧아 보였고 뒤에 놓인 2기는 오래 전부터 있었던 듯 고졸미가 넘쳤는데 보면 볼수록 귀엽고 아름다워 누구나 한번 안아주고 싶은 감정을 느끼게 했다. 석사자를 대표하는 명품이라 할만 했다.

청대 건축물 앞에 놓인 사자상이 대부분 그렇지만, 이름만 사자일 뿐 모습은 영락없는 '개(藏獒:티베탄마스티프)'였는데 그것을 '사자'라고 부를 때마다 나는 긍정할 수 없는 거부감을 느껴왔다. '인류가 살아오는 동안 언제 한번이라도 사자가 집을 지켜준 적이 있는가'하는 생각에서였다.

그렇게 본다면 집 앞 대문간에 사나운 개를 앉히는 것은 지극히 당연한 일이고 사리에 맞는 것인데도 개를 깎아 앉혀 놓고 사자라고 불렀다. 물론 불교의 영향으로 그렇게 되었다는 것을 모르는 바는 아니다. 옛사람이라 하여 어찌 사자를 깎을 줄 몰라 개를 깎아놓고 사자라고 했겠는가. 지금 우리 주변에는 우리 땅에 한 번도 산 적이 없는 실물대의 사자상이 여기저기 흉측한 몰골을 드러내고 있다. 이제는 우리의 석공들도 사자 이빨을 날카롭게 갈기에 앞서 삽살개를 깎아 세웠던 '낙안성(樂安城) 지킴이'의 지혜를 한번쯤 다시 돌아볼 때가 되었다 싶다.

의무려산을 둘러보다가 발길을 돌렸다. 조양(朝陽:차오양)으로 가기 위해 차는 구방자로 되돌아 나와 대릉하(大凌河)를 건너더니 능해(凌海:링하이)와 금주(錦州:진저우)를 거쳐 서북쪽으로 방향을 잡았다.

금주(錦州)는 전연(前燕)의 모용외(慕容廆)가 기반을 다지던 곳으로 옛 이름은 도하(徒河:屠何)이다. 3세기말 극성(棘城:北票)에 도읍하고 대찬우

이여송(李如松)이 살던 마을

(大單于)라 칭했는데 그의 아들 모용황(慕容皝)은 고구려의 환도성(丸都城)을 쑥대밭으로 만들고 미천왕(美川王)의 능을 파헤쳐 시해까지 파갔으며 세력이 점점 커지자 도성을 업(鄴)으로 옮기고 황제를 칭했던 나라이다.

광개토대왕이 쇠잔해진 부여로 쳐 들어가기 앞서 읍루(挹婁:勿吉)·거란(契丹)·고막해(庫莫奚) 등과 손잡고 모용연(慕容燕)을 밀어내며 그 옛날 부려(扶黎)·고례(高禮:九黎)로 불리던 오늘의 산해관(山海關)을 넘어 하북평야로 진출하거나 내몽고 일대를 평정했다는 기록을 남겼다면 훨씬 더 위대해 보이지 않았을까 싶다.

〈모용외의 뒤를 이어 연왕(燕王)이된 그의 아들 모용황(慕容皝)은 우문부(宇文部)와 단부(段部)를 격파하여 하북성(河北省) 북부로 강역을 넓혔으며, 용성(龍城:朝陽)으로 천도한 다음 고구려로 쳐내려와(342) 환도성(丸都城)를 함락시켰다. 「삼국사기」에 따르면 피난길에 올랐던 고국원왕(故國原王:釗,광개토왕의 할아버지)은 모용황이 뒤쫓아 오자 단기(單騎)로 달아나 단웅곡(斷熊谷)으로 들어갔다. 모용황은 더 쫓지 않고 왕의 어머니 주씨(周氏)와 왕비(王妃)만 잡아 돌아왔다. 그리고 사신을 보내 왕을 불렀다. 왕이 나오지 않자 왕의 아버지 미천왕(美川王)의 능묘를 파헤쳐 그 시해와 함께 궁중 재화(財貨)를 모두 챙기고 궁전을 불태운 다음 사로잡은 왕의 어머니와 왕비 및 남녀 5만여 명을 이끌고 물러갔다. 이듬해 고국원왕은 동생을 보내어 신(臣)이라 칭하며 천수(千數)에 달하는 보물[珍異]을 바치고 미천왕의 시해는 돌려받았으나 왕의 어머니는 인질로 잡고 보내주지 않았다. 13년 뒤(355) 모용준(慕容儁)이 후조(後趙)를 멸망시키고 계현(薊:北京)으로 천도하여 스스로 황제를 칭할 때 고국원왕은 조공을 바치고 대리인질을 보내기로 하여 전중장군 도감(殿中將軍刀龕)을 보내자 왕의 어머니 주씨(周氏)를 귀국하도록 놓아 주었다고 했는데, 왕비는 어떻게 되었는지 아무런 기록도 보이지 않는다. 이미 돌아올 수 있는 몸이 아니었기 때문이 아닌가 싶다. 모용준은 357년 하북성의 업(鄴)으로 다시 도성을 옮기며 세력을 크게 떨쳤

고조선과 부여가 남긴 땅, 그리고 대륙 백제

▲ 조양(朝陽) 시내를 끼고 흐르는 대릉하(大凌河). 능봉대교(凌鳳大橋)가 걸려 있다.

다. 전연(前燕)은 370년 모용위(慕容暐) 때까지 이어지다가 전진(前秦)의 부견(苻堅)에게 멸망했다.〉

한강(漢江)은 여기에 있었다

대릉하는 '어리물'로 불리다가 유수(渝水·柳水)가 되고 또 한수(汗水)가 되어 중국 최고(最古)의 지리서인 「산해경(山海經:海內西經)」이 "맥국은 한수 동북쪽에 있다(貊國在漢水東北)"고 한 바로 그 '한수(漢水)'인데 우리의 「삼국사기」와 「삼국유사」는 이 한수를 서울의 한강(漢江)으로 잘못 이해하여 한강 동북쪽 강원도 춘천과 강릉에 '예·맥국'이 있었다고 적어 우리의 고대사를 전신불수(全身不隨)로 만들었다.

금조(錦朝)고속도로로 들어서자 나타나기 시작한 구릉(丘陵)은 갈수록 아기자기한 산지(山地) 모습으로 바뀌더니 송문령(松門嶺)을 지나고 서영자(西營子)-손가만(孫家灣)을 지나자 봉황산(鳳凰山)이 손에 잡힐 듯 다

- 262 -

가왔다. 꼭 오랫동안 곁에 있던 산처럼 푸근함을 느끼게 해주는 산이었다. 조양(朝陽)은 바로 그런 곳에 있었다.

 우리의 선조 예맥(삭)족이 황하문명(黃河文明)보다 훨씬 앞서는 홍산문명(紅山文明:붉달문화)을 일구면서 중국을 가르쳤던 고조선(古朝鮮)이 바로 이 권역에 있었다고 추정되는 곳이다.
 BC 281년 연(燕)나라 장수 진개(秦開)가 쳐들어와서 중국과 조선의 경계를 류수(灤水:永定河), 또는 유수(濡水:灤河)에서 유수(渝水:白狼水·大凌河)로 바꾸면서 연의 땅이 되었던 이곳은 그 뒤(BC 341) 전연(前燕)의 수도 용성(龍城)이 되면서 후연(後燕)·북연(北燕)으로 이어지며 번영을 누렸다.

 〈이곳은 광개토대왕시절 북연(北燕:黃龍國)의 도읍지로 동이족(東夷族) 국가의 수도가 대부분 그러하듯 이곳 역시 동향(東向)으로 설계된 황성이다. 발굴 조사에 따르면 동쪽으로 뻗은 큰 길을 사이에 두고 성 중심 광장에 남탑(南塔)과 북탑(北塔)이 마주보고 있었다. 전연(前燕)이 전진(前秦)에 멸망당한 후 전연의 마지막 왕(暐)의 삼촌인 모용수(慕容垂)가 후연(後燕)을 세웠는데 409년 고구려 왕족 고운(高雲:慕容雲)이 모용희(慕容熙)의 뒤를 이어 마지막 왕이 되자 군권을 쥐고 있던 한족(漢族) 풍발(馮跋)이 고운마저 죽이고 스스로 왕이 되어 북연(北燕)이라고 했다. 그러나 북위군(北魏軍)이 용성을 공격하자 북연의 마지막 황제 풍홍(馮弘)은 고구려로 달아나면서 용성에 불을 질렀으며 열흘이 넘도록 그 불은 꺼지지 않았다고 한다.〉

▲ 백옥(白玉)으로 깎은 비천상(飛天像)

 북탑(北塔)공원으로 갔다. 남탑(南塔)과 일직선상에서 마주보고 있었다.

▲ 조양(朝陽) 시내에 있는 북탑(北塔)

두 탑이 똑같은 사각형 요탑(遼塔)으로 밀첨식(密檐式) 13층 전탑(甎塔)이다. 탑신 중앙에 좌정한 불상(佛像)을 협시보살(脇侍菩薩)과 탑, 보개(寶蓋)와 비천상(飛天像) 등이 에워싸고 있는 구도인데 이 요대(遼代)의 전조(甎雕)는 4면에 모두 8탑(塔) 8비(碑) 12불(佛)로 조성되어 있었다. 전체 높이는 42.6m라고 한다.

〈북연(北燕)이 멸망한 뒤 마지막 왕 풍홍(馮弘)의 손녀였던 북위(北魏)의 문성문명황후 풍씨(文成文明皇后馮氏)는 이곳에 80여m에 달하는 사연불도(思燕佛圖: 연을 생각하는 탑)라는 7층 목탑(木塔)을 세웠는데, 이 목탑 자리에 다시 세운 것이 지금의 북탑이다. 탑심체는 당대(唐代)에 건립된 것이고 외관상의 벽돌들과 조각들은 요대(遼代)에 중수된 것이다. 내부의 주춧돌은 풍황후가 목탑을 세우면서 북연(北燕) 궁궐터에서 가지고 온 것이라 한다. 그밖에도 이곳에는 북탑, 남탑과 함께 동탑(東塔)이 있었는데 지금은 탑자리와 석경당(石經幢)만 남아 있다.〉

조양북탑박물관(朝陽北塔博物館)으로 갔다. 1987년 11월 중순 이 탑 12층 천궁(天宮)에서 쏟아져 나온 부처의 진신사리 등 요(遼: 거란) 때의 놀랄만한 보물들이 전시되고 있는 곳이다.

볼만한 유물은 모두 지하층에 소장되고 있었다. 금과 은, 수정과 진주, 마노·호박·백옥 등으로 꾸며진 요 때의 칠보탑(七寶塔)을 비롯하여 금동관음입상(金銅觀音立像), 청동 동자희견상(童子戲犬銅像)·호박룡(琥珀龍)·백자정병(白磁淨瓶)·나타뇨해도(哪吒鬧海圖)가 조각되어 있는 석함(石函)·금법륜(金法輪)·은보리수(銀菩提樹)·수정거북(水晶龜)·수정토

끼(水晶兎)·쌍옥나비(玉對蝶)·옥비천상(玉飛天)·옥백조(玉鵝)·옥좌룡(玉坐龍)·마노사자(瑪瑙獅)·마노잔(瑪瑙盞) 등등 눈길을 잡는 것이 한 둘이 아니었다.

그 중에서도 단연 돋보이는 것은 '금개조형유리병(金蓋鳥形琉璃瓶)'이라는 이름이 붙어 있는 페르시아 유리병과 금은경탑(金銀經塔) 및 도금은탑[鎏金銀塔]이었고 부처의 백색 골사리(骨舍利)와 적갈색 혈사리(血舍利)를 담고 있던 금개마노사리관(金蓋瑪瑙舍利罐)과 금사리탑(金舍利塔), 와불상과 법보응삼신불상(法報應三身佛像)이 새겨져 있는 목태은관(木胎銀棺)이었다.

▲ 북탑박물관 봉수병

▲ 북탑박물관 사리함

〈두개의 석가모니 진신사리 중 현재 박물관에는 적갈색의 혈사리 한 개 밖에 없다. 백색 골사리는 1992년 보수를 마친 북탑 천궁에 되돌려 놓았다 한다. 사리(舍利)라는 말은 원래 산스크리트어 Sarira의 사음인데 '설리라(設利羅)', 또는 '실리라(室利羅)'로 사음되기도 했다. 불국정토(佛國淨土)를 지향했던 신라(新羅·新蘆·斯羅·徐羅·尸羅)가 '새 나라'라는 뜻이 아니라 여기에 바탕을 두고 이루어진 국명(國名)일 수도 있다.〉

신라 봉수병(鳳首瓶)의 유입경로

'금개 조형유리병'은 황금 뚜껑의 새머리(부리) 모양을 한 유리병이라는 말인데 이것은 투르크메니스탄 마리(Mary:메르프)박물관의 봉수병(鳳首形瓶:Oinochoe병)과 함께 경주 황남동 98호 남분에서 출토된 신라 유리 봉수병의 전파경로를 밝혀주는 유물이라 아니할 수 없다.
 지중해지방에서 만들어진 이 유리병들은 실크로드를 따라 메르프(Merv)로 모이고 그곳에서 다시 사마르칸트와 타라즈-이시쿨-투르판-내몽골을 거쳐 적봉(赤峰)과 조양에 이르고 또 경주에 다다른 것으로 보이기 때문이다.
 인근의 우순사(佑順寺)로 갔다. 1698년 강희황제의 명에 따라 황실이 출자해 지은 절이라고 한다. 일주문에 해당하는 패루에 '佑順(우순)'이라는 두 글자를 새긴 현판이 걸려 있었다. 절 입구를 막고 있는 붉은색 일자형(一字形) 단층 건물에는 세 개의 홍문(虹門)이 나 있었는데 어찌된 까닭인지 모두 꽉 닫아 걸린 채 열리지 않았다.

 조양남탑(朝陽南塔)으로 갔다. 북탑과 똑같은 구조였으나 탑신에 붙어 있어야 할 불상 등 전조(磚雕)가 모두 떨어져 나가 맨몸을 드러내고 있는 모습이었다. 높이는 북탑보다 14.4m가 더 높은 56m라고 한다. 요대에 세운 탑인데 일찍부터 도굴을 당해 탑에는 남아 있는 유물이 없었다 한다. 2004년 남탑 패루 밑에서 발견된 금도금 은관(高臺座浮雕四神鎏金銀棺)에서는 네모진 유리병에 담겨 있던 3개의 투명한 정광불(定光佛:燃燈佛) 골사리가 나왔는데 그것들은 모두 북탑박물관 사리실에 전시되고 있다.

 아침 일찍 대릉하를 건너 봉황산(鳳凰山)으로 향했다. 마운탑(摩雲塔:遼塔)도 볼 겸 운접사(雲接寺)까지만 가보기로 했다. 덜름한 계단 위에 기와집 형태의 구멍이 뚫린 봉황산 광장을 지나 백색의 배불뚝이 미륵불이 향공양을 받는 암자까지 올라갔다. 길이 막혀 더는 갈 수 없었다. 천천히 걸어가면 되겠지만 오늘 일정이 너무 빠듯하여 포기하고 돌아섰다.
 건평(建平:지엔핑)을 지나 멀리 능원(凌源:링유안)의 널브러진 들녘을 바라보며 완만한 고갯길을 내려갔다. 능원은 대릉하의 발원지라는 뜻을 가진 지명으로 릉(凌)은 '얼음'을 뜻하는 글자인데 큰물이라는 뜻의 '어리물:어른

물'이라 불리던 이름을 한자로 표기하다 보니 릉하(凌河↔어리물)가 된 것이다.

길 오른편 언덕에 홍산문화(紅山文化)의 정수(精髓)라고 할 수 있는 우하량(牛河梁) 유적이 있다. '우하 언덕'이라는 뜻이다. 조금 더 가자 입구를 가리키는 표지판도 나왔다.

한국인은 일절 출입이 금지된 곳이다. 기원전 3000~3600년경 청동기 문화시대에 형성된 동아시아 문명(文明)의 시발점이다. 이곳이 발견됨으로써 중국은 '상가 집 개꼴'이 되었고 그토록 내세우던 '황화문명(黃河文明)'이라는 어휘마저 없애버렸다.

'문화유적'은 인간이 살던 곳에서는 어디서나 발견되는 것이지만 '문명유적'은 어디서나 발견되는 것이 아니기 때문이다. 중국이 자랑해온 앙소문화(仰韶文化)나 대한구문화(大漢口文化) 유적지에서는 질 높은 도기등 유물이 나왔지만 국가로 발전하여 체제가 구축되고 제도가 정비되는 등의 유적은 발견되지 않았기 때문에 그들이 자랑하던 황하문명은 기실 '황하문화'수준에 머무르고 있었음을 증명하는 셈이었는데, 1981년 오랑캐 땅이라고 천대했던 옛 동이(東夷) 땅인 이곳에서 하늘과 땅에 제사한 원형(圓形) 및 방형제단(方形祭壇)과 신전(神殿:宗廟) 등 '문명유적'이 무더기로 발견되었으니 중국학자들이 얼마나 놀랐겠는가. 말 그대로 기절초풍할 노릇이었다.

황화문명 앞서는 홍산문명(紅山文明:붉달문화)

홍산문명이 황화문명을 훨씬 앞장서 이끌었다는 것을 인정할 수밖에 없게 된 중국 사학계가 발칵 뒤집혀 한동안 제정신을 못차리나 싶더니, 아예 작심을 한 듯 떼거리로 덤벼들어 남의 역사 강탈작업에 돌입했다.

'유웅국(有熊國) 자라 전설'을 '유웅(有熊)의 곰 전설'로 조작하여 가당치도 않은 증거라고 제시하며 '이곳이 바로 황제 헌원(黃帝軒轅)의 도읍지이고 중국의 뿌리'라고, 속된 말로 "털도 안 뽑고 삼키려고" 나선 것이다. 그리고는 '황하문명'이란 말 대신 '중국문명'이란 말로 얼버무려 뒤집어 쓴 먹물을 희석시키며 여전히 중화우월주의(中華優越主義)를 과시하려 들고 있다.

〈홍산문화(紅山文化) 권역에서 하화문명(夏華文明)을 훨씬 앞지르는 유물들과 함께 '곰'을 숭배한 것으로 보이는 여러 가지 정황적 증거가 확인되자 동북아시아 종족(種族)의 보편적 신앙(信仰)이었던 곰 토템을 하화족의 시조인 황제(黃帝)와 결부시켜 "황제가 '유웅(有熊)'이라 불렸다"는 「사기(史記五帝本紀)」 주(注)와 하본기 주(夏本紀注)의 "곤이 우산으로 가서 누런 자라로 변했다(鯀之羽山, 化爲黃熊)"는 기록을 "곰으로 변했다"고 조작하여 근거로 제시하며 조선족의 단군신화(檀君神話)까지 황제족(黃帝族)의 곰 토템신화에 뿌리를 두고 있다고 주장하고 나섰다. 그러나 「사기」의 주를 좀 더 읽어보면 '유웅'은 지명(地名)으로 " '유웅이라고

▲ 바린치 출토 옥봉(玉鳳)

불렸다'는 것은 그가 본디 유웅국(有熊國) 임금의 아들이었기 때문이다"라고 밝히고 또 "유웅은 바로 지금의 하남 신정(河南新鄭)이다"라고 해설하고 있다. 우리가 '상주 댁', '서울 양반'이라고 부르는 것과 같다는 뜻이다. 뿐만 아니다. 황제(黃帝)의 도읍지는 "상곡(上谷)에 있는데, 탁록고성(涿鹿故城)이 본래 황제가 도읍했던 곳이다"라고 기록되어 있다. 더욱이 우(禹)의 아비 곤(鯀)이 "우산으로 가서 누런 자라로 변했다"는 것은, 요(堯)의 명으로 치수(治水)에 나섰던 곤이 9년 내리 치수에 실패하자 그 책임을 물어 우산(羽山)에서 목 베어 죽였는데, 그 사실을 후에 좋게 표현하여 "곤은 우산으로 가서 누런 자라(黃熊)로 변하여 우연(于淵)이란 못으로 들어갔다"고 했다. 내(熊)자는 능(能)자 밑에 4점(灬)이 찍힌 웅(熊)자가 아니라 3점(丶丶丶)이 찍힌 내자로, "내(熊)자의 음은 내래의 반절(乃

▲ 적봉시(赤峰市) 동북쪽 영금하(英金河) 가에 있는 홍산문화(紅山文化) 유적지

來反:ㄴ+ㅐ)이며 밑의 3점은 세 개의 발(足)을 표현한 것이다"라 했고 "「동석발몽기(東晳發蒙紀)」에 '발 셋 달린 자라를 내(熊)라고 한다'"고「사기」주는 밝히고 있다.〉

이것이 바로 우리의 역사 수탈 작업인 동북공정(東北工程)의 시발점이다. 그러나 이곳에서는 화하족(華夏族:漢族)의 옛무덤 형태인 토광묘(土壙墓)는 하나도 발견되지 않았다. 예맥족의 묘제인 일총다묘(一塚多墓)식 적석총(積石塚)만 13기가 발견 되었다. 그 무덤의 형태는 홍산(紅山)→하가점(夏家店)→부여→고구려·백제·신라를 거쳐 일본열도로 이어진다.

돼지라 했다가 곰이라고 하는 사연

수장급의 무덤으로 추정되는 적석총 대묘 석관 속에서는 옥인(玉人)과 옥패(玉佩), 옥조(玉鳥:鳳)와 옥룡(玉龍) 등 많은 옥기(玉器)가 쏟아져 나왔는데 이것은 중국 사람들의 용숭배 사상과 옥기 숭앙의 단초를 제공한 유물로 평가되었다.

▲ 우하량(牛河梁)에서 발굴된 예맥(濊貊)계 왕국의 중심 대묘(大墓) 및 제단(祭壇)

〈우하량(牛河梁)에서 나온 C형 옥결(玉玦)등의 조각이 돼지를 닮았다 하여 처음에는 옥저룡(玉猪龍)이라고 하더니 황제(黃帝)를 '곰'과 결부시키면서 부터는 옥웅룡(玉熊龍)이라고 바꿔 부르고 있다. 그 유물 들은 선양(瀋陽)에 있는 요녕성박물관(遼寧省博物館)으로 가면 볼 수 있다.〉

농경시대로 접어들며 절대적으로 필요했던 '무르(물)숭배'가 '미르(龍)숭배'로 발전하여 중국에 전해지면서 '물'은 '용'이 되고 만민(萬民)을 다스리는 황제의 상징물이 되는가 하면 옥은 모든 악기(惡氣)를 몰아내는 영물(靈物)로 간주되어 나라를 전해 주는 전국새(傳國璽)까지 옥으로 만들게 되었다.

〈지금도 중국 사람들은 옥을 황금보다 높이 평가하며 옥이라하면 사족을 쓰지 못한다. 이런 습성은 어제 오늘의 일이 아니다. 역대 왕조가 모두 어느 나라에 무슨 옥이 있다고 하면 낱낱이 기록해 두었다가 쳐들어가 빼앗았는데, 그 대표적인 피해국가가 부여(夫餘)이다. 중국이 현재 국보로 자랑하고 있는 금루옥의(金縷玉衣)나 은루옥의(銀縷玉衣) 등 옥의(玉衣)가 부여 창고에 들어 있던 물건이 아니라면 부여 왕릉의 매장품이었을 것이라는 견해가 그래서 설득력을 얻고 있다.〉

기자조선(箕子朝鮮)이 있던 곳

하늘과 땅에 제사를 지낸 것으로 보이는 원형제단(圓形祭壇)과 방형제단(方形祭壇)까지 갖추는 등 확실한 왕국(王國)의 형태를 띠고 있는 이곳 우하량(우하 언덕)에는 과연 어떤 나라가 자리 잡고 여명기의 문화를 꽃피웠던 것일까.

기자조선(箕子朝鮮)이전에 조선(朝鮮)이 있었다면 분명히 이 곳에 있었을 것이다. 하북·산동 등 중국 동북부의 '동이(東夷:조선)문화'가 이곳을 기점으로 하여 묶이고 또 퍼지고 있기 때문이다.

기록에 따르면 중국의 요순(堯舜:BC 2300년대)시대 중국 동북쪽에서 중국을 능가하는 조세제도(租稅制度)를 운영하고 있던 나라는 맥국(貊國)밖에 없었다. 맥국은 '태양의 자손인 산림족의 나라', 즉 '삭국(貉國)'을 지칭하는 것으로 "조산(早山)→조선(朝鮮)"으로 이어지고 있다고 앞에서 설명한 바 있다.

▲ 우하량 출토 C형 옥결

맥국에 대해서는 맹자(孟子:BC 372~289)도 소상하게 알고 있었던 듯 "요순의 제도보다 덜 받으려는 것은 맥국을 따르려는 작은 맥국이다.(欲輕之於堯舜之道者,大貉小貉也.)"라고 했는데, 이것은 유사이래 최대 성군이라는 요순이 10분의 1을 과세한데 비해 맥국의 임금은 20분의 1을 과세했다는 것을 보여준다. 이로 미루어 이곳은 기자조선이 들어서기 이전 맥족(貊族:삭족)이 자리하고 앉아 국가형태를 이루고 산동·하북·산서 일대를 지배해온 원초의 땅이라고 보는 것이 타당할 것이다.

기자조선(箕子朝鮮)이 있던 곳

능원에서 시작되는 대릉하는 대성자(大城子:喀喇沁左翼)에 이르러 백랑수

(白狼水)와 아우러지고 다시 조양쪽으로 흘러가는데 우리가 잊지 말아야 할 것은 이 물길이 '대릉하'로 불리기 이전에는 '백랑수'로 불렸다 점이다.

하북성과 요녕성 경계지점에 있는 대청산(大靑山) 북쪽에서 발원하여 북쪽으로 흐르다가 건창(建昌:凌南)을 지나고 평방자향(平房子鄕)을 지나 대성자에 이르러 대능하(大凌河)와 합류한다.

백랑(白狼)은 '버[배]라'의 사음으로 '평양(平壤)'과 똑같은 음과 뜻을 가진 옛말이고 백랑수(白狼水)를 줄여 쓰면 곧 패수(浿水)가 된다. 이곳이 바로 기자(箕子)가 도읍했던 '패수 가의 평양'으로 보이는 것은 그 때문이다.

기자조선(箕子朝鮮)의 도읍지 평양성(平壤城:퍼라[피야]성)으로 여겨지는 백랑성(白狼城:버라성)은 지금은 평방자향(平房子鄕)이라고 불리고 있다. 이곳에서는 기자의 도읍지였음을 증명하는 기후명(其侯銘)이 새겨진 솥 등 여러 가지 유물이 출토되었다.

▲ 홍산문화의 건국 신화를 담고 있는 도기

{'나라'를 뜻하는 '라'는 lla·la·ra로 한자로는 '狼·那·奈·良·洛·樂·襄·耐·邪·耶·盧·壤·內'로 표기되어 나타나는데 본음(本音) '라'가 강화되어 '롸·나'가 되기도 하고 또 약화되어 '아·하·야'가 되기도 한다. '국천왕(國川王)'을 '국양왕(國壤王)'이라고도 하고 '동천왕(東川王)'을 '동양왕(東襄王)'이라고도 한 「삼국사기(三國史記)」의 기록이 그러한 예를 보여준다. 그래서 평양(平壤)을 '퍼라' 또는 '피야'의 사음으로 보는 것이다. '평나(平那)·백아(百牙)·백랑(白狼)'이 '피라' 또는 '버라·퍼라'로서 수도를 지칭하는 말이고 '백랑수(白狼水)·열수(列水)·패수(沛水·浿水)'가 '버라내·퍼라내'로 국천(國川)을 이르는 말이며 '평나산(平那山)·백아산(百牙山)' 등이 '버라산·피아산'으로 도성부근의 큰 산을 이르는 말이었다. 후에 수도(首都)와 국경(國境)이 바뀌면서 패수(浿水)라는 물 이름이 옮겨가게 되자 동류(東流)냐 서류(西流)냐를 놓고 복잡다

기자조선(箕子朝鮮)이 있던 곳

단한 문제가 야기되기도 했다.〉

시내로 들어섰다. 젊은 아낙이 한복(韓服)을 곱게 차려입고 서 있는 커다란 간판이 2층 건물을 내리 덮고 걸려 있었다. 옛 조선 땅임을 상징하는 것이 아닌가 싶어 반가운 마음으로 자세히 보았다. '향동광화 조선구육관(向東光華朝鮮 狗肉館)'이라는 글자가 멋들어지게 쓰여 있었다. '동부의 유명한 조선 개장국 집'이라는 뜻이다. 조선족이 사는 곳에는 어디에나 있던 그 개장국집이 이

▲ 요(遼:거란)의 중경 대정부(中京大定府) 궁궐터

곳에도 빠짐없이 번화가에 자리 잡고 있는 것이다.

사람이 태어나 각자 먹고 자란 식성이 다르니 무엇을 먹고 무엇을 못 먹을까마는 어째서 '개고기집 간판'에는 꼭 '한복 입은 젊은 아낙'이 그려져야 하는지 중국을 여행할 때마다 그것이 마음에 걸렸다.

소성자(小城子)를 지나고 내몽고(內蒙古)로 들어와 영성(寧城:天義) 대명향(大明鄕)에서 잠시 멈추었다. 요(遼:契丹)의 중경 대정부(中京大定府)가 있던 곳이다. 허물어져 명맥만 남아 있는 토성(土城)으로 올라섰다.

옛 황궁 자리에는 옥수수만 무성할 뿐 어디에 무엇이 있었는지 가늠할 길이 없었다. 오직 하나 남은 8각 13층의 대명탑(大明塔:遼塔)만이 지난 시절의 영화를 말해줄 뿐이었다. 발해(渤海)를 무너뜨리고 한때를 풍미했던 거란(契丹:遼)이지만 그의 도성(都城) 역시 발해의 용천부(龍泉府)와

다를 것이 없게 되어 있었다. 특이한 것은 탑신(塔身) 하단에 왼쪽으로 도는 역만자(卐)가 돌아가며 새겨져 있었다. 이 주변에서는 예맥계의 동경(銅鏡) 등 초기청동기시대 유물이 다수 출토된 것으로 알려지고 있다.

예맥(濊貊)의 땅 중심에 서다

다시 목적지인 적봉(赤峰:치펑)을 향해 서북쪽으로 갔다. 사룡두구(四龍頭溝)를 지나고 누자점(樓子店)을 지나자 얼마 안 있어 적봉시가가 나타나기 시작했다. 가슴이 둥당거렸다. 천리 타향에서 돌아오다 고향마을을 바라보는 느낌이랄까. 오래도록 한국인의 관람을 막고 있었기 때문에 보고 싶은 욕망이 그리움으로 쌓인 때문이 아니었나 싶다.

조급한 마음에 적봉박물관(赤峰博物館)부터 찾았다. 옥상옥 같은 특이한 구조의 박물관은 시내 중심에 자리 잡고 있었다. 안으로 들어가 둘러보았다.

▲ 신석기시대의 벽옥룡(碧玉龍)

먼저 이 박물관의 대표격인 신석기시대의 C형 벽옥룡(碧玉龍)과 황옥룡(黃玉龍)이 눈에 띄었고 卍(만)자를 기반으로 하는 7개의 각기 다른 형태가 선각된 신석기시대 도기(陶器:아오한치 시펑산 출토)와 사슴·돼지 등의 문양이 그려진 도존(陶尊:아오한 자오바오거우 출토)이 눈으로 들어왔다.

〈황옥룡(黃玉龍)은 높이 16.5cm로 옹뉴드 황구둔에서 발견된 것이고 벽옥룡(碧玉龍)은 높이 26cm로 옹뉴드 사이친타라에서 출토된 것인데 부리는 길쭉하고 약간 위로 들렸으며 위아래 입술 사이를 선형으로 음각하여 갈라놓았다. 코끝은 평퍼짐하고 정면에 두 개의 콧구멍이 뚫려 있어 돼지와 흡사했다. 두 눈은 이마께에 튀어나오게 조각되어 있는데 눈꼬리가 위로 치켜 올라간 속칭 봉안

예맥(濊貊)의 땅 중심에 서다

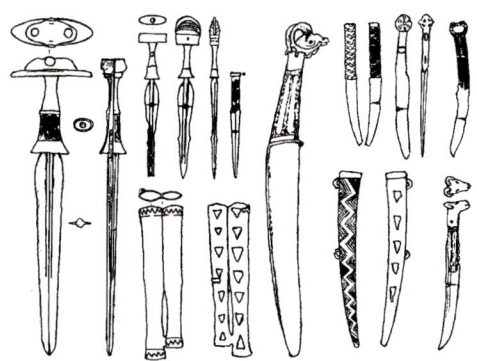
▲ 파형검과 세형검 및 환두도 등 청동 무기들

(鳳眼)이었다. 머리에서부터 등까지 갈기가 표현되어 있었다. C자 형태로 절제되고 간략하면서도 부드러운 선은 금상경(金上京)에서 출토된 동좌룡(銅坐龍)이 이어받고 있다고 보여진다. 얼핏 보면 뱀장어같기도 하다.〉

또 뼈에 돌날을 끼워 만든 신석기시대의 골병석인도(骨柄石刃刀:길이 18.5cm, 옹뉴드 다난거우에서 7개나 출토)도 보였는데 이런 '돌날 뼈자루 칼'은 투르크메니스탄 국립박물관에서도 본 적이 있다. BC 250년대 파르티아의 첫 수도 니사(Nisa) 유허에서 발견된 것이었다. 이 '골병석인도'가 BC 3500년경 시작된 홍산(紅山)의 신석기시대에 만들어진 것이 맞다면 이것은 중동지방의 선진문화가 실크로드를 따라 요동으로 들어온 것이 아니라 요동지방 예맥(濊貊)의 선진문화가 실크로드를 따라 아무다리아 강을 건너갔다는 말이 될 수도 있다.

가장 보고 싶었던 청동기시대 유물 앞으로 갔다. 파형동검(琶形銅劍)은 거친무늬 구리거울(多鈕粗文銅鏡)과 함께 우리 조상족의 청동기문화를 대표하는 유물이기 때문이다. 그러나 무늬가 아예 없거나 간단한 기하(幾何)무늬와 조수(鳥獸)무늬 거울(銅鏡)은 아름답게 채회된 도기(彩繪陶器)와 그 문양(陶花紋)을 이어받은 청동의기(靑銅儀器) 등에 묻혀 보이지도 않았다.

〈한반도에서 출토된 동경(銅鏡)은 거의 통일신라(AD 668) 이후에 만들어진 유물이고 요동 영성현남산근(寧城縣南山根)에서 출토된 3개의 동경 등 15개의 예맥

계 동경은 춘추시대(BC 700~BC 403)에 만들어
진 것으로 비교의 대상이 될 수도 없었다.〉

"이 '동호(東胡)'라는 딱지를 붙이고 있는
이 현란한 의기(儀器)들이 왜 한반도에서
는 발견되지 않는가"하는 의문이 갑자기
뒤꼭지를 물고 늘어지며 떨어지려 하지
않았다.

▲ 옹뉴드서 출토된 돌날뼈자루칼

유엽단검(柳葉短劍)이라고 안내하는 파
형동검(琶形銅劍) 역시 우리가 흔히 보아
온 손잡이와 칼날의 분리되는 조립형 이
외에 일체형으로 보이는 것도 있었고 세
형동검(細形銅劍)도 있었다. 동모(銅矛)도 일반이었다. 파형에서부터 유
엽형(柳葉形)까지 다양했다.

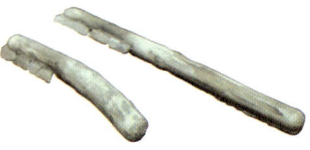
▲ 니사에서 출토된 돌날뼈자루칼

여태까지 본 적이 없는 세련된 청동투구(靑銅盔)와 우리에게 단 두 점
뿐인 청동도자(靑銅刀子)가 18점이나 있었는데 자루 끝이 우리 것과 같은
환두(環頭)도 있었고 양두(羊頭)도 있었으며 방울처럼 생긴 것 등 갖가지
형태가 놀라움을 감출 수 없게 했다.

〈일체형으로 보이는 파형동검은 손잡이 부분이 남성 나체상으로 되어 있거나
여성 나체상으로 만들어져 있었는데 남성 성기는 발기상태이고 여성은 유방을
양팔로 가린 형태로 만들어져 있었다. 안내인은 이 파형동검 한 쌍을 음양단검
(陰陽短劍)이라고 소개했다. 세형동검은 한국형동검과 비슷했으나 칼날 폭이
더 좁고 튀어나온 마디가 칼날 어깨부분이 아니라 반대로 칼끝부분에 가까이
나 있었으며 자루만 같은 모양일 뿐 칼날에는 아예 마디가 없어진 것도 있었다.
2300~2700년 전(西周~春秋時代) 영성(寧城) 등지에서 출토된 세발솥(瓿·鼎)
과 채회도화문(彩繪陶花紋)을 응용한 의기(儀器)들은 더욱 다양했고 화려했다.〉

'동호(東胡)'라는 딱지와 국외자(局外者)

말할 수 없는 허탈감(虛脫感)을 안고 박물관을 나왔다. 붉은 사암으로 된 홍산(紅山)과 그 밑에 형성된 유지를 보면서도 내 마음은 딴 데 가 있었다.

이곳 홍산문화권에서 출토된 예맥계의 상고(上古)문물과 한반도에서 출토된 상고 문물들을 비교해보면 볼수록 "우리는 홍산문화의 중심세력이 아니었구나"하는 깨달음이 물먹은 솜처럼 전신을 타고 내리누르기 때문이었다.

"중심세력은 연(燕:BC 320년께)의 힘이 점점 강해지자 대릉하 서쪽에 있던 근거지를 동북쪽으로 옮기며 예맥과 위만(衛滿)으로 갈라졌고 어느 민족보다 먼저 철기시대(鐵器時代)를 열었던 예맥족은 부여(夫餘)가 되었다가 고구려(高句麗)로 이어진 것뿐

▲ 오한기(敖漢旗大甸子)에서 출토된 은(殷)대 초기 채회도(彩繪陶)

이구나"하는 생각이 그래서 들었다.

한반도에 살고 있던 우리가 당시 중심세력에 들었다면 토기에서 청동기까지 모든 출토물이 홍산권처럼 다양하지는 못하더라도 비슷해야 하고 발전과정이 한눈에 보여야 할 터인데 우리가 볼 수 있는 것은 훨씬 후대에 만들어진 '거친무늬 구리거울'이거나, 부여 사람들이 철제무기를 가지고 막강한 군사력을 과시할 때까지 쓰고 있던 후진적 세형동검(細形銅劍:한국형동검)이 고작이라고 판단되었기 때문이었다.

고조선과 부여가 남긴 땅, 그리고 대륙 백제

　느닷없이 한반도 남부를 철기시대 한 중간으로 밀어 넣었던 가야(伽倻)와 백제(百濟)의 한반도 입국(立國)과 멸망만 보아도 짐작할 수 있는 일이다. 모두가 압록강 이북에 뿌리를 둔 채 반도 남쪽으로 쫓겨 와 토착민 위에 군림하다 스러져간 역사이기 때문이다. 그래서 그들의 역사가 우리의 역사가 되었고 그들의 옛 땅이 우리의 땅인 것처럼 생각하게 된 것이 오늘의 현실이라고 볼 수도 있다.

　중국 사람들이 우리를 동이(東夷)로 여기지도 않고 예맥(고조선)과 부여의 역사를 '우리의 역사'라고 하면 펄쩍 뛰는 이유도 여기에 있다. '동이'는 산동성(山東省)등 중국 동부에 살다가 하화세력에 밀리면서 오늘날 상하이(上海:粤)와 대만(臺灣), 요동쪽으로 흩어져 자리 잡은 사람들을 이르는 말이었을 뿐, 당시 해양족 선주민이 흩어져 살고 있던 한반도는 포함되지 않는다는 것이다.
　동이의 역사 역시 중국에서 시작해 중국 땅에 머리를 박고 발전해온 역사이므로 중국의 한 소수민족의 역사일 뿐 한국의 역사가 될 수 없다는 논리이다. 비해 말하면 아메리카 인디언이 유럽의 역사를 자신들의 역사라고 하면 말이 되겠느냐는 투다.
　대륙에 뿌리를 두지 않고 한반도 구석기시대에 머리를 두고 한국사를 다시 쓰려는 '신 반도사관' 학자들도 그래서 생겨났다.
　그러나 삼국(三國)이전 해양계 등 각 부족집단의 흥망성쇠를 다룬 기록물이 있다면야 더 말할 나위 없겠지만 부실한 고고학적 유물에 기대어 재해석해 보았자, 결국 남하해온 이민족[北方族:濊貊]의 역사가 내역사가 될 뿐이니 무엇이 달라질 게 있겠는가.

　한반도가 당시 비록 중심권이 아니었다 해도 오랜 뒤에 중심을 이루었던 세력들이 들어와 살며 중심세력의 역사를 물려주고 스러진 것이 한반도이니, 누가 무어라하든 우리의 선조는 예맥이고 중국 동북부 예맥의 땅은 우리의 정신적 고향인 것이다.

그래도 요동(遼東)은 정신적 고향

　밤을 꼬박 차안에서 뜬눈으로 새우며 정신적 혼란을 추스르다보니 어느덧 동쪽 해가 밝아오고 있었다. 적봉에서 능원으로 되짚어 나와 건창(建昌:지엔창)~수중(綏中:수이중)길로 들어섰으면 자정 이전에 목적지에 도착했을 터인데 무슨 이유인지 먼 길을 돌고 돌아 많은 사람을 고생시키고 아침 6시가 지나서야 겨우 예약한 진황도(秦皇島) 호텔에 도착했다. 그 옛날 조선(朝鮮)의 낙랑현(樂浪縣)이 자리했던 곳이다.

　대강 몸만 씻고 다시 밖으로 나왔다. 산해관(山海關)을 둘러보고 노룡두(老龍頭)까지 갔다. 명(明)나라 때 쌓은 장성(長城)으로 우리에게는 별 의미가 없는 곳이다. 수많은 백성의 해골로 쌓다시피 한 성이지만 한 대도 못 거르고 콧대 높던 한족(漢族:明)이 여진족(女眞族:淸)에게 살을 열며 견양례(牽羊禮)를 준비한 곳이다.

　바다로 들어가 있는 명장성의 끄트머리는 장성의 첫머리인 토뢰하(土賴河) 절벽 위에 세워진 제1 돈대(墩臺)나 가욕관(嘉峪關)만큼 감명을 주지 못했다.

　단 한 가지 짚고 넘어가야할 것은 계문란(季文蘭)의 벽서(壁書)다.

머리 풀어 헤치니 옛 단장 속절없고	推髻空憐昔日粧
길채비로 입은 옷은 모두가 호복이네	征裙換盡越羅裳
부모님 생사를 어디가야 알 것인가	爺孃生死知何處
원통하다 봄바람아, 심양으로 가는 구나	痛殺春風上瀋陽

하는 시이다.

계문란은 21세의 유부녀로 강주(江州:九江)의 수재 우상경(虞尙卿)의 아내였는데 남편은 청군(淸軍)에게 살해되고 자신은 노예로 사로잡혀 왕장경(王章京)이란 사람에게 팔려 심양으로 끌려가는 길인데 무오년 정월 스무하룻날 이곳 진자점(榛子店)에서 하룻밤을 묵어 가다가 눈물을 훔쳐 벽에 뿌리며 이 글을 쓴다고 시 밑에 곁들여 밝힌 시이다.

진자점은 풍윤(豊潤) 못 미쳐 있는 오늘의 진자(榛子)로 산해관을 거쳐 연경(燕京:北京)으로 가는 우리의 사신 행렬이 꼭 거쳐야하는 길목이었다.

이 시가 우리에게 알려진 것은 1680년 진위사(鎭慰使:황실 국상때 보내는 사신)로 파견되었던 신정(申晸)일행이 진자점 객점(客店)에서 서장관(書狀官)으로 따라 갔던 목임유(睦林儒)가 벽면에 쓰여 있던 칠언시(七言詩) 한 수와 그에 따른 기록을 발견하면서 부터였다.

신정은 그 시에 대한 느낌을 시로 지어 남기고 돌아왔다.

그 뒤 이 여인은 "비통한 처지에서도 자태가 아름다웠다든가, 왼손 오른손을 자유자재로 이용하여 글을 썼는데 매우 달필이었다"는 등 이야기가 조선 지식인들에게 퍼지면서 아주 유명하게 되었다. 그래서 그 뒤 중국으로 사행(使行)길에 오르는 사람들은 그 시에 대한 답시(答詩)를 남기는 것이 무슨 유행처럼 번지다가 의무처럼 되어갔다.

병자호란 이후 수많은 사람들이 심양으로 잡혀가 말 못할 고초를 겪은 것이 우리이니, 계문란의 벽시(壁詩)를 읽으며 동병상련(同病相憐)의 정을 느꼈다는 것은 이해하고도 남음이 있는 일이다.

문제는 금방 청 황제를 알현하며 "만세 만세 만만세"를 외치고 돌아오던 사람들의 시 속에는 아직도 명나라를 못 버리고 그리워하는 심사가 배어 있다는 점이다.

아무리 청(淸)나라에 큰 고통을 당했다 하더라도 나라의 외교와 장래를

책임지고 있는 최고 지성인이란 선비들이 왜 그런 일을 당하게 되었느냐 를 따져 그 원인을 밝히고 개선책을 제시할 생각은 않고 어째서 머릿속이 저 높은 줄만 아는 중국 남부인들과 똑같은 생각으로 꽉 차 있었느냐하는 것이다.

1637년(인조 14.12) 청의 침입을 호란(胡亂)으로 규정하고 있는데서 볼 수 있듯이 소중화인(小中華人)을 자처하며 주희(朱熹)같은 자의「소학(小學)」이나 전 국민의 필독서로 읽히며 온 나라를 공리공론(空理空論) 속으로 몰아넣은 채 악비(岳飛)같은 자나 숭앙하며 그 많은 세월을 허송하고 있었으니 남의 식민지가 되었던 것은 오히려 당연한 결과가 아니었나 싶기도 하다.

한 옛날의 국경 갈석산(碣石山)에 오르다

북대하(北戴河)에 잠시 들렀다가 창려(昌黎)로 갔다. 난수(灤水:濡水)를 '요수(遼水)'라고 부르던 시절 조선의 국경지대였다고 하는 갈석산(碣石山)이 있기 때문이다.

전국시대(BC 약 300년)의 저서「회남자(淮南子)」주(注)에 따르면 "갈석은 요서(遼西) 국경지방 바다 서쪽 연안에 있는데 조선(朝鮮)의 낙랑현(樂浪縣)이다"라고 했고 "대인국(大人國)은 그 동쪽에 있다"고 했다.

「수경(水經)」이 적고 있는 남수(南水:碣石河)를 따라 서쪽으로 올라갔다. '神岳碣石(신악갈석)'이라 쓰인 표지석이 서 있었다. 전체가 돌덩이로 되어 있는 산 중간 석벽에 '碣石(갈석)'이라고 쓰여 있는 글자가 멀리서도 보였다.

진시황(秦始皇)과 한무제(漢武帝), 조조(曹操)와 이세민(李世民:당태종)

▲ 갈석산(碣石山) 밑에 있는 표지석

이 올랐다는 산이다. 조조는 "東臨碣石 以觀蒼海(동림갈석 이관창해:동쪽 갈석산으로 와서 창해를 바라보았다)"라고 돌에 새겨 놓았다 한다.

〈갈석산(碣石山)은 이곳 말고도 이곳에서 멀지 않은 산동성무체현(山東省无棣縣) 북쪽 황하(黃河) 삼각주에도 하나가 더 있다. 화산 폭발로 이루어진 해발 63.4m의 자그마한 원뿔형 화산퇴(火山堆)이다. 「서경(書經:夏書禹貢)」에 적힌 갈석으로 추정되는 곳이다. 이로 인해 역대 이래 갈석산에 대한 해석이 오락가락 하기도 했다. 산동성에서는 그 갈석산이 바로 조조(曹操)가 올랐던 갈석산이라고 주장한다.〉

멀리 동쪽에 널브러져 있는 발해(渤海:勃澥)를 바라보았다. '창해(滄海)'라고도 불린 이 요동만(遼東灣)이 언제 어떻게 되어 '발해'로 불리게 되었는지 아는 사람은 없었다. 그저 '발해군(渤海郡)' 앞바다였기 때문에 발해가 된 것으로 알 뿐이었다.

앞에서도 밝혔듯이 「삼국유사」가 "단군이 조선을 세웠다"고 한 요순(堯舜:夏王朝)시대 중국 동북쪽에는 구리(九黎:高離·高禮·句黎)·산융(山戎)·고죽(孤竹)·숙신(肅愼) 이외에도 '발인(發人)'이라고 불리던 예맥(濊貊)족이 살던 나라 발조선(發朝鮮)이 있었다. '발'은 '빛(불)'과 '벌', '부리'를 뜻하는 말로 뒤에 부리(扶黎:發)→부여(夫餘)가 되기도 하고 발간(發干)→번한(番汗)이 되기도 하는데, 현재의 창려(昌黎)·당산(唐山) 이남 지역을 지칭하던 말로 보인다.

바로. 오늘날 천진만(天津灣) 일대에 '발(發:진 벌)', 또는 '발조선'이라고 불리던 동이족의 나라가 있었기 때문에 발해(發海)라는 이름이 생겨났는데, 중국인들이 밀고 나와 차지하면서 '發海(발해)'가 '勃澥(발해)→渤海(발해)'로 바뀌어 굳어진 것으로 보인다. 그러므로 발해는 '발인', 즉 '발조선인의 바다'요, '벌(번)한의 바다'며 '부여의 바다'라는 뜻을 갖고 이루어진 명칭이다.

▲ 산해관(山海關) 남서쪽 창려(昌黎)에 있는 갈석산(碣石山)

〈「조선상고민족사(朝鮮上古民族史)」의 저자 최동(崔棟) 박사는 '발해'의 '발'이 단순히 우리 고어 '바라(바다)'에서 비롯되었을 수도 있다며 「용비어천가(龍飛御天歌)」의 "내히 이러 바ㄹ래 가ㄴ니"를 예로 들기도 했다.〉

▲ 상고시대 갈석산으로 불렸던 황하고도(黃河古道)의 화산퇴.

"동호(東胡)는 대택(大澤) 동쪽에 있다"는 「산해경」기록 속의 대택을 대야택(大野澤)이나 대륙택(大陸澤)을 지칭한 것으로 본다면 그 옛날 발해만 지역(지금의 北京·天津·易縣·保定·滄州 등)은 동호 또는 동이(東夷)의 땅이 분명하기 때문이다.

〈요즘 중국인들은 대택(大澤)을 내몽고 동북쪽 끝 만주리(滿洲里) 밑에 있는 후른누르(呼倫湖)라고 한다. 근거없는 주장이다.〉

벌한(番韓:弁韓)·진한(辰韓)이 한반도 삼남(三南:충청·경상·전라)에 있었다고 배워온 많은 사람들은 "무슨 뚱딴지같은 소리냐"고 객쩍어 할지 모른다. 그러나 우리 역사의 저본이 되고 있는 중국의 사서(史書)와 전적(典籍)들의 기록을 보면 번한(番汗:弁韓)과 진한(辰韓)은 분명히 요동에 있었다.

한사군(漢四郡) 중에 진번군(眞番郡)이 그래서 생겼고 오늘날 요동반도의 해성(海成) 개주(蓋州:蓋牟) 복주(復州) 금주(金州:大連)가 모두 "진한의 땅(辰韓之地)"이라고 「요사(遼史:地理志)」는 적고 있다.

되돌아 나오다가 힘들게 걸어서 올라오는 3명의 남녀 대학생을 만났다. 남학생 둘에 여학생 하나였다. 무거운 배낭을 지고 있었다. 우리나라 학생인가 싶어 반가운 마음에 지켜보았다. 아니었다. "어디서 왔느냐"고 물었다. 일본 학생이었다. "이곳에는 무엇하러 왔느냐"고 일행이 물었다. "동양사 동아리 활동을 겸해서 왔다"며 서둘러 산을 향해 올라갔다.

아무래도 일본 학생들의 문화적 탐구욕구 수준이 우리를 앞질러가고 있구나하는 생각을 떨쳐버릴 수 없었다.

언제나 우리 대학 동아리들도 이런 곳을 찾아와 한·중·일 삼국의 민족사를 이야기하고 토론하며 치우침 없는 동북아의 고대사와 미래사를 엮어가게 될는지 그날이 빨리 오기만을 기다려진다.

난하(灤河)를 건너 천진(天津)으로 갔다. 문화시장(文化市場)을 거쳐 '주은래·등영초기념관(朱恩來·鄧穎超紀念館)'을 둘러보고 귀국 비행기에 올랐다. 언젠가 우리에게도 이들처럼 깨끗하고 비전 있는 지도자를 다시 만나 이 나라가 주변국이 아닌 중심국가로 대접받을 날이 오겠지 하며 기체 밑으로 흘러가는 발해만을 하염없이 내려다보았다.

上古史語新解

곁가지 도막들

정 소 문

곁가지 도막들

청맹과니와 한글전용

　두 눈을 멀쩡히 뜨고도 보지 못하는 사람을 '청맹과니'라고 한다. 바로 '눈 뜬 장님'이다. 그렇다고 눈앞에 펼쳐진 광경을 볼 수 있다고 해서 모두 눈 밝은 사람은 아니다. 가는 곳마다 앞을 가로막고 펼쳐지는 글자들을 하나도 해득할 수 없다면 청맹과니와 무엇이 다르겠는가.
　이슬람권을 여행해본 사람이면 대부분 경험한 일이겠지만 거리를 덮고 있는 간판 글씨는 고사하고 화장실 문의 성별 표시마저 알아볼 수 없어 당황할 때가 한 두 번이 아니다. 우락부락한 택시 운전사가 마음에 걸려 번호판을 외어 두려 해도 숫자마저 읽을 수가 없다.
　가게들이 안을 들여다볼 수 있게 꾸민 개방형이라면 간판을 못 읽는다 해서 크게 걱정할 일은 아니지만 달랑 쪽문 하나 달린 폐쇄구조로 되어 있기 십상이니 무슨 수로 식당을 찾아 주린 배를 채우겠는가. "빌어먹을!" 소리가 절로 나올 수밖에 없는 이유가

▲ 수메르문자 점토판

여기에 있다. 아무리 제나라 글자를 사랑한다 하더라도 국제적으로 통용되는 Restaurant(레스토랑)이란 글자쯤 작게라도 병기(併記)해 놓고, 변소 문에 알아볼 수 없는 글자 대신 작대기와 동그라미만 그려 놓아도 남의 집 주방문을 열고 들어가는 실수를 거듭 하지는 않을 것이다.
　실제로 그런 문화가 없었다면 또 모르겠다. 이란 중부 카샨에 있는 타바

▲ 다리우스 대제(大帝)의 황금 명령문판 페르시아·엘람·바빌론 3개 국어로 기록되어 있다.

타베이로 가면 지금도 그러한 예를 볼 수 있다. 페르시아 거부(巨富)의 전통가옥이다.

　방어형으로 되어 있는 출입구(대문)는 좁다란 골목 끝에 자리 잡고 있고(좁다란 골목 좌우의 쪽문 안에는 경비하는 사람들이 상주하는 공간이 마련되어 있었다.) 겨우 한 사람 용신할 만한 대문 두 짝이 달려 있는데 그 문에는 형태가 다른 문고리가 각각 하나씩 달려 있었다.

　I 자형 문고리와 O 자형 문고리였다. I 자형 문고리는 남성이 찾아왔을 때 두드리는 문고리고 O 자형 문고리는 여성이 찾아왔을 때 두드리는 문고리였다. 두드려 보니 소리가 각각 달랐다. 하인들은 안에서 그 소리를

곁가지 도막들

▲ 이란 중부 카산에 있는 전통가옥 타바타베이 입구.

듣고 찾아온 사람의 성별을 구분하여 대처했다 한다.

"장님 개천 나무란다"고 '안 배운 제 잘못은 모르고 남의 나라 글자만 탓한다'고 나무랄 사람이 있을지 모른다. 그러나 문 닫아 걸고 혼자 살아갈 수 있는 세상도 아닌 바에야 찾아올 사람들이 청맹과니(까막눈)일 줄을 뻔히 알면서 '장님 단청(丹靑)구경시키기'로 그치게 한다면 그것이 어찌 나라를 사랑하고 문화를 자랑하는 일이 되겠는가.

아무리 우수하다 하더라도 제 것을 남이 알 수 있도록 하여 남이 떠받들고 배우려 들게 만드는 것이 참된 나라 사랑이고 문화 자랑이다.

그렇다고 조상 대대로 써와 역사가 되고 이름이 되고 제 말이 된 글자를 남의 나라 글자라 하여 하루아침에 버리고 서양 글자를 빌어다 요상한 부호까지 덧붙여 적으면서 그것이 나라 사랑이고, 국제화이며 민족 자주라고 착각한다면 그 또한 웃지 않을 수 없는 일이다. 베트남이 그러한 범주에 해당한다.

하노이를 포함한 북부 베트남은 이미 한(漢)나라 때부터 중국 땅이었고 남부 베트남 또한 남진(南進)하는 킹족(베트남 족)과 그 문화에 밀려 참파 왕국이 쇠망한 이후(참파에는 자체 문자가 없었다) 1천여 년 동안 중국 문화권에서 한자(漢字)를 쓰며 살아옴으로써 우리나라처럼 인명과 지명을 비롯한 모든 언어가 거의 한자로 이루어졌고 또 한자에 뿌리를 두고 발전해 왔다. 그러니까 한자가 바로 국자(國字)이고 역사와 문화를 기록해온 민족의 자산이다.

'베트남'이란 나라이름 자체가 越南(월남)이라는 한자의 현지 음인 '웬남'을 프랑스어로 적다 잘못된 것이고 국부(國父) 호치민(Hō Chí Minh)이 胡志明(호지명)이란 한자 성명이며 북쪽 수도였던 '하노이'가 河內(하내), 남쪽 수도였던 '사이공'이 西貢(서공)의 한자음인 것만 보아도 알 일이다. 요즘 관광지로 각광 받는 '하롱베이' 역시 '下龍灣(하롱만)'이란 한자지명을 한자말과 영어를 뒤섞어 개조한 것이다. 우리의 진해만(鎭海灣)을 '진해베이'라고 말하는 것과 같다.

▲ 남성이 두드리는 문고리(왼쪽)와 여성이 두드리는 문고리

프랑스 식민주의자들이 역점을 두고 시행한 누런둥이 노예화(奴隷化) 정책의 결과이다. 식민지 백성을 말 잘 듣는 노예로 만들기 위해서는 역사와 전통에서 격리시키는 것이 급선무였고 그러기 위해서는 무엇보다 시급한 것이 문자말살(文字抹殺)이었기 때문에 역대 정권이 1천여 년 간 써온 한자를 어렵고 불편하다는 구실로 하루아침에 없애버리고 문자가 없던 아프리카 식민지들의 예처럼 자기들이 쓰고 있는 알파벳에 부호를 덧붙여 쓰도록 강제한데 연유하고 있기 때문이다.

물론 그 과정에서 주구(走狗)노릇을 한 것은 다른 식민지 경험 국가들과 마찬가지로 식민주의자들에게 배우고 부역한 사범학교 출신들이다. 그들은 식민주의자들에게 선발된 것을 큰 영예로 알고 배운 대로 신지식인(新知識人)을 자처하며 역사와 전통은 모두 부끄러운 유산쯤으로 간주해 때려 부수는데 앞장섰다. 전통적 민족문화 발전에 해가 된다는 것을 뻔히 알

곁가지 도막들

면서 그 전통을 타파하는데 조금도 주저하지 않았다. 반민족적 행위를 앞장서 수행한 것이다.

그래서 지금은 극소수 지식인을 제외한 전 국민이 역사와 전통문화의 기록은 고사하고 하늘처럼 떠받드는 국부 호지명의 시집 「옥중일기(獄中日記)」마저 읽지 못하는 결과를 낳고 있다. 식민주의자들의 '까막눈 정책'이 그들이 물러간 다음에도 그들의 주구들에 의해 충실하게 견지되어 결실을 보게 된 까닭이다.

그 바람에 같은 문화권에 사는 사람들마저 베트남에 가면 꼭 다른 문화권에 와 있는 것처럼 눈앞이 캄캄하다. 중국말과 일본말을 몰라도 동경(東京)과 북경(北京)에서 길 잃을 걱정이 없던 것과는 사정이 완전히 다르다. 한자를 병기한다면 최소한 40~50%는 뜻을 짐작할 수 있을 터인데 단 1%도 알 수가 없다. 이러한 처지에 어떻게 한자문화권의 동질성을 강화하고 무차별 밀고 들어오는 알파벳 문화에 맞서 지역문화의 특성을 살리며 제나라 제민족의 전통을 지켜낼 수 있겠는가.

▲ 프놈펜 투올슬랭의 희생자 묘비명

▲ 아랍 문자로 된 자동차 번호판

▲ 팔리 문자로 된 자동차 번호판

이러한 문제는 베트남만의 것은 아니다. 알파벳을 빌어다 쓰고 있지 않을 뿐 문자쇄국주의(文字鎖國主義)에 빠져 있는 나라는 그밖에도 있다. 팔리(Pali) 문자권(미얀마·스리랑카·캄보디아·태국·라오스)이 그러하고 이스라엘과 우리나라가 또한 그러하다. 물론 각 나라마다 이유는 있다. 그러나 전 세계를 알파벳을 쓰는 나라, 아랍 문자를 쓰는 나라, 산스크리트 문자를 쓰는 나라 및 한자를 쓰는 나라를 빼고 나면 남는 땅은 그야말로 코끼리 입에 물린 비스킷만도 못하다. 자투리땅이라고 부르기에도 미흡한 조그만 구역이다.

하지만 팔리 문자를 일부 개량해 쓰고 있는 미얀마·

▲ 예멘 마인왕조 성벽에 새겨진 문자. 판독되지 못했다

스리랑카·태국·캄보디아·라오스 등은 히브리문자를 쓰는 이스라엘처럼 그 옛날 문자가 없거나 국경이 없을 때부터 수입하거나 만들어 써오면서 하나의 문자권을 형성하게 된 것이니, 수천 년간 조상 대대로 써온 한자를 버리고 하루아침에 한글을 전용하며 같은 문자권에서 고립을 자초한 우리나 베트남의 경우와는 여러 가지로 다르다.

한자(漢字)가 또 '중국 글자'라면 남의 글자를 버리고 우리 글자를 쓰는 것이라고 자부할 수도 있다. 그러나 한자는 한(漢)나라 때 한족(漢族)이 만든 글자가 아니라 그 훨씬 전인 은(殷)나라 때 중국 북부를 경영하던 동이족(東夷族:北方族)이 만든 글자로 고조선(古朝鮮) 때부터 조상 대대로 써오며 발전시킨 글자임을 그들도 알고 있다.

은나라 왕실과 신하들의 이름은 고사하고, 고조선이 자리하고 있던 오늘날 중국 동북쪽의 많은 땅이름과 산이름, 물이름이 한자로 훈독(訓讀)되어 기록된 동이어(東夷語)라는 사실만 보아도 증명되고 남음이 있는 일이다.

그것을 일제(日帝)가 '漢字(한자)'라고 이름 붙여 부르자 식민지시절 왜놈들에게 선발되어 주구(走狗)교육을 받고 신지식인(新知識人)을 자처하

곁가지 도막들

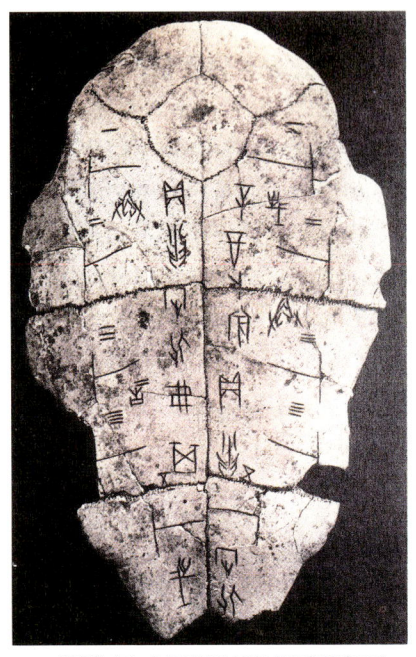
▲ 은(殷)나라 때 동이족이 만든 갑골(甲骨)문자

던 자들이 "한자는 이민족이 만든 남의 나라 글자"라고 주장하는가 하면 반민특위(反民特委)의 검증도 받지 않은 자들이 해방직후 혼란기를 틈타 문교행정을 거머쥐고 어문개혁론을 펴다가 일본군장교 출신이 쿠데타로 정권을 잡자, '때는 이때다'는 식으로 한글전용을 법제화하고 문자 쇄국주의에 빠지게 함으로써 안으로는 역사와 전통 등 수천 년간 축적돼온 문화유산에서 온 국민을 격리시켜 민족적 자부심과 정체성을 잃게 하고 표의(表意)문자와 표음(表音)문자를 섞어 씀으로써 현란하게 발전하던 독특한 언어구조가 퇴행성 골수염을 앓게 되어 동음이의어(同音異義語)의 분간은커녕 제가 말한 단어의 뜻조차 모르는 반문맹(半文盲)의 아들과 딸을 양산해 놓기에 이르렀다.

세계 어느 나라 어느 민족이 이처럼 제 스스로 전통문화를 단절하고 파멸시킨 예가 또 있는가?

설령 한자가 남의 나라 글자라고 치자. 그렇다고 수천 년간 우리 것으로 만들어 우리 어음(語音)에 맞게 써온 글자를 우리 글자가 아니니 쓰지 말아야한다는 주장은 있을 수도 없는 일이다. 서구의 여러 나라들이 알파베트를 쓰고 있지만 그것이 고대 아시아(페니키아)에서 생겨난 글자이니 버리고 새로 글자를 만들어 쓰자고 주장하는 학자나 나라는 없다. 문자는 어느 것이든 자신들이 쓰고 있으면 제나라 글자가 되는 것이다. 그리고 그 글자가 자신들의 말을 적기에 부족하면 다시 더 만들어 덧붙이면 된다. 그래서 乭(돌)·乶(볼)자 등 우리의 한자가 생겨나고 훈민정음(訓民正音)이 창제되었듯 서구 여러 나라들도 자신들의 어음에 맞게 알파베트를 개량하여 쓰면서 발전시켰다.

한글은 더할 수 없이 우수하고 쓰기 편한 글자임에 틀림없다. 한글 위주로 우리의 기록문화 유산이 재정비되어야 한다는 데 반대할 사람은 없다. 하지만 한글전용은 우리의 말이 많은 부분 순화하여 한자어에서 벗어난 뒤에나 가능한 일이다. 그때쯤 되면 한글전용을 고집하지 않아도 한자는 저절로 우리 어문에서 도태되어 있을 것이다. 그러나 지금은 그때가 아니다. 그 이유는 우리의 국어사전이 잘 말해 주고 있다.

▲ 아소카석주의 브라흐미문자와 사카라 피라밋의 성각문자

수십만 단어 중 한자어와 변전(變轉)된 한자어를 제하고 나면 남는 것은 10%도 안 된다. 이 10% 미만의 단어만 가지고는 부모에게 안부편지는커녕 신문 기사 한 꼭지도 쓸 수가 없고 일상적으로 대하는 사람들과 의사소통마저 할 수가 없기 때문이다.

〈언론계 대선배이신 한글학자 정재도(鄭在道) 선생은 TV에 출연하신 길에 나의 '10% 미만설'을 질타하시며 "30%가 넘는다"고 하시더라고 전해 들었다. 그렇게 생각하실 수도 있다고 여겨진다. 그러나 가뜩이나 세어지고 밭아지는 우리말을 얼마나 더 그르치고 싶은지 일부 한글관계자들은 한자말에까지 사이스을 붙이게 하여 '피맛 나는 골'과 '장맛 나는 비'가 쏟아지게 만들고 있는데 그 '피맛 나는

골'에 즐비한 대포집의 '대포[大白:큰 술잔]'와 장의 원료인 '메주[末醬]', 여름철이면 찾아오는 '장마[長梅(雨)]'가 모두 변전된 한자말이라는 사실을 아시면서 하시는 말씀일 것이다.〉

그렇다고 독립선언문(獨立宣言文)식으로 한자를 쓰자는 것도 아니다. 그것을 환영할 사람은 우리 국민 중 단 한 명도 없다. 다만 제 가족 이름과 출신 학교 이름쯤 옳게 쓰고 헷갈리기 쉬운 동음이의어(同音異議語)나 구별할 수 있도록 초등학교부터 단계적으로 한자를 가르치고 자연 복습이 가능하도록 교과서에 한자를 혼용(混用)하자는 것이다.

그렇게 1,800자만 가르치면 우리 국어의 씨줄과 날줄을 누구나 쉽게 알게 되고 중요 고전(古典)도 거의 이해할 수 있게 된다. 그렇지 않고서는 전국 도서관에 산더미처럼 쌓여 있는 국한문 서적 등 민족의 유산은 모두 읽을 사람이 없어 사장(死藏)될 수밖에 없고 TV에서조차 사고(事故)와 사고(私庫), 사골(四骨)과 사골(死骨), 사기(史記)와 사기(詐欺)의 차이조차 구별하지 못하여 똑같이 방정맞은 소리를 내는 '입'이 갈수록 늘어날 터이니, 가뜩이나 잘못된 '다' 종지형 문법 때문에 사어집(死語集)이 된 우리의 국어사전(國語辭典)이 '말들의 묘지'로밖

▲ 마야문자로 된 비명(碑銘)

에 그 구실을 못 하게 될 것이다. 어찌 조상 대대로 써온 글자를 남의 글자라고 하며 타박해야 하겠는가.

한자(漢字)는 그 옛날부터 국자(國字)였지 한자가 아니었다. 세종대왕(世宗大王)께서 훈민정음을 창제, 반포하여 두 가지 글자가 생겨나자 한자(表意文字)와 한글(表音文字)은 서로 도와가며 우리의 말을 살찌우고

가지를 치며 독특하게 발전해 왔다. 그래서 지금 우리의 말은 한자와 한글 중 어느 한 가지만 빼어도 그 성립기반을 잃고 이지러지게 되어 있다.

이러한 사실을 뻔히 알면서 일부에서는 오늘도 한자를 원수처럼 여기며 배척한다. 어찌 민족문화 단절책이 아니고 역사 전통의 배척수단이 아니겠는가.

뒤늦게나마 한자교육의 필요성을 절감하고 열성을 보이는 지식인과 국민이 늘어가는 추세에 있다. 우리도 좀 깨이고 넓게 보기 시작하는 것 같다. 미국 등 선진국 가로에 한자 표지판이 서 있는 것을 보면서 한글로만 되어 있는 우리 가로 표지판도 본받아야 한다고 주장한 일이 엊그제 같다. 훼망(毀亡)의 길로 접어들었던 우리의 어문정책(語文政策)에 광정(匡正)의 길이 열릴 수도 있다는 희망이 아닐 수 없다.

우선 이웃(한자문화권)은 몰라라 하고 서구인들만 반기는 꼴인 우리의 가로표지판부터 보충 병기하여 이 땅을 찾는 모든 사람이 청맹과니에서 벗어날 수 있게 되기를 간절히 바란다.

곁가지 도막들

동박나무와 하늘다람쥐

흔히 '강원도 아리랑'이라고 하는 '정선아라리'를 듣다보면 "아우라지 뱃사공아, 배 좀 건너 주게/ 싸릿골 올 동박이 다 떨어진다"라든가 "콩 팥 따러 간다고 요 핑계 저 핑계 대더니/ 동박나무 밑에서 시집갈 공론하네"하는 사설이 나온다.

바로 이른 봄 눈[殘雪]이 채 다 녹기도 전에 우리 산천에서 가장 먼저 노란 꽃을 피워내는 동박나무의 열매를 말하는 것이다. 요즘은 좀 나아지기는 했지만, TV 아나운서들이 봄만 되면 어김없이 이 동박꽃 화면(畵面)을 내보내면서 "산수유 꽃" 어쩌고 하며 아는 체하는 나무의 꽃이다.

▲ 생강나무라 잘못 부리는 동박꽃

이 동박꽃은 연두색을 띠는 노란색이고 산수유 꽃은 등황빛을 띠는 노란색으로 가지의 형태와 굵기도 다르고 꽃이 피는 지점도 다른데 TV 방송이 시작된 이래 전 국민을 앞에 놓고 아직까지 '산수유타령'을 늘어놓는 입이 크게 줄지 않고 있다. 정말 산수유 잎을 뒤집어 입이라도 닦아 주어야 정신을 차릴 사람들이다.

지난 시절 향수(香水)라고는 알지도 못했던 우리의 젊은 아낙들이 이 나무의 열매인 '동박'을 따다가 기름을 짜서 향수 대신 머리에 발랐다. 상큼하

동박나무와 하늘다람쥐

▲ 이른 봄 가장 먼저 피는 동박나무(생강나무) 꽃. 북한산 등 서울 주변에도 많다

고 향긋한 냄새가 기분을 좋게 하는 머릿기름이었다. 그래서 '동박기름'하면 최고의 방향성(芳香性) 머릿기름으로 꼽혀 기생방이나 색주집에서는 봄부터 미리 주문해 대어 쓸 정도로 인기가 좋았다.

그렇다 보니 동박기름은 색주가 기생들이나 바람난 처녀들을 상징하는 머릿기름쯤으로 인식되어 행세깨나 한다는 집안의 여식들은 '다리몽둥이가 부러질 각오'를 하지 않고는 쉬 접근마저 할 수 없는 물건이기도 했다.

그 동박이 열리는 '동박나무'가 지금은 '생강나무'로 이름이 바뀌어 일부 젊은이들 사이에 불리고 있다. 남도 바닷가의 상록활엽수인 '동백(冬柏)나무'와 그 이름이 비슷하여 겹친다고 보았기 때문인지 전해 내려오는 실명(實名)을 외면한 채 생뚱맞게 중국이름인 '生薑木(생강목)'을 번역해 '생

곁가지 도막들

▲ 한반도 남부 바닷가에 피어나는 동백꽃(상록수)

강나무'라고 갖다 붙인 탓이다.

「한국식물도감」이나 「한국식물명집」을 저술한 학자들의 '책상물림 탓'이겠지만, 이제는 '동박기름'도 '생강(열매)기름'이라고 하고, 정선아라리를 부를 때도 "올 동박이 다 떨어진다" 대신 "올 생강이 다 떨어진다"고 해야 뜻을 제대로 전달할 수 있게 될 판이다. 이 얼마나 어처구니없는 일인가. 그러나 지금도 대다수 산골 사람들은 '동박나무'라고 해야 알지 '생강나무'라고 하면 모르기 십상이다.

오래전 일이다. 하루는 부서장 겸 상사로 있던 박갑천(朴甲千) 선배가 사전을 뒤적이다가 나에게 물었다.

"동백기름은 너무 끈적거리고 좋은 냄

▲ 동백나무 열매. 익으면 벌어진다

새도 없어 등잔기름으로 밖에 안 썼는데, 거기서 무슨 향내가 난다고 머리에 바른다는 건지 아시오? 우리고향에서는 아주까리기름만 머리에 발랐습니다."

〈박갑천(朴甲千) 선배는 정재도(鄭在道) 선생을 도와 우리나라 외래어표기법(外來語表記法)을 현실에 맞게 재정비하여 난맥상을 이루었던 60년대 한국 신문의 외래어 표기체계를 바로잡았던 분이다. 서울신문 논설실에서 여론을 이끌다가 아까운 나이에 타계했다. 선배는 「세계의 지명」이라는 단행본을 집필할 당시 다시 나에게 이렇게 물었다. "우리 고향에 '토말(土末)'이라는 곳이 있는데, 무슨 뜻인지 알 수 없어 '땅 끝'이라고 풀어 말하기도 합니다. 혹시 무슨 뜻의 말인지 생각나는 것 없으시오?" 내가 말했다. "전국에 흩어져 있는 '투마루'나 '도마루'와 같은 이름이 아니겠습니까. 그렇지 않다면 '돌모루[石隅:돌모룽이]'의 전음으로 볼 수도 있겠네요." 그러나 나 역시 '투마루'의 이미를 명확히 해석할 수는 없었다. 지금 살아 계시다면 "그때 물었던 '토말'은 두막루(豆莫婁:투마루)·대막려(大莫廬:다마루)와 같은 말로, 「고구려사」가 '다물(多勿:다무르)'이라고 기록한 부여어(夫餘語) '투마루'의 사음인데 '다시 세운 나라'라는 뜻을 갖고 있습니다. 부여가 멸망한 뒤 부여 백성들이 송화강을 넘어 옛 북부여(北夫餘) 땅에 '투마루(豆莫婁·大莫廬:多勿)'라는 나라를 세우고 살았듯이, 삼국이전 토말에도 강자에게 쫓긴 소부족사회(국가)가 해남 바닷가로 옮겨와 다시 나라를 세우고 '투마루[土末:多勿]'라고 부르며 살았기 때문에 '토말'이라는 이름이 남아 전해지는 것으로 보입니다"라고 전했을 것이다.〉

▲ 동박열매. 노랗고 버찌처럼 붉게 익다 검게 변한다

강원도 사람들이 '명사십리(明沙十里)에는 해당화만 피는 줄 알았지' 붉은 동백꽃(상록수)도 핀다는 사실을 몰랐던 것처럼 남도 사람들도 '동백나무'하면 4~5월에 붉은 꽃이 피어나 살구만한 열매가 맺히는 상록활엽수만 있는 줄 알았지, 내륙지방 산골에 노란 꽃이 피고 개버찌 같은 열매가 달려 노랗고 빨갛게 익어가다 검게 변하는 '동박나무'가 또 있다는 것을 모르는데 그 원인이 있을 수 있다.

결정적인 원인은 멀쩡한 동박나무를 생강나무로 개명해 놓는 바람에 '참꽃(창꽃)'은 다 없어지고 진달래만 흐드러지듯 국민대다수가 알고 있던 동

곁가지 도막들

박꽃은 없어지고 일부 남쪽 바닷가의 동백나무만 동백(동박으로 잘못 불리기도 한다)으로 남아 있는데다 「국어사전」을 꾸민 사람들마저 동박기름과 동백기름을 구분하지 못하고 한 대목에 뒤섞어 놓아 현실과 동떨어진 해설이 되고 있었기 때문이다.

이름을 잘못지어 붙여 사람을 헷갈리게 하고 있는 것은 생강나무뿐이 아니다. 가장 듣기 거북한 것이 '하늘다람쥐', '하늘나리' 등 '하늘'자가 붙은 것이 아닌가 싶다.

어느 날 TV에서 '날다람쥐'의 생태를 다룬 다큐멘터리를 보다

▲ 활공하는 날다람쥐. 야행성 동물이다

가 깜짝 놀랐다. 어릴 적 익히 보아온 '날다래미', 또는 '날다람쥐'를 '하늘다람쥐'라고 소개하며 날다람쥐라는 이름을 의식해서인지 "저것은 활공하는 것이지, 날으는 것이 아닙니다"라는 설명까지 곁들였다.

그 말대로라면 신천옹(알바트러스)은 '날으는 새'가 아니고 글라이더는 '비행기(날아다니는 기계)'가 아니며 골프공 낙하지점도 '비거리(날아간 거리)'라고 하면 안 된다는 뜻이다.

〈한글학회「한글맞춤법」에 따르면 '날으는'이라는 말은 있을 수 없게 되어 있다. '다'로 끝나는 문법을 채택해 '날다'라는 문어(文語)를 원형으로 삼았기 때문에 '날으는'은 '나는, 나니' 등으로 써야 되게 되어 있다. 그러나 일반국민들은 누구라 할 것도 없이 '나르는(날으는)', '구르는'이라고 말한다. 우리말이 본시 '나르오-나르니-나라서, 구르오-구르니-굴러서'처럼 '오'로 끝나는 체계로 되어 있기 때

- 300 -

문이다. 그래서 '어르오-어르니-어러서'가 되어 '어름'도 되고 '안즈오-안즈니-안자서'처럼 누구나 순하게 따라 쓸 수 있었던 것인데, 그것을 우리어문에 맞지도 않는 '다'로 끝나는 체계로 바꾸는 바람에 '얼다'가 원형이 되어 '얼음'이 되고 '앉다, 않다, 없다' 등을 원형으로 만들기 위해 'ㅆ, ㅀ, ㅄ' 같은 받침 글자를 많이 만들어 복잡하게 해 놓았는가하면 문법까지 까다롭게 하여 초등학교만 졸업해도 누구나 틀리지 않게 쓸 수 있는 우리글을 대학 졸업자는 고사하고 대학 국문과 졸업자까지 30%도 우리글을 제대로 쓸 수 없게 만들고 있다. 믿기지 않는다면 매년 치러지는 각 신문사 기자시험 국어문제 답안지를 참조하기 바란다.〉

일제 강점기 어느 동물학자가 그 '하늘다람쥐'라는 이름을 붙였는지 자못 유식한 후배까지 두었구나 싶었다.

날다람쥐에 왜 그런 이름이 붙었는지 「국어사전(이희승편)」부터 찾아보았다.

프테로미스(Pteromys volans)라는 학명을 가진 동물이 '날다람쥐'이고 페타우리스타(Petaurista leucogenys hintony)라는 학명을 가진 동물이 '하늘다람쥐'라고 적혀 있었다.

그래서 「동아대백과」를 열어 확인해 보았다. 국어사전과 반대로 되어 있었다. 페타우리스타(Petaurista leucogenysgiant)가 날다람쥐로 큰 날다람쥐(giant flying squirrel)라고 불리기도 하는 것이고 프테로미스(Pteromys momonga)가 하늘다람쥐로 날다람쥐(flying squirrel)라고 불리는 것이라고 되어 있었다.

「한국동물도감」이나 「한국동물명집」이 옆에 있어 찾아보았으면 어느 해설이 옳은지 알겠지만 그렇지 못하여 다시 「브리태니커」를 찾아보았다.

'날다람쥐'는 페타우리스타(Petaurista leucogenys hintony)로 '한국 흰뺨날다람쥐'라고도 하는데 체장은 48㎝, 꼬리는 24㎝로 등은 흑회색이고 꼬리는 등보다 엷으며, 배 쪽은 희고 뺨에는 회백색부분이 있다. 한국 최북단 만주와의 접경지역에 서식한다고 되어 있다. 학자에 따라서는 날다람쥐의 원기재(原記載)가 시장에서 발견된 1장의 모피를 통해 얻어진 것

곁가지 도막들

이라는 점에서 한국에서의 서식 자체가 매우 의심스럽다고 주장한다고 기록되어 있었다.

'하늘다람쥐'에 대해서는 꼬리를 뺀 몸길이가 10~20㎝이고 꼬리 길이는 10~15㎝인데 두 가지 종이 있다. 프테로미스 모몽가(Pteromys momonga)는 일본에 서식하고, 프테로미스 볼란스(Pteromys volans)는 유라시아에 서식한다. 활공할 때는 앞다리와 뒷다리 사이의 비막(飛膜)을 이용하는데 눈이 크고 등 쪽의 털은 회갈색, 배 쪽은 은백색이다. 한국산 아종은 프테로미스 볼란스 알루코(Pteromys volans aluco)라는 것으로 전국에 걸쳐 서식하며 천연기념물로 지정되어 있다고 기록되어 있었다.

▲ 하늘나리꽃. 꽃꼭지가 구부러지지 않고 곧게 올려 뻗는다

그러니까, 한국에는 검은 회색에 몸이 큰 날다람쥐(giant giant flying squirrel/흰뺨날다람쥐)와 회갈색 내지 은백색의 몸이 작은 날다람쥐(flying squirrel) 2종만 있다는 설명인데, 꼭 구별해 부를 필요가 있었다면 미국처럼 '큰날다람쥐', '날다람쥐'로 구분하든가 '흰뺨날다람쥐', '작은날다람쥐'라고 하면 말도 순하고 귀도 순할 터인데 아닌 밤중에 홍두깨 격으로 '하늘다람쥐'라고 불러야 옳게 만들어 놓아 조상대대 '날다람쥐'라고 불러온 사람들을 모두 헛소리나 하고 제나라 짐승이름도 모르는 무식쟁이를 만들고 있다. 식자라는 사람이 얼마나 생각성이 없었는지 단적으로 보여준다.

또 '날다람쥐'라는 이름이 남들이 쓰는 이름이라고 버리고 새로 지었다면 이해가 되겠지만 날다람쥐라는 이름은 예부터 우리만 써 온 우리의 이름이다. 부득이하지 않다면 군말을 덧붙일 필요도 없다. 그런데 무슨 이유에서인지 우리이름을 버리고 중국이름을 번역해 붙여 국적불명의 이름을 만들며 국민의 혼란만 가중시켜 놓았다.

▲ 하눌타리. 울타리 가득 퍼진다 하여 붙은 이름이다. 원 안은 끝이 갈라지는 하눌타리 꽃

날다람쥐를 중국에서는 오서(鼯鼠:우수), 또는 비서(飛鼠:페이수)라고 하는데 비서는 천서(天鼠:텐수)의 다른 이름으로 天鼠(천서)를 '하늘다람쥐'로 번역해 붙여놓은 것이다. 중국 사람들은 천(天)자를 '날은다'는 뜻으로 쓰는 경우가 많아 '천서' 역시 '날다람쥐'라는 뜻인데 그것을 '하늘다람쥐'로 오역(誤譯)해 가져다 붙였다.

〈일본말깨나 한다는 사람이 '하늘다람쥐'를 '소라구리네즈미(空くりねずみ)'라고 번역한 것과 같다. '소라(空)'는 하늘이고 '구리네즈미(栗鼠)'는 다람쥐라는 뜻도 있으니까 '하늘다람쥐'가 된다고 생각한 모양이지만 일본 사람들은 '다람쥐'를 말할 때는 '栗鼠(율서)'라고 써 놓고도 '리스(りす)'라고 읽으며 '쥐색을 띤 구렁말'이나 '밤색을 띤 쥐색'을 말할 때 '구리네즈미'라는 표현을 쓴다. 날다람쥐나 하늘다람쥐를 일본 사람들이 '무사사비(むささび)', 또는 '모몽가(ももんが)'라고 부른다는 것을 모른 때문에 빚은 오역이다.〉

꽃꼭지가 구부러지지 않고 곧게 피어나 하늘을 향하고 있다 하여 '하늘나리'라고 이름 한 뜻과는 좀 다르다. 그러나 하늘아래서 하늘을 우러르

곁가지 도막들

▲ 하눌타리열매인 과루(瓜蔞)

며 사는 만물이 어찌 '하늘나리' 뿐이겠는가. 하늘을 우러르고 있어 붙인 이름이라면 미얀마의 태양숭배자들처럼 종일 하늘을 향해 고개를 젖히고 있는 사람도 하늘사람이고 하늘을 향해 자라고 있는 초목(草木)도 모두 '하늘'자를 덧붙여 이름 해야 할 터이니 하늘소나무·하늘참나무·하늘밤나무·하늘시닥나무·하늘바랭이·하늘여뀌·하늘냉초 등등 그 끝이 없을 것이고 범부채·원추리·붓꽃 등도 하늘을 향해 피고 있으니 하늘범부채·하늘원추리·하늘붓꽃이라고 고쳐 불러야 체계가 서지 않겠는가.

'선꽃나리'나 '곧은나리' 정도로 이름을 붙였다면 이해하기 쉽고 뜻 전달도 빨랐을 것을, 무슨 효과를 노려서인지 거창하게 '하늘'자를 갖다 붙여 새삼 밤하늘을 쳐다보며 의아하게 만드는지 모르겠다.

▲ 하눌타리씨 괄루인(括蔞仁)

우리나라 풀[草本]이름 중에 예부터 '하늘'자가 들어가는 것이 꼭 한 가지 있다. '하눌타리'다. '온 울타리를 타고 퍼진다'는 뜻으로 지어진 '한 울타기'라는 이름이 '하눌타리'로 변한 것이다.

중국이름은 '괄루(括蔞:栝樓)'이다. 그 뿌리 가루를 '천화분(天花粉)'이라고 하는데 이것은 '하늘꽃가루'라는 뜻이 아니라 '눈[天花→雪]처럼 흰 가루'라는 뜻이다. 그 가루이름 때문에 뒤에 '괄루'에 '천과(天瓜)'라는 별명이 덧붙기도 했다.

문제는 이 '하눌타리'라는 이름마저 '하늘다리'로 고쳐 쓰고 '하눌타리열매'를 중국 별명 '천과'를 번역해서 '하늘수박'이라고 부르는 학자가 있다는 점이다.

「국어사전」이나 「한국식물지」 등에 '하눌타리'로 명기되어 있는 것을 무슨 이유에서 굳이 '하늘다리'로 고치고 '하눌타리열매'라는 우리이름을 버리고 중국이름을 번역해서까지 '하늘수박'이라고 불러야 직성이 풀리는지 알 길 없지만 "참 무던히도 하늘을 좋아하는구나" 싶기는 하다.

〈'하눌타리'는 박과에 속하는 다년생 덩굴식물이다. 줄기는 매년 다시 나고 뿌리는 깊이 박히며 튼실하다. 꽃은 7~8월에 암수가 같은 줄기에서 피거나 다른 줄기에서 핀다. 흰 꽃잎 5장이 깊게 파이고 가장자리가 실처럼 갈라진다. 열매는 지름이 7㎝쯤 되는 타원형인데 익으면 등황색(橙黃色)을 띤다. 맛이 달다. 씨는 알[卵] 모양, 또는 타원형으로 엷은 다갈색이다. 과육은 화장료(化粧料)로 쓰고 뿌리가루는 '천화분'이라고 해서 식품으로 이용한다. 씨는 괄루인(括蔞仁:瓜蔞仁), 뿌리는 괄루근(括蔞根:瓜蔞根)인데 모두 한약제(漢藥劑) 중의 하나이다.〉

그렇다고 필요한 이름을 새로 짓거나 고치지 말라는 말은 아니다. '말×조개'를 '마합'이라 바꿔 부르고 '×조개→섭조개'를 '홍합'이라 부르며 '개×맛'을 '긴맛조개'라고 말하고 '개불×꽃'을 '개불란'이라고 하며 '괴×나무'를 '구기자나무'라고 하고 개똥벌레를 '반딧불이'라고 바꿔 부르는 것 등은 권장하여 마땅한 일이다.

▲ 하눌타리뿌리 괄루근(括蔞根)

앞으로는 새로 발견된 동물이나 식물의 이름(학명)을 붙일 때만이라도 되도록이면 우리의 보통명사에 기초하여 이해하기 쉽고 뜻 전달이 명확한 이름을 골라 붙여 우리 후세들은 고사하고 국어사전을 만드는 학자까지 헷갈리지 않도록 마음 써 주기를 간절히 바란다.

곁가지 도막들

황성(荒城) 옛터

▲ 당태종[李世民]과 설인귀(薛仁貴)가 쿠물군에 포위되어 거의 굶어 죽을 뻔한 쇄양성

사막(沙漠)에도 꽃이 피었다. 이따금 볼 수 있는 한 두 송이가 아니라 지천으로 피었다. 어릴 적 애송하던 왕소군(王昭君)의 시(詩)가 불쑥 떠올랐다. "사막에는 화초가 없어/봄이 와도 봄 같지 않네(胡地無花草/春來不似春)"하는 시였다.

〈왕소군은 중국 한(漢)나라 원제(元帝:BC48~33)의 후궁(後宮)이었다. 원제는 후궁이 워낙 많았기 때문에 궁정화가들에게 후궁의 모습을 그려 올리게 하여 그 그림을 보고 마음에 드는 후궁을 골라 잠자리에 들었다. 그러자 후궁들은 자신

- 306 -

황성(荒城) 옛터

의 모습을 더 예쁘게 그려 달라고 화가들에게 다투어 뇌물을 바쳤다. 그러나 용모가 워낙 뛰어났던 왕소군은 뇌물을 주지 않았다. 그래서 그는 끝내 원제를 모실 수 없었다. 그때 중국 북부의 거대한 지역을 차지하고 한나라를 위협하던 동흉노(東匈奴)의 호한야찬우(呼韓邪單于)는 서흉노(西匈奴)를 공격, 질지찬우(郅支單于)를 죽이고 한나라 원제에게 "알씨(閼氏 : 아씨)로 삼을만한 미인(美人)을 골라 보내라"고 요구했다. 원제는 어쩔 수 없이 후궁들의 얼굴 그림을 늘어놓고 그중에서 가장 못생긴 왕소군을 골라 보내기로 결정했다. 출발하기에 앞서 원제는 왕소군을 불러보고 깜짝 놀랐다. 어느 후궁보다도 뛰어나게 예뻤기 때문이다. 그렇다고 이미 결정된 일을 뒤집을 수는 없었다. 왕소군은 호복(戎服)으로 갈아입고 비파(琵琶)를 안은 채 말을 타고 떠나갔다. 원제는 그림이 그렇게 된 까닭을 철저히 규명하게 하고 화가들을 모두 시장바닥으로 끌어내어 목을 잘라 죽였다. 왕소군은 호한야찬우가 죽자 흉노의 풍속에 따라 다시 그의 아들 주루약제찬우(株累若鞮單于)의 아내가 되었고 고향을 그리는 시(詩)를 남긴 채 흉노 땅에서 죽었다. 그 지역의 풀이 모두 희었는데 왕소군 무덤의 풀만 푸르러 사람들은 그 무덤을 '청총(靑冢)'이라고 불렀다. 지금 내몽고자치구 호흐호트(內蒙古自治區呼和浩特 : Hohhot)인근에 있다.〉

▲ 중앙아 사막의 야생화들

그 때문에 "사막에는 꽃이 안 핀다"는 고정관념을 갖게 된 나는 중국 서

- 307 -

곁가지 도막들

북부 사막이나 중동·아라비아 사막, 미국 서남부 사막이나 아프리가 북부 사막 지방을 여행하면서도 자세히 살피지 못했고 (내가 간 때가 꽃필 철이 아니어서 그랬는지 모른다.) "사막에는 화초(花草)가 없다"고 믿게까지 되었다.

그러한 내 눈 앞, 메마른 사막에 갖가지 꽃들이 피어나고 있었으니 기이하고 놀라운 일이 아닐 수 없었다. 중앙아시아 카라칼팍스탄 아무다리야 연안(沿岸) 키질쿰 사막에서의 일이다.

멍청히 서서 한동안 바라보기만 했다. 뜨겁고 세찬 바람은 금세라도 꽃송이를 훑어내려는 듯 가지(꽃대)들을 휘감아 누르며 사정없이 흔들어 대었다.

▲ 중국 서북부 안서(安西)에 있는 쇄양성

발목까지 빠지는 모래밭에 털썩 주저앉았다. 떨어지지 않으려고 몸부림치는 빨강 노랑 분홍 하양 보라 꽃들의 줄기를 잡고 화판(花瓣)을 만져 보았다. 흔히 느낄 수 있는 '촉촉함[生命力]'을 느낄 수 없었다. 자세히 살펴보았다. 플라스틱처럼 뻣뻣하거나 우리의 꽃들과는 비교할 수 없을 정도로 얇디얇은 꽃잎이 거의 물기를

▲ 월지국성(月支國城)이었던 흑수국성

머금지 못한 채 강시(殭尸)처럼 모진 삶을 이어가고 있었다. 드라이플라워라 해도 과언이 아니었다.

황성(荒城) 옛터

"이 꽃들은 무엇을 위해, 무슨 말을 하고 싶어 이처럼 모질게 피어나고 있는가." 대꼬챙이처럼 키워온 '수천년의 한'을 호소하고자 이렇게 바람결에 내둘리고 있는지도 모를 일이라 싶었다.

▲ 카라칼팍스탄 아무다리아강 연안 키질쿰사막에 있는 아야즈칼라

산등성에 둘러 있는 고성(古城) 아야즈칼라(Ayaz Qala)의 폐허가 아득하게 오버랩 되어오며 그 속에서 살다가 죽어간 온갖 생령(生靈)들의 못 다한 모습으로 어렴풋이 비쳐왔다.

수많은 성곽국가(城廓國家)의 황량한 옛터에 설 때마다 대하게 되고 느끼게 되는 억막(抑寞)함이다.

중국 서북부 만리장성 끝자락의 흑수국유지(黑水國遺址:월지고성)를 비롯하여 아시아 대륙 중앙의 수많은 고성(古城)들을 둘러보며 그 땅을 일구고 그 땅을 다듬고 그 땅을 지키고 그 땅을 빼앗기 위해 얼마나 많은 사람들이 억눌리고 휘둘리고 고통받다 억울하게 죽어갔을까 생각됐기 때문이다.

개중에는 몽골의 서방공략 보급기지였던 아리마리(阿里瑪里) 고성처럼 자신이 키워주었던 노예에게 나라와 이름까지 빼앗긴 경우도 있고, 카라한(黑汗)을 뒤엎고 요(遼:카라키타이)의 영광을 재현했던 발라사군(후쓰알터;토크목 서남쪽)처럼 망명길의 젊은이를 사위로 받아들였다가 나라를 빼앗기고 폐허가 된 경우도 있다.

〈징기스칸의 7대손 투글루크 티무르(吐虎魯克 鐵木兒)는 차가타이 한국의 칸으

곁가지 도막들

로 1361년 충성을 맹세하는 바를라스 부족의 한 사내를 믿고 노예로 받아들였고 아들인 일리아스 호자를 트란속사니아의 총독으로 내보내며 그를 호자를 보좌하는 대신으로 임명했다. 그러나 노예는 얼마 후에 자신의 처남인 아미르 후사인과 함께 반역하여 호자를 내쫓고 그의 땅을 빼앗았으며 1370년경에는 후사인마저 암살하고 스스로 자신을 몽골 제국의 복구자이자 차가타이 계통의 칸들 가운데서 유일한 사마르칸트 주권자인 아미르 티무르(帖木兒) 칸이라고 선언했다. 그가 섬기던 왕 투글루크 티무르의 무덤(마찰)은 차가타이 한국의 수도인 아리마리(阿里瑪里), 바로 오늘의 중국 신강성(新疆省) 서쪽 끝 호르고스(霍城)에 있다. ▶거란(契丹) 왕족 예루타시(耶律大石:遼太祖의 8대손)는 서요(西遼: 카라키타이)를 세우고 카라한(黑汗)을 지배했으나 징기스칸에게 쫓기던 몽고 나이만부(乃蠻部) 타이양칸(太陽罕)의 아들 구드룩(古出魯克)을 받아들여 사위로 삼았다가 나라를 빼앗겼고 구드룩 역시 왕이 된지 8년만에 싸리헤골(撒里 黑庫爾:탁시코르간)로 도망쳤다가 뒤쫓아 온 징기스칸의 부하에게 잡혀 죽었다.〉

▲ 투글루크 티무르마찰

▲ 서요 왕성터의 부라나탑

뿐만 아니라. 인류문명의 기원지라 할 수 있는 우르와 바빌론, 시바여왕의 전설로 아롱진 마리브 고성과 악숨고성 및 마인왕조의 고성, 동서양의 문화를 융합시키고 전파했던 소그디안의 고성(사마르칸트)과 유허(펜지켄트), 파르티아 제국의 고성 니사, 흐와레즘의 아야즈칼라와 투프록칼라, 호라산 왕조의 메르프고성과 에르크칼라, 바에라말리칸칼라, 기즈칼라 등등 황량한 흙 둔덕과 모래밭이 된 곳은 이루 꼽을 수 없을 만큼 많다.

그곳에는 애첩(愛妾)까지 죽여 그 살을 군사들에게 먹이며 성을 지키려 했던 장순(張巡)같은 자들도 있었을 것이고 충성심을 보이기 위해 제 자식을 쪄 바친 역아(易牙)같은 자들도 있었을 것이다. 그러니 알량한 권력을 손에 쥐었다고 온 세상이 제 발아래 있는 듯 설쳐대며 무턱대고 휘두르는 부지깽이에 까닭 없이 맞아 죽은 개구리 같은 민중은 또 얼마였겠는가. 아내와 어미와 어린 딸들은 이용될 대로 이용되다 갈 곳 없는 화냥년[還鄉女]이 되어 늙은 들개처럼 버려지고 어린 자식과 손자는 노예의 노예로 전락하여 죽고 싶어도 죽을 수마저 없는 한을 삭이며 하늘만 원망하지 않았겠는가.

▲ 셀추크제국의 수도 메르프의 술탄칼라

〈중국 당 현종(唐玄宗) 때 수양성(睢陽城:현 商丘)을 지키던 장순(張巡)은 안록산(安祿山)의 난(亂)이 일어나 반군이 쳐들어오자 완강히 막아 싸우며 저항했다. 그러나 성은 포위되고 식량마저 조달되지 않았다. 굶주림에 지친 장순과 그 부하들은 군마(軍馬)를 잡아먹고 새를 비롯해 쥐까지 잡아먹으면서 지원군이 오기를 기다렸으나 지원군은 오지 않았다. 장순은 애첩(愛妾)을 죽여 그 고기를 군사들에게 나누어 먹이면서 결사항전을 독려했다. 반란군은 물밀 듯이 성을 넘어 들어왔지만 굶주려 널브러진 군사들은 일어나지도 못했다. 장순은 싸우다가 반군에게 잡혀 죽었다. ▶ 역아(易牙)는 춘추(春秋) 때 제환공(齊桓公)의 총신(寵臣)이었는데 요리를 잘하는 것으로 유명했다. 제환공은 그에게 "나는 세상의 맛있다는 것은 다 먹어보았으나 아직 인육(人肉)은 먹어보지 못했다"고 했다. 역아는 그길로 집으로 돌아가 어린 아들을 죽여 요리로 만들어 제환공에게 바쳤다. 제환공은 무척 기뻐했다. 역아는 그 후 상국(相國) 물망에 오르기까지 했다. ▶ 환향녀(還鄉女)는 병자호란이 끝난 후 청군에게 잡혀 심양(瀋陽)으로 끌려갔다가 몸값을 물고 놓여나 돌아온 여성들을 가리키는 말이다. 병자호란은 비록 한 달 남짓한 짧은 전쟁이었지만 피해는 임진왜란에 못지않았다. 그래서 전쟁이 끝나자 가장 심각하게 떠오른 문제가 수많은 고아들을 어떻

곁가지 도막들

▲ 투루크메니스탄 마리에 있는 키즈칼라. 새들의 낙원이 되어 있다

게 거두어 기를 것인가 하는 것이었고 청군에게 잡혀 끌려간 수만 명(50만명이란 기록도 있다)의 남녀를 어떻게 도로 사올 것(贖還)인가 하는 문제였다. 청군은 사로잡은 남녀노소를 전리품으로 보고 몸값을 많이 받을 수 있는 왕족이나 양반의 부녀자를 많이 잡아가려 하였으나 잡혀간 사람들은 대부분 몸값도 제대로 마련할 수 없는 가난한 사람들이었다. 몸값은 싼 경우 1인당 25~30냥이었으나 150~250냥까지 치솟았고 신분에 따라 1500냥에 달했다. 청군은 잡아온 남녀노소를 노예로 삼아 멋대로 부려먹고 갖고 놀다가 일부는 몸값을 받고 놓아 주어 돌아올 수 있었다. 그 돌아온 여성들을 우리는 '환향녀(還鄕女)'라고 불렀는데 "몸을 더럽힌 채 죽지 않고 돌아온 것은 조상에 죄를 짓는 것"이라 하여 이혼 문제 등 큰 정치·사회 문제로 대두되었다. 조정에서는 서대문밖 홍제천 길목에 못을 파고 그곳에서 목욕을 하고 나오면 잡혀가기 이전의 '깨끗한 몸으로 인정'해 주기로 했으나 환향녀는 끝내 '화냥년'이 되어 버려진 채 모진 목숨을 이어가기 위해서는 정말로 '화냥질밖에 할 것이 없게 되기도 했다.〉

그러나 지금은 그런 사실을 아는 사람도 드물다. 구려(九黎)와 고리(高離)가 어떻게 다르고 고조선(古朝鮮)의 아사달(阿斯達:首都)은 어디였으며 부여(夫餘)와는 어떤 관계를 유지하고 있었는지, 또 고(구)려(高麗:高爾)는 중국 동북부를 어디까지 차지하고 있었고 연(燕)과는 어떻게 경계를 이루고 있었는지 흔적마저 어림할 길이 없다. 하늘을 찌를듯하던 광개토대왕(廣開土大王)의 영웅적인 기개(氣槪)도, 안시성(安市城)을 지키기 위해 벌이던 양만춘(楊萬春)의 처절한 몸부림도 모두 덧없는 한자락 바람에 휘말

려 흘러가고 수없이 점철되었던 영욕(榮辱)과 성패(成敗), 선망과 시새움으로 얽히어 깊어가던 은원(恩怨)도, 지금은 다 스러지고 없다. 말 그대로 "오유(烏有:무엇이 남아 있는가)?"이다.

발해(渤海)의 용천부(龍泉府) 황궁터는 기단들만 남은 채 너른 자갈밭이 되어 온갖 작물로 뒤덮여 있고, 금(金)의 상경 회녕부(上京會寧府) 황성에는 미루나무들만 하늘을 찌를 뿐 성터마저 없으며, 220년간 아시아 북동부를 호령하던 요(遼:契丹-키탄)의 상경 임황부(臨潢府)와 중경 대정부(中京大定府)는 황량한 초원이나 옥수수밭이 되어 있을 뿐 금성(禁城)이 어떻게 배치되어 있었는지 알아볼 수조차 없다. 「맥수가(麥秀歌)」를 지어 부르며 눈물을 훔쳤다는 기자(箕子)의 아린 가슴이 3천여 년을 훌쩍 뛰어넘어 내 가슴까지 울리는 것 같다.

〈맥수가(麥秀歌)〉는 기자(箕子)가 주(周)나라로 들어갔다가 은(殷:商)나라의 궁성이 있던 곳을 지나게 되었는데 얼마 전까지도 그렇게 번성하던 궁궐은 이미 폐허가 되어 그 자리에는 보리와 기장이 수북이 자라고 있었다. 기자는 감회에 젖어 터져 나오려는 통곡을 억지로 참고 있자니, 인근의

▲ 이라크 우르의 지구라트와 왕궁 터

▲ 예멘 사막지방의 마인 왕조의 고성

▲ 투르크메니스탄 메르프의 에르크칼라

▲ 시바여왕으로 알려진 마리브 고성

▲ 중앙아의 이집트라 불린 투프록칼라

부녀자들이 기자를 보고 달려왔다가 역시 옛날을 생각하며 따라 울었다. 기자는 그 여인들을 위해 '맥수가'를 지어 불렀다. "보리이삭 당글당글/벼와 기장 험벅지다/반질맞은 그 아이는/나와 서로 안 좋았지/麥秀漸漸兮/禾黍油油/彼狡童兮/不與我好兮)"하는 내용이었다. '반질맞은 그 아이'는 은의 마지막 왕(紂王)을 가리키는 것이라고도 하고 은을 멸망시킨 주무왕(周武王)을 가리키는 것이라도 한다. 기자는 은나라 왕의 친척으로 은이 망할 때 "조선(朝鮮)으로 망명하자 주무왕은 그를 조선에 봉했다"는 기록이 「사기(史記)」있다. 그러나 기자의 나라인 기후국(箕侯國)이 오늘날 대능하(大凌河) 연변(中國河北省과 遼寧省 경계지점 凌源과 建昌사이) 평방자향(平房子鄕)에 있었던 것이 확인되고 있는 것으로 보아 당시의 조선은 한반도에 있었던 것이 아니라 바로 그곳에 있었고, 또 「한서(漢書)」지리지 요동군 '험독(險瀆)'조 주에 "험독은 조선왕 위만(衛滿)의 옛 도읍지인 왕험성(王險城)이다"고 한 후한 말 응소(應劭)의 기록대로 오늘날 요동성 태안시(遼東省台安市) 동남쪽 신개하(新開河)인근에 있었다고 보아야 한

▲ 토성 위에서 본 거란 상경 임황부(臨潢府) 터

▲ 발해 상경 용천부 궁성의 남문 자리

▲ 금 상경 궁궐 터. 나무만 무성하다

다. 또 "기자의 무덤이 양국 몽현(梁國蒙縣:지금의 河南省商丘市)에 있다"고 한 서진(西晉) 때 두예(杜預)의 증언으로 보아 그 고신씨(高辛氏)의 땅이 조선이었는지도 모를 일이다. 지금 이북 평양에 있는 기자묘(箕子墓)는 김일성이 몇 년 전 조성한 '단군릉'처럼 고려 숙종 6년(1102) 누구의 묘인지도 모르는 무덤을 '기자의 묘라고 정하고 기자사(箕子祠)까지 세웠던 가짜 무덤이다.〉

이들 옛터에서는 얼마나 많은 마누하 왕이 가슴을 치며 회한에 잠기고

또 얼마나 많은 백성이 노예로 끌려가 망국(亡國)의 한(恨)을 달래며 죽을 수도 없는 삶을 이어갔겠는가.

〈선진문명을 누리던 몬왕국의 타톤왕 마누하(Manuha)는 야만적이었던 버마족의 아나우라타(Anawrahta) 왕에게 잡혀 파간으로 끌려왔고 사원을 짓도록 강요당했다. 그는 불상 하나가 사원 안을 꽉 채워 용신하기마저 어렵게 만들었다. 야만족에게 잡혀와 자유를 속박당하고 꼼짝달싹 못하게 된 자신의 처지를 형상화한 것이다. 지금도 미얀마 파간의 마누하 파야(Manuha Phaya)로 가면 자존심은 잃지 않으려 애썼던 그의 모습을 볼 수 있다. 양쪽 방의 동자상은 자신을 이해하고 위로해준 두 조카를 형상화한 것이다. 아나우라타 왕은 1057년 인도 문명의 중심지인 몬 왕국의 타톤 시를 점령하고 자신의 세력으로 복속시켰으며 미얀마의 통치자로서는 최초로 이라와디 삼각주를 지배했다. 몬족은 어쩔 수 없이 버마족에게 미술과 문학의 전통 및 문자를 전해주었다. 몬 문자로 된 미얀마 최초의 비명(碑銘)이 1058년에 제작되었다. 버마족은 몬족의 왕족·학자·장인들을 파간으로 강제 소집하여, 파간을 수도이자 소승불교의 중심지로 건설했다. 몬족의 예술적 전통이 근간을 이루면서 이후 200년 동안 파간의 전성기가 시작되었다.〉

지금도 우즈베키스탄 키질쿰사막 변두리 아무다리아 연안 투르트쿨 인근에는 속칭 "카자흐족 같다"고 일컬어지는 정체불명의 사람들이 몇 개의 취락을 이루어 살고 있다. 이들은 이슬람 국가에서는 용납할 수 없는 풍속을 아무렇지 않게 지키며 그들대로의 문화를 이어간다.

결혼 전 남녀의 동침(同寢)을 죄악시하는 '나라의 가르침(國敎)'과는 달리 결혼 전 총각이 처녀의 집으로 찾아가서 처녀와 동침을 해보고난 뒤 결혼을 한다. 우리가 조선조(朝鮮朝) 초까지 행해왔던 남침(覽寢) 및 서옥(壻屋)제도와 다를 것이 없다. 결혼 전 총각이 친구들을 몰고 우르르 색시 집으로 쳐들어가서 걸퍽지게 얻어먹으며 색시와 동침한 뒤 결혼을 하고 뒤곁에 마련해 둔 서옥으로 들어가 신접살림을 하며 아이 두 셋이 태어나

곁가지 도막들

자랄 때까지 최대 10여 년간 처가살이[勞力奉仕]를 한 다음 처자를 이끌고 본가로 돌아오기도 했는데, 이곳에서는 아직도 이러한 관습이 지켜지고 있었다.

이들은 언제 어디서 이곳으로 어떻게 흘러온 족속일까? 사람들의 모습은 우리와 같았으나 딱히 무어라 질정할 근거가 없다. 그러나 중국 심양(瀋陽) 인근 고려촌(高麗村)를 찾았을 때 보다는 훨씬 진한 여운이 남았다.

고려촌은 고구려영자촌(高句麗營子村)이 변하여 된 이름으로, 고구려의 '군영(軍營) 자리'라는 뜻인데 지금은 '고구려인의 후손'은 커녕 '조선족'을 자처하는 사람도 하나 살지 않는다. 아래 윗마을 전체가 한족(漢族)으로 채워져 있는 것이다.

최하층 육체노동자를 일컫는 중국말 '쿠리(苦力:노예)'의 어원(語源)을, "까오리(高麗)"·"꺼우리(句麗)"라고 불렀던, 당(唐)나라 때 잡혀온 고구려 유민

▲ 몬족의 타톤왕이 자신을 형상화한 불상

(高句麗遺民)에게서 찾는 것만 보아도, 그곳에 고구려인의 후손이 남아 있을 수 없었던 연유를 짐작하기 어렵지 않다.

그래서 지금도 일부 중국인은 '조선인(朝鮮人:韓人)'을 가리켜 "꾸리"라고 비하(卑下)한다. 그들의 우리에 대한 하시(下視)와 지배의식은 어제 오늘 이루어진 것이 아니다.

구한말의 대시인(大詩人) 창강 김택영(滄江 金澤榮)이, 고구려가 압록강을 건너 남하하면서 수 천 년 간 자손을 남의 나라 '노예'로 만들었다(本來小韓地/不合有邦都/簇簇萬靑山/…南面强稱孤/自後三千年/長作人之奴:본래부터 협

소한 삼한 땅은/나라를 세우기에 적합하지 않았네/빽빽이 들어선 만첩 산중에서/…억지로 '고'라 칭하며 왕좌에 앉았지/그 뒤 길고 긴 3천년동안/남의 집 종살이를 면할 수 없었네.) 고 통분했던 것도 그 때문이고, 근자의 송복(宋復) 교수가 서애(西厓)선생 기념사업회에서 펴낸 책「위대한 만남 서애 류성룡」에서 "조선의 군주(君主)는 백성들의 삶과는 크게 관계가 없는, '조신(朝臣)들의 왕, 궁녀(宮女)들의 왕, 종친(宗親)들의 왕'일 뿐으로 안목도 없고 능력도 없어 나라를 썩을 대로 썩어 손조차 댈 수 없는 지경으로 만들었다. 임란(壬亂:1592) 당시 류성룡(柳成龍)과 이순신(李舜臣)이 없었다면 조선은 1910년 한일합방을 기다릴 것도 없이 300여 년 전에 이미 일본 것이 되었거나 명(明)과 일본에 분할 통치될 수 밖에 없었다"고 한 말도 지정학적 약점을 보완하는 정치를 펴 국민이 마음 놓고 살 수 있도록 만들지 못하고 명나라 섬기는 하등 국민(노예)으로 소중화인(小中華人)을 지향하며 악비(岳飛)같은 자나 추켜세우다가 백성들만 어육(魚肉)으로 만들었다는 뜻을 담고 있다.

〈악비(岳飛)는 중국 남송(南宋) 때 척화파(斥和派)의 두목으로 두 황제(徽宗·欽宗)와 황후·왕자·황족·대신 등 3천여 명이 인질로 잡혀 금(金)나라로 끌려가는 상황에서도 결사항전만을 주장하며 부질없이 민중들을 죽음으로 내몰았다. 꼭 우리의 병자호란 때 뒷감당도 할 수 없으면서 척화론만 일삼다가 나라를 쑥대밭으로 만들었던 척화파의 오달제(吳達濟)·윤집(尹集)·홍익한(洪翼漢) 같은 사람이다. 그런데도 현재까지 중화(中華) 우월주의에 빠져 있는 작자들은 진회(秦檜)가 화친책(和親策)을 편 바람에 남송이 명맥을 유지하고 수많은 민중이 어육(魚肉)을 면했다는 사실은 외면한 채 악비를 죽이고 남송 황제가 금의 황제에게 '신하'라 칭하게 하였다고 진회를 "오랑캐에게 중국을 팔아먹은 소인배"라고 폄하한다.〉

동서의 어느 전제군주가 "그들끼리의 나라"를 영위하고 있지 않았겠는가마는 간과하고 있는 여러 기록과 관점을 배제하면 그렇게 볼 수도 있겠구나 싶다.

고구려 이후 우리의 역대 군주들은 북위(北魏)의 탁발규(拓跋珪)나 요(遼:契丹)의 예루아보기(耶律阿保機), 금(金)의 아구다(阿骨打), 후금(後金:淸)의 누르하치(奴爾哈齊)처럼 큰 뜻을 품고 인욕(忍辱)의 세월을 버티다가 큰 꿈을 펼치지 못하고 조그만 독안에 갇혀 힘마저 쓸 수 없는 것을 운명처럼 받아들이며 살아남기 위해 스스로 힘센 자를 섬기는 하등 노예가 된 것이 사실이기 때문이다.

하지만 중국 동북부 전체를 차지하고 있던 우리의 조상(東胡)들의 일부가 스스로 오고 싶어 외진 반도로 쫓겨 온 것이 아니라고 가정한다면 친인척이 패를 갈라 죽이고 죽고 뺏고 빼앗기는 다툼 끝에 남남이 되어 점점 멀어지며 밀려 내려왔고 힘센 자에게 면종복배(面從腹背)하며 도마뱀처럼 제 꼬리를 잘라주다 보니 어쩔 수 없이 반도에 갇히게 된 것이라고 본다면 수없이 되풀이 돼온 강자들의 억압을 백척간두에서 굴종으로 참으며 가까스로 지켜온 우리의 명맥이 과연 과소평가되어도 좋은 것이고, 또 그런 굴욕을 참아온 정부와 관료들이 폄하되어도 괜찮은 것인지 다시 한 번 곰곰 생각해 보아야할 일이다.

보다 너른 땅을 차지하고 앉아 우리보다 힘 센 자들 몰래 힘을 비축하면서도 과연 우리가 오늘까지 살아 있고 번창할 수 있었을까 생각해 보면 저절로 답이 나오기 때문이다.

그 너른 땅을 차지하고 천하를 호령하던 숙신(肅愼)·부여(夫餘)·선비(鮮卑)·산융(山戎)·오환(烏桓)·북위(北魏)·돌궐(突闕)·발해(渤海)·요(遼)·금(金) 등등 그 많은 나라와 민족이 모두 사라진 황성(皇城) 자리는 오늘도 남들이 차지하고 앉아 박힌 돌을 파내며 씨를 뿌리지만 우리는 할아버지 할머니, 그리고 형과 누이들이 피눈물을 뿌리며 인종(忍從)한 덕에 아직도 같은 자리에 머리를 박고 민족의 전통을 이어가며 번창하고 있지 않은가.

우리는 과거의 잘못이나 들춰내며 아픈 상처를 호벼 파는 일이 더 이상 반복되어서는 아니 되겠다. 우리가 또는 내가 선대들의 잘못을 되풀이하지 않기 위해 그 방법을 찾아 바로 보고 실천하는 것이 무엇보다 중요하기 때문이다.

힘도 없이 빈주먹만 휘두르며 기름기 찬 배를 두드리다 보면 "불바다를 만들겠다"는 한마디에 주눅이 들어 정주간 쌀까지 퍼다 바치듯 어느 날 갑자기 우리 모두가 마누하와 화냥년이 되어 죽고 싶어도 죽지 못하는 삶이 실제가 될지도 모를 일이다.

우리는 더욱 일하고 힘을 비축하여 절대강자가 우리를 무엇과도 바꿀 수 없게끔 스스로 가치를 높여야 한다. 그래야 이웃들로부터도 더욱 당당해질 수 있고 남북통일도 이룰 수 있다. 아무리 '공갈 핵(核)'을 휘두르며 다져온 김일성 부자의 철옹성이라 한들 어찌 흐르는 세월을 거슬러 '악의 굿'을 계속 펼칠 수 있겠는가. 그래야 우리도 먼 훗날 편협된 민족주의에서 벗어나 동북아(중국과 일본)가 함께 어우러져 서로를 배려하고 보듬는 '대단원(大團圓)의 날'을 기약할 수 있다.

▲ 공동묘지가 된 쿠예우르겐치 고도의 티무르타워

우리의 서울도 언제인가는 황망(荒芒)한 폐허(廢墟)가 되어 있을 것이다. 그러나 중동(中東)이나 로마(Roma)처럼 자손대대 진솔한 문화유적을 켜켜로 남기며 살다가 '그날'을 맞게 되기를 간절히 바란다.

단군은 있는가, 어디 있는가

초판 발행　　2011. 3. 30
증보판 발행　　2012. 12. 15
증보판 2쇄　　2018. 1. 25

지 은 이　　정 소 문
발 행 인　　최 석 로
발 행 처　　서 문 당
주　　 소　　경기도 고양시 일산서구 덕산로99번길 85 (가좌동)
우편번호　　10204
전　　 화　　(031) 923-8258
팩　　 스　　(031) 923-8259
등록번호　　제 406-313-2001-000005호
등록일자　　2001. 1.10
창업일자　　1968.12.24

ISBN　　978-89-7243-658-4

* 값은 뒤면에 표기되어 있습니다.
* 잘못된 책은 구입하신 서점에서 바꾸어 드립니다.